U0588350

名师名校名校长

凝聚名师共识
固念名师关怀
打造名师品牌
培育名师群体

张明远题

名师名校名校长书系

现代与经典
"诗意"的栖居

珠海市中小学传承与发展中华优秀传统文化
"一体两翼"实践路径建构

储强胜 / 著

天津出版传媒集团

天津人民出版社

图书在版编目（CIP）数据

现代与经典"诗意"的栖居：珠海市中小学传承与
发展中华优秀传统文化"一体两翼"实践路径建构 / 储
强胜著. -- 天津：天津人民出版社，2022.12
（名师名校名校长书系）
ISBN 978-7-201-19110-2

Ⅰ.①现… Ⅱ.①储… Ⅲ.①中华文化—教学研究—
中小学 Ⅳ.①G633.302

中国国家版本馆CIP数据核字（2023）第003746号

现代与经典"诗意"的栖居：珠海市中小学传承与发展中华优秀传统
文化"一体两翼"实践路径建构
XIANDAI YU JINGDIAN SHIYI DE QIJU ZHUHAISHI ZHONGXIAOXUE
CHUANCHENG YU FAZHAN ZHONGHUA YOUXIU CHUANTONG WENHUA YITI
LIANGYI SHIJIAN LUJING JIANGOU

出　　版　天津人民出版社
出 版 人　刘　庆
地　　址　天津市和平区西康路 35 号康岳大厦
邮政编码　300051
邮购电话　（022）23332435
电子信箱　reader@tjrmcbs.com

责任编辑　张潇文
装帧设计　言之凿

印　　刷　北京政采印刷服务有限公司
开　　本　787毫米×1092毫米　1/16
印　　张　16
字　　数　256千字
版次印次　2022 年 12 月第 1 版　2022 年 12 月第 1 次印刷
定　　价　58.00元

版权所有　侵权必究

加强中华优秀传统文化教育
增强青少年文化自信

中小学教育是起点的教育、基础的教育，也是全面影响一个人的知识与能力、情感态度与价值观的教育，它决定着一个人成长发展的底色与底蕴。中华优秀传统文化的传承、转化与创新，必须在中小学阶段打下基础。

一、中华优秀传统文化的当代价值

（一）为青少年树立榜样

中华优秀传统文化蕴含丰富的哲理思想和精神力量，为青少年树立榜样。孔子的"仁"、孟子的"义"、墨子的"兼爱、非攻"等为青少年提供了为人处世的古老智慧；岳飞的"忠"、诸葛亮的"智"、辛弃疾的"勇"等为青少年成长提供了很好的借鉴；韩信的"信"、玄奘的"坚持"、苏东坡的"旷达"等为青少年提供了重要的情意基础。《周易》中说，"天行健，君子以自强不息"，这是中华民族历经磨难而始终不败的文化精神……如果青少年在不同的教育阶段能够得到正确的榜样引导，就会不知不觉地往健康正确的大道上走。

（二）为青少年培养良好习惯

中华优秀传统文化在潜移默化中促进青少年良好行为习惯的养成。《弟子规》中说："冠必正，纽必结。袜与履，俱紧切。置冠服，有定位。勿乱顿，致污秽。衣贵洁，不贵华。上循分，下称家。对饮食，勿拣择。食适可，勿过则。"一个良好的社会公民就是每天从这些小事上做起，良好的行为习惯就是在这些小事上一点点落实和养成。我们最基本的礼仪规范、与人沟通以及处世的方法，都可以在《弟子规》《颜氏家训》《三字经》等书中找到依据，找到

1

基础。如果青少年从小就有良好的行为习惯，他就会受益无穷，因为成功就是无数个良好习惯的总和。

（三）为青少年创造自我

"书读百遍，其义自见。"古人说"半部《论语》治天下"，我们今天开展经典诵读，不仅是在主动承担弘扬中华优秀传统文化的使命，而且在这样的诵读中，青少年的记忆力和理解力会得到进一步提高，审美能力及创造力会得到进一步开发，自我认知与自我塑造能力也会得到加强……这样，在文化的传承和发扬中，不知不觉就创造了自我。例如，学生在背诵《论语》"吾日三省吾身，为人谋而不忠乎？与朋友交而不信乎？传不习乎？"的过程中，会自省"为人做事有没有不忠诚？和朋友交往有没有不讲信用？老师教的学问有没有温习和实践？"因此，有了自省精神就是自我认识的开始，有了自我认识才会对自己形成正确的评价以及有效的改造，会促使自己变得越来越自信、越来越自立、越来越懂得自我管理和自我塑造，从而塑造一个豁达睿智的自我。

二、中华优秀传统文化与社会主义核心价值观三个层面一致

教育部关于推进中华优秀传统文化教育的主要内容是：以弘扬爱国主义精神为核心，从爱国、处世、修身三个层次概括凝练中华优秀传统文化教育。

（一）开展以天下兴亡、匹夫有责为重点的家国情怀教育

中华优秀传统文化教育引导青少年学生深刻认识中国梦是每个人的梦，以祖国的繁荣为最大的光荣，以国家的衰落为最大的耻辱，增强国家认同，培养爱国情感，树立民族自信，形成为实现中华民族伟大复兴的中国梦而不懈努力的共同理想追求。

（二）开展以仁爱共济、立己达人为重点的社会关爱教育

中华优秀传统文化教育引导青少年学生正确处理个人与他人、个人与社会、个人与自然的关系，学会心存善念、理解他人、尊老爱幼、扶残济困、关心社会、尊重自然，培育集体主义精神和生态文明意识，形成乐于奉献、热心公益慈善的良好风尚。

（三）开展以正心笃志、崇德弘毅为重点的人格修养教育

中华优秀传统文化教育引导青少年学生明辨是非、遵纪守法、坚韧豁达、奋发向上，自觉弘扬中华民族优秀道德思想，形成良好的道德品质和行为习惯。通过家国情怀、社会关爱和人格修养三个层面的教育，培养青少年学生做

有自信、懂自尊、能自强，高素养、讲文明、有爱心，知荣辱、守诚信、敢创新的中国人。

三、"一体两翼"是语文课程加强中华优秀传统文化教育的重要载体和途径

"一体"：在阅读教学中，激发学生的家国情怀

爱国主义精神是一个民族赖以生存和发展的精神支撑。一个民族，没有振奋的精神和高尚的品格，就不可能自立于世界民族之林。因此，激发学生的家国情怀是学校加强中华优秀传统文化教育的重中之重。初中语文学科蕴含着生动、丰富的爱国主义教育元素，许多课文包含强烈的爱国主义热情，从众多角度诠释了什么是爱国爱家。因此，教师在语文阅读教学中要注意结合实际，巧妙地利用教材，引导学生树立爱国主义思想，激发他们的家国情怀，鼓励学生从小立志，为中华崛起而读书。例如，在学习七年级下册第二单元课文《木兰诗》时，让学生深入了解花木兰代父从军、勇战沙场、辞封拒赏的故事，探讨花木兰这一形象千百年来深受人们喜爱的原因，激发学生爱国爱家的情怀，再拓展延伸举出历史上其他巾帼英雄的例子，学习她们身上乐观勇敢的爱国精神以及对和平生活的向往，使学生受到传统文化的熏陶。还有《黄河颂》《土地的誓言》等篇章，都是爱国主义教育的优秀题材。教师应充分利用它们，结合学生实际，在阅读教学中让学生充分地查找写作背景和作者生平等资料，巧妙地引导学生走进一个个爱国主义教育的殿堂，使学生在课堂学习中获得有益的人生启示。此外，教师还可以组织学生分组进行"天下家国"的综合性学习，举办爱国人物故事会，激励奋发；举办爱国诗词朗诵会，陶冶心灵；举办爱国名言展示会，启发心志；组织学生观看相关的爱国影片，激发他们的爱国热情，树立崇高的理想。

"两翼"一：

第一，在语文综合实践中，全面提升学生核心素养

俗话说，"读万卷书不如行万里路"。语文综合实践活动十分强调在活动中培养学生的自主意识和实践能力，充分发挥学生的主体作用和创造性，它是全体学生发展能力的场所，也是全面提升学生核心素养的"大课堂"。因此，教师要积极为学生创造语文实践的机会，让学生在社会实践中培养语言运用的能力，发展思维，培养情趣，积淀丰厚的文化底蕴，继承和弘扬中华优秀传统

文化、革命文化、社会主义先进文化,增强对习近平新时代中国特色社会主义思想的理解;要聚焦学生发展核心素养,培养学生适应未来发展的正确价值观、必备品格和关键能力,引导学生明确人生发展方向,成长为德智体美劳全面发展的社会主义建设者和接班人。笔者在教学中根据学生的年龄特点、知识水平和课程计划,充分利用本地富有特色的语文课程资源,有目的、有组织地开展了一系列主题教育实践活动,精彩纷呈,富有成效。

珠海市斗门镇是新鲜出炉的中国十大历史文化名镇之一,辖区内有金台寺、黄杨山、御温泉、接霞庄、斗门古街、绿漪堂、黄沙坑、小濠冲党史室爱国主义教育基地等著名景点,有南宋赵氏皇族兴衰存亡的历史渊源。在这一片人杰地灵的地方孕育出富有特色的乡土文化、培育了一代又一代英才。为此,我设计了一系列的语文实践活动,让学生走进自然,走进社区,了解斗门的历史文化、风俗人情,增强对家乡的热爱,激发学生爱国、爱乡、爱家的热忱,培养学生对自然、对社会的关爱,为实现我的梦、家乡梦、中国梦而发奋学习的精神。著名儿童文学作家邝金鼻先生是斗门镇小濠冲人,他在戏曲、音乐、书画、篆刻等方面也颇有造诣,被称为"中国儿童文学的一面旗帜",是"南粤水乡的阿凡提"。他创作的童话集《白藤仙子》、寓言集《阿凡提寓言》等是全国金奖作品,他53年创作生涯硕果累累,儿童故事《蘑菇该奖给谁》被选入2001年版小学语文课本,对他作品的评论还被收入大学教材中,更有诸多作品被翻译成了英、法、德等文字,被外国读者所认知。尽管如此,我发现,邝金鼻先生却不为现在的学生所知。为了让学生有身边的榜样,有学习的楷模,我进一步拓展斗门乡土优秀传统文化,举办了"寻找我心中的偶像""我自豪,我是斗门人""感恩这一方水土""我为家乡之崛起而读书""学习邝金鼻,争做小作家"等活动。这些主题实践活动不仅丰富了学生的语文知识、技能,也使学生在潜移默化中得到了思想熏陶,激发了他们积极向上的情感,受到了学生的热烈欢迎,在不知不觉中,培养了学生学习的主动性、独立性和创造性,也提升了学生的核心素养,培养了社会主义新时代的接班人,为中国梦的实现打下了坚实的基础。此外,在教学中,我依据不同时令,开展"过传统中国节,做现代中国人"系列活动,引导学生过好每一个中国的传统节日,开展庆"春节""元宵节""清明节""端午节""中秋节""重阳节"等传统节日探究实践活动,让他们了解传统习俗的文化内涵,引导他们尊重民族传统文化习俗,珍视民族共同创造的中华优秀文明成果,培养了他们作为中华民族一员的归属感和自豪感，从小树立文化自信。

第二，在经典诵读中，加强学生人格修养教育

初中语文课本中文言文、古诗词及一些经典散文占有很大的比重，它们大多短而精，韵律上平仄起伏、抑扬顿挫；结构上讲究起承转合、朗朗上口。作者的喜怒哀乐、褒贬爱憎，都在文章中有强烈的体现。教师应该引导学生合理诵读，初步了解，注重积累、感悟和运用，提高欣赏品位，从而渗透传统美德教育，加强学生的人格修养。比如，《论语》十二章中阐述了为人处世和道德修养等问题，是古今社会共同存在的。孔子说："饭疏食饮水，曲肱而枕之，乐亦在其中矣。不义而富且贵，于我如浮云。"这反映了孔子安贫乐道、不取不义之财的高尚品质。在《弟子规》等中华经典读本当中，"孝悌、谨信、爱众、亲仁"等反映社会主义荣辱观的语句更是比比皆是，学生每天只要用课前五分钟诵读，便能获益不少，成为其一生成长的精神养分，一些良好的道德品质就在潜移默化中渗透。又如，八年级下册课文——《〈礼记〉二则》之《虽有佳肴》中就提到"学然后知不足，教然后知困。知不足，然后能自反也；知困，然后能自强也。故曰：教学相长也。"这里用吃东西来类比学习，观点浅显易懂，学生只要诵读自能明白。因此，我们在教学过程中如能把古代与现代、传统和现实、书本与生活紧密结合起来，把君子爱财取之有道、忠诚守信、尊老爱幼、孝悌谨慎、勤学苦练等中华优秀传统文化贯穿到这些文章的学习中去，让学生积极主动地参与到各种经典诵读活动来，天长日久，学生的感受一定会进一步加深，自然也就可以受到熏陶和教育了，文化自信和自豪感也会一步步增强。

"两翼"二：在写作训练、内省践行中，培养学生正确的价值观

写作教学要教育学生说真话、做真人、写真事、抒真情，通过写作来充实自己，提升自己的人生境界，引导学生在广阔的世界中寻找正确的人生坐标，培养学生正确的价值观。因此，在布置、批改、评讲作文时，教师不仅要着眼于对学生写作技巧的批改和评讲，更要注重教会学生有高远的立意、深邃的思想和热情洋溢的情感；要根据学生不同时期的思想状况，结合所学中华优秀传统文化的影响，关注身边的一些社会现象，让学生通过写作去解剖自己，去分析、反思、端正自己的人生态度和价值取向，在写作中学会学习、学会思考、学会审美、学会创造，达到自我教育的目的。

中华优秀传统文化是中华民族在几千年的历史长河中积累的丰富的人生智

慧，是我们宝贵的精神财富和精神家园。作为语文教师，我们有责任、有义务保护好我们的文化遗产，在教育学生的过程中大力宣传和弘扬中华优秀传统文化，充分挖掘语言文字中丰富的思想内容和情感因素，在教学中自然渗透社会主义核心价值观，以此来厚植学生强烈的家国情怀，提升学生核心素养，加强学生的人格修养，培养学生正确的价值观，让学生在语文学习中真正寻找到自身的精神家园，在提升核心素养的同时，培养适应未来发展的正确价值观、必备品格和关键能力，成长为有理想、有本领、有担当的时代新人，为实现中华民族伟大复兴作出新的、更大的贡献！

目 录

第一章　东风夜放花千树

第二章　画屏闲展吴山翠

第三章　独立小桥风满袖

第一章

东风夜放花千树

——统编初中语文教材中华优秀文化作品
价值传承与发展的多维解读

第一节　以文化人，以美润德

——统编初中语文教材中华优秀文化作品文化自信与审美价值的挖掘与思考

汉字立人，词句净人，文章育人

——初中语文课堂展现中华优秀传统文化魅力的引领策略探究

王本华博士在《"语文"一词从何而来》一文中提道，我们现在提出的"语文"一词本就是经过层层演变而来。从"蒙学"到"国文""国语"直至中华人民共和国成立后叶圣陶先生始用"语文"一词，均凝聚着教育先辈们的育人思想，保护、传承与发扬中华文化的教育初心。《义务教育语文课程标准（2022年版）》（以下简称"《语文课程标准》"）明确指出："语言文字是人类社会最重要的交际工具和信息载体，是人类文化的重要组成部分……工具性与人文性的统一，是语文课程的基本特点。"可见，"语文"学科并非学语言、品文章这些基本的能力学习，更重要的是中华民族文化传承之渠道、育人化人之根本。所以，我们始终要秉承着传承中华文化、以文化人的重要使命，在课堂上传授、引导、探究中华民族优秀文化，培育新时代优秀学生。

一、汉字立人，解字正人

提及"汉字"，身为中华儿女有太多值得"炫耀"的地方。汉字的传承史自不必多说，在人类的历史长河中，随着上古各大文字体系的衍生与淹没，汉字已赫然成为历史最悠久、保存最完整、持续使用时间最长的文字体系。汉字不仅是汉民族及中华民族传承的主要文字，也在很长一段时间里记录和影响着东亚地区的国际交流。

但是随着电子设备的引进及发展，越来越多的学生开始忽视对书写的要求，写字好的孩子竟然成了班级的"凤毛麟角"。中国自古以来就有"字如其人"的说法，《周礼·地官司徒·保氏》："养国子以道。乃教之六艺：一曰五礼，二曰六乐，三曰五射，四曰五御，五曰六书，六曰九数。"也强调了"书"为少年学习之基础，我中华少年应"通五经贯六艺"。在我个人的理解中，书是最文雅的一种树立人的品行的方式。

身在教育一线，我们见过一些坐姿不端的孩子，或含胸驼背，或歪身低头，或盘腿后仰……且不说这样的姿态对孩子的视力、身体等方面的弊端，就书写而言，这些孩子大多存在一个特征——书写不端正，字迹模糊。中华汉字被誉为"方块字"，寓意为我中华子孙都应做方正人、行方正事。所以在语文课堂中，我们强调文字书写的标准化，也是以书写文字训练学生的心性。性漫者，字有缺；性躁者，字不稳；性懦者，字无力；性暴者，字乏秀……故练字即为练心。

更何况，中华汉字博大精深，既有造字规律，又赋予深刻的解读，传承中华传统之美德。这里要提及一线语文教师特别头痛的学生错别字现象。学生似乎自小对汉字形成了模糊的影像认知，经常会在书写过程中出现形似的错别字。这也许与现在汉字输入法过于便捷有一定的关系。但书写才是汉字传承的根本，这是毋庸置疑的事实。因此，很多一线教师不得不一而再，再而三地强调汉字的象形、指事、会意、形声、转注和假借造字法，但似乎收效甚微。针对现在学生心性，我觉得可以在课堂上对一些文字进行进一步解读，且向学生传达行为方面的中华优秀传统，如有学生在书写"坐"字时，经常写成上"从"下"土"，形似也不算错。而我想和学生说的是，古人席地而坐，人与人之间均有距离，不可靠得太近，人皆有隐私且要尊重他人隐私。以此传递古人"敬"之意。

二、词句净人，言语美人

语言是一把双刃剑，可以救人，也可以杀人；语言是一面双面镜，可以照美，也可以映丑。作为一线语文教师及多年的班主任，我深刻感受到学生语言能力及语言美感的下滑。在日常生活中，我们经常会在一些年纪尚幼的孩子的口中听到一些"污言秽语"、网络白话或不伦不类的字母语言……以一名语文老师的角度来说，我深深地悲哀于现在的孩子已经不能够好好说话了。《语文课程标准》明确指出："语言文学是人类社会最重要的交际工具。"而生活中这种交际工具正在朝着粗俗、凌乱的方向发展。这让人不禁痛心疾首，古人那么多的好词好句都哪里去了？文明、美好的语言难道就没有立足之地了吗？

叶圣陶先生也说："一个人即使不预备鉴赏文艺，也得训练语感，因为这于治事接物都有用处。"所以说，让学生掌握优美、正面的语句是可以净化学生心灵、提升其待人接物的能力的，也可以美化其自身，提升其自身的修养。说好话、行好事、做好人，从说话做起，可以避免一些不必要的社交误会，拉近善意、优秀的社交资源，这种种好处皆可从学生的言语词句中获得。

身在语文教学一线，我们不仅要重视好词好句的积累，更重要的是要督促好言好语的运用。《春》中的比喻句，《济南的冬天》中的拟人句，《雨的四季》中多感官描写，《秋天的怀念》中的人物描写，《散步》中的景物描写及对称句式，《金色花》和《荷叶母亲》中的抒情方式，《再塑生命的人》中的心理描写，《纪念白求恩》和《植树的牧羊人》中的议论，《土地的誓言》中的排比句……择几句出来让学生在课堂上赏析，再让学生运用这些好的句子去描一描花草树木，夸一夸父母亲人，赞一赞同学朋友甚至是陌生人。"见贤思齐"，中国自古就有赞美他人品格、学习他人优点的习惯，更有谦虚好学的风范。

我并非想抨击网络文化的直白，鄙视网络文化仅能成为"文化现象"，与真正中华优秀传统文化尚有较大差距。两者也并非对立的，反而可以相辅相成。我在一次综合性学习的课程中，挑选了一些正能量的网络语言，将其与文言表述相结合，巩固学生的文言知识，亦可展现古人深刻的人生智慧。例如，网络语言"明明可以靠脸吃饭，偏偏要靠才华"，可以转化为："中华儿女多奇志，不爱红装爱才智"；感慨"我读书少，你不要骗我"，可以说："君莫欺我不识字，人间安得有此事"；在谈论"人要是没有理想，和咸鱼有什么区别"的理想斗志时，也可说："涸辙遗鲋，旦暮成枯；人而无志，与彼何殊"；在有能力享受生活说"世界那么大，我想去看看"时，亦可吟唱："天高地阔，欲往观之"。在不同形式的语句对比之后，学生皆感慨古人之智慧为我现代人望尘莫及，且语言风格改变了说话人的气质。

学学《邹忌讽齐王纳谏》把规劝的语言说得那么幽默，是不是会避免一些善意提醒带来的误会？如果能如《陈太丘与友期行》一样，把批评也说得有理有据，应该也会有"不战而屈人之兵"的效果吧。

三、文章育人，文化引人

文化，在词条中的定义通常是指人类在社会实践过程中所获得的物质、精神的生产能力和创造的物质、精神财富的总和。可见，文化是重要的意识形态，重要到可以影响社会生活，也可以影响一个人的人生走向，尤其是对这些处于基础教育阶段的学生，十几岁的年龄，正处于世界观、人生观、价值观的懵懂期，优秀、正面的文化可以激发他们对生活的热情，引导他们走向更好的未来。

《语文课程标准》明确指出："语言文字是人类社会最重要的交际工具，是人类文化的重要组成部分。"语文本就有以文化人之意，语文课堂是进一步加强中小学生爱国主义教育、全面落实立德树人根本任务、传承弘扬"革命传统文化""中华优秀传统文化"、培育和践行社会主义核心价值观的主阵地。在我们的语文课堂上，学生可以领略古今中华儿女的优秀思想和优秀品质，增长个人见识，树立人生榜样，拓展文化视野。语文课堂还可以兼容并包，融合人、家、国的精神，涵盖社会科学、自然科学，体会古今人们的智慧。

我们可以在《答谢中书书》《陋室铭》《竹里馆》《饮酒》里给学生讲潇洒与超脱，可以在《孟子》《潼关》《岳阳楼记》中给学生展现拳拳爱国之心，可以在《陈涉世家》《狼》《西游记》中谈压迫与反抗，可以在《大自然的语言》《苏州园林》《活板》里探究科学智慧，可以在《壶口瀑布》《昆明的雨》《一滴水经过丽江》里讲地理趣闻……甚至，我们可以在《带上她的眼睛》里扩展电影《流浪地球》，在《谁是最可爱的人》中谈谈电影《长津湖》，在《太空一日》里讲讲"神舟号飞船"……谁说花语来自西方？《爱莲说》《紫藤萝瀑布》给你解释；谁说中国画不写真？《山水画的意境》《梦回繁华》为你解读；谁说中国人没有信仰？《北冥有鱼》《红星照耀中国》就是我们的信仰……语文课堂可以在我们涉及的所有文章中提炼优秀的文化、红色的精神，可以一点点让学生感受到先辈的智慧、今人的奋进、祖国的伟大、民族的强大。

当文化在文章中复活，我们会发现学生的兴趣更加浓厚，再配以主流题材资源的拓展，引领学生走向社会，那么其人文认知只是一个时间的问题。当正能量、优秀的文化基因充斥在我们的校园乃至社会之时，学生会用智慧的头脑、高雅的视角、正确的态度思考生活中的事情，处理生活中的问题。

文字是一个民族的根，语言是一个民族的干，文化是一个民族的冠，语文就是要保护这个根，挺拔这个干，丰满这个冠，占领学生思想的阵地，让语文的工具性和人文性真正统一起来，在语文的课堂上，再现中华儿女的文化自信、民族自信。

古诗文教学，打好文化自信的底子

《义务教育语文课程标准（2022年版）》明确指出："文化自信是指学生认同中华文化，对中华文化的生命力有坚定信心。通过语文学习，热爱国家通用语言文字，热爱中华文化，继承和弘扬中华优秀传统文化、革命文化、社会主义先进文化，关注和参与当代文化生活，初步了解和借鉴人类文明优秀成果，具有比较开阔的文化视野和一定的文化底蕴。"落实新课程标准要求，教师在教学过程中要让学生认识到我国传统文化对提高我国文化在国际影响力的重要性，对于继承和发扬我国优秀传统文化，凸显我国的文化自信具有重要的意义。

古诗文作为中华优秀传统文化的重要载体，那么如何在语文古诗文教学中传承优秀文化、树立文化自信呢？

一、整合经典诗文，萌发文化自信

在文化自信的视角下，中华优秀传统文化是中华民族的灵魂，而中华优秀传统文化重要的载体之一就是古诗文。综观初中古诗文，从教材编排方式来看，缺乏系统性，且文言文数量整体比例偏低，导致教学中容易出现碎片化和简单化的问题。学者王荣生在《文言文教学教什么》一书中提道："文言文、文言文章、文学、文化，四体一面，相辅相成。"这与核心素养中强调的文化自信，是高度契合的。在目前的古诗文教学中，文言文和文言文章比较容易做到，可是文学和文化就落实得明显不足。一篇古诗文的教学基本上就围绕朗读、背诵、译文、重点字词和概括中心思想展开的。这些因素的叠加不利于学生学习和领悟中华传统文化。基于此，教师需对教材中的古诗文进行梳理和统整，从中发掘出教材中蕴藏的文化因素。

教师可以引导学生从古诗文中提炼出文化主题，诸如爱国文化、思乡文化、君子文化等。其具体做法是将相同类型的文本放在一起进行群文阅读，通过对比阅读去把握此类主题的文化意义。

表1-1-1为笔者引导学生梳理的文化主题（部分）。

表1-1-1

文化主题	对应篇目	文化精神
爱国文化	《曹刿论战》《木兰诗》《岳阳楼记》《出师表》《过零丁洋》	忧国忧民的责任担当，精忠报国的民族大义
民本文化	《鱼我所欲也》《得道多助、失道寡助》《茅屋为秋风所破歌》	以人为本的思想
隐士文化	《与朱元思书》《答谢中书书》	淡泊名利、洁身自好的品质
科学文化	《河中石兽》《杞人忧天》	实事求是、正确认识自然的精神
入仕文化	《小石潭记》《醉翁亭记》《岳阳楼记》	儒家思想影响下的文人士大夫的"为官情怀"
君子文化	《陈太丘与友期行》《陋室铭》《爱莲说》	信守诺言、不慕名利、志趣高洁的精神

教师实施主题统整教学有助于教材重构，提高学生的欣赏品味，帮助学生系统了解古诗文的文化精神和萌发文化自信，有利于促进社会和谐和鼓励人们积极向善。

二、探究经典诗文，树立文化自信

在文化自信的视角下，关于古诗文教学，教师可以深度聚焦主题，运用策略，设计活动，让学生通过探索更好地感悟和认同优秀的传统文化。

教师可以以教材为载体，引导学生以群文阅读的方式，发现群文之间的异同，深挖优秀古诗文的特质。据笔者统计，初中语文统编教材中一共推荐了101篇课外阅读篇目。这些推荐篇目不少是文质兼美的古文，可与课文一起进行群文阅读。例如，语文统编教材八上《与朱元思书》在"思考探究"中，推荐阅读吴均的《与施从事书》《与顾章书》，引导学生探究了解作者写景文章特点。教师可以据此设置以下两个学习任务：

任务一：阅读《与朱元思书》《与施从事书》《与顾章书》，探究吴均写景文章的特点，完成表1-1-2。

表1-1-2

任务探究篇目	《与朱元思书》	《与施从事书》	《与顾章书》
举例品析表达技巧			
勾画分析点睛之笔			
总结吴均写景文章特点			

任务二：阅读《答谢中书书》《小石潭记》，体会写景特点的不同之处，完成表1-1-3。

表1-1-3

任务探究篇目	《与朱元思书》	《答谢中书书》	《小石潭记》
典型例句分析			
写作特点风格			

笔者曾针对同一作家，寻找其有价值的教学点，具体引导学生分析一个作家的多个作品，探究一个话题并得出结论。比如，在初中语文教材中，苏轼的诗歌占有一定的比重，但是不同的诗文分布在各年段的教材中，如能放在一起进行有效探究，学生对作品的理解会更加深刻，对作者的认识会更加深入。因此，笔者要求学生阅读统编教材中关于苏轼在黄州创作的诗文，以诗文联读的方式，探究苏轼在黄州心境与思想的变化，完成表1-1-4。

表1-1-4

任务探究篇目	《卜算子·黄州定慧院寓居作》1082年创作	《定风波·三月七日》1082年创作	《记承天寺夜游》1083年创作
典型意象或景物			
作者情感			
探究结果			

笔者还将同一主题的古诗文组合在一起，引导学生深入探究，如在九年级复习课中，要求学生将课文《小石潭记》《醉翁亭记》和《岳阳楼记》组合起

来进行群文阅读，引导学生发现，面对仕途困境，中国文人不同的应对方式和独特情怀，进而探究儒家思想对文人士大夫深层次的影响。

在探究活动中，学生通过比较阅读，实现思维整合，提高了鉴赏审美和思维能力，感悟出传统士大夫的文化精神，有效调动了对古代文化的求知欲，也更好地树立了文化自信。

三、体验经典诗文，展现文化自信

在文化自信的视角下，要让经典诗文的魅力得到有效的彰显，最重要的手段就是将古诗文的内容与现代文化生活关联起来。学生对传统文化有认知，更要有自身的体验，这样优秀传统文化才会在他们的心中扎根。《语文课程标准》指出："创设学习情境，教师应利用无时不有、无处不在的语文学习资源与实践机会，引导学生关注家庭生活、校园生活、社会生活等相关经验，增强在各种场合学语文、用语文的意识，建设开放的语文学习空间，激发学生探究问题、解决问题的兴趣和热情，引导学生在多样的日常生活场景和社会实践活动中学习语言文字运用。"

基于此，教师应创设生活化的情境，强调学生的实践学习，让学生在做中学，引导学生在实践过程中收获真实的学习体验，并在体验中提升自身的思维能力、欣赏品位和审美情趣，在体认博大精深的中华传统文化过程中增强文化自信。

比如，笔者曾开展"建党百年.热爱家国"主题探究实践活动，指导学生从历史中、从教材中去寻找蕴含相同主题的经典诗文，深度挖掘诗词的价值，传递丰富的文化知识，展现中华优秀文化自信、具体做法见表1-1-5。

表1-1-5

活动阶段	活动名称	任务指向	备注
古诗文筛选阶段	探古寻幽	根据主题，寻找相关诗文	
艺术再现阶段	清音传情	依文配乐，诗文朗诵比赛	
	笔墨书情	传统笔墨书写诗文意蕴	
	丹青绘情	绘画表现诗文意境情感	
古为今用阶段	古文今用	活用古诗文创作，献礼建党百年	
辑录诗文阶段	荟诗成集	整理完成诗文合集	

又如，笔者曾指导学生开展"一轮明月照古今——中秋诗文"专题探究实践活动，先要求学生收集中秋节的古诗文，然后以语文学科特点的方式，指导学生通过话民俗、说故事、背诗文、演活动等，积极营造相关的生活情境，引导学生感受民风民俗，同时与其他传统节日相比较，概括出中秋节的特点。此举意在引导学生了解节庆民俗的独特文化，在提高学生语文核心素养的同时，有效实现传承中华民族优秀传统文化的任务。

总之，2022年版语文新课程标准突出强调了文化自信的重要意义，强调了语文教学中传承中华传统文化的重要性。这对语文老师提出了更高的要求，提醒我们要在平时的古诗文教学中全方位渗透文化知识，增强学生的人文素质，使学生树立文化自信，使人类优秀的文明成果能够得到更好的传承。

润文、赏文、习文、人文

——优秀传统文化在语文课堂中的渗透与生成

初中语文教学除了关注文化知识的传递以外，也应当加强对学生文化素养的培育，使传统文化能够为学生提供精神力量，让学生在生活中能够保持良好学习习惯，并在民族精神的感染下，不断提高个人的综合素养，实现核心素养培育的最终目的。传统文化在语文课堂中的深入渗透不仅能够让学生的民族认同感得到强化，也能够让学生在经济一体化的背景下，坚定民族自信，在展现传统文化魅力的同时，优化课堂文化表现形式，使传统文化内涵为学生所理解。

一、初中语文教学渗透传统文化的优势

（一）陶冶学生情操

初中生正处于青春期阶段，往往较为叛逆，如果不给予正确引导，极易导致其走上错误的道路。传统文化中蕴含的民族精神能够对学生的道德品质起到有效的引导作用，使学生在学习中能够保持优良品质，起到净化心灵、陶冶

情操的良好作用，促进学生全面发展。在初中语文教材中，文言文是其关键组成部分，文言文中蕴含着丰富的传统文化，包含着古代人们的想法，对学生个体起着思想引导的作用，也能够在教学中培养学生坚韧不拔的学习毅力，引导学生树立正确的价值观念，对于现代教育而言具有重要意义。比如，学习《论语》，学生可以感受孔子忧国忧民的博大情怀，体会其中蕴含的民族精神；学习《岳阳楼记》《小石潭记》等文言文，学生可以领略祖国的大好河山。除了通过文言文的学习，教材当中的不少现代文也在传承传统文化的过程中开阔了学生的心胸，培养了学生的品质。比如，在《安塞腰鼓》学习中，学生能够充分感受到陕北地区人们的豁达心态，在表演腰鼓时，每一位表演者都十分专注，所演绎出的腰鼓节目十分震撼，能够对学生情操起到陶冶作用。因此，作为语文教师，我们要时刻关注传统文化，更要在课堂中渗透传统文化，尤其是在教学过程中，可借助传统文化，丰富活动形式。语文作为传统文化的主要教学载体，结合教材内容教师既要能够让学生深刻感受到传统文化的魅力，也要能够将传统文化的精神全面传递给学生，促进学生健康成长。

（二）培育核心素养

语文学科作为教育教学的基础学科，蕴含着丰富的文化知识内容，而在学习其他学科时语文学科是主要基础。随着语文学科学习的深入，学生的表达能力与理解能力得到了有效提升，对其他学科起到了有效的推动作用。但对于语文学科而言，除了着力开展基础教学以外，也应当注重课本中关于中国民俗文化的挖掘，以此来培养学生的核心素养。比如，在八年级下册第一单元导读中有这样一句话："看到一幅幅民俗风情画卷，感受到多样的生活方式和多彩的地域文化，更好地理解民俗的价值和意义。"《社戏》中呈现的就是鲁镇当时的一些民俗。文章开头写到的"消夏"的民俗，这种地域文化（民俗）也就成了"我"看社戏的机缘。文中还提到了"春赛"，其实"社戏"就是这个春天举行的赛会的一部分活动，为了庆祝，也为了祈福，表达了劳动人民善良的愿望。在上《灯笼》一课时，在完成基本教学内容外，教师可以用一个课时让学生来了解一下"灯笼中的民俗与文化"。可以讲讲"灯笼的由来"关于东汉明帝的历史小故事，灯笼中蕴含的'求子添丁'、求取辟邪平安等美好寓意，还有在如绘画、书法这些中国传统艺术表现形式上借助灯笼的形象不仅会制造出色彩绚丽的视觉效果，还往往寄寓着人们对生活的良好祝愿和中国人、中国文化的精神风骨。语文教材中包含的诸多地区特色文化是民族精神的瑰宝，也是树立学生正确价值观念的重要教学内容。随着传统文化的深入渗透，学生的语文学习水平将得到有效提升，核心素养也得到有效培育。

二、初中语文渗透传统文化的不足之处

(一) 缺乏环境与内容支持

在传统教育理念的影响下，语文教学更关注学生对语文知识的理解，并通过知识内化获取更高的学习成绩。教师在课堂中主要围绕着经典题型展开教学，使得学生的知识运用能力得到提升，但最终的教学目的仍然是以成绩为主，这也就使得语文教学对传统文化底蕴与精神的发掘未给予充分重视。传统文化在语文教学中的渗透缺乏必要的支撑，各项教学内容不够完善，教师缺乏明确的教育目标，语文与传统文化之间的融合缺乏环境支撑。而教师在开展传统文化教育时，始终围绕着课本教材而展开，从而导致传统文化内容的渗透较为局限，教师在课堂中对此类内容的涉足少之又少，制约了学生学习的积极性，学生在语文课堂中难以感受到传统文化的思想魅力与价值观念。

(二) 教学手段单一且枯燥

在开展语文教学过程中，教师缺乏对传统文化的渗透，选择的教学手段较为单一与枯燥，传统文化内容的拓展较为局限，教学组织形式主要以传统教学方法为主。虽然情境创设激发了学生的积极性，但枯燥的教学方案却影响了学生的积极性，学生在不同教学主题下，无法充分投入个人情感，久而久之，则不愿在课堂中去感受传统文化带来的价值，严重制约了语文课堂教学的效果。要想实现传统文化的充分渗透，教师就应当将其与实际发展相融合，语文教学应当正确面对现代生活带来的挑战，在改正传统文化渗透教育时，应以实践化的应用指导为主，帮助学生体会传统文化中的价值。但就实际情况来看，传统文化渗透缺乏基本的指引，不仅无法提高学生的热情，也无法展现出教育的职能。

三、传统文化在初中语文教学中的实践

(一) 营造良好教学氛围，优化传统学习模式

学生是课堂的主体，教师要关注学生的学习需求，通过营造良好的教学氛围，使得传统文化学习模式得到优化，从而获得最大化的教学效果。比如，在学习完《社戏》一课后，我利用清明假期给学生布置了一个这样的情景式学习

活动（图1-1-1）：

活动：学习了《社戏》后，同学们一致认为，作为新时代的中学生有责任把我国的传统戏曲发扬光大。为此，同学们决定以"拯救戏曲"为主题，做一次综合性学习活动。请根据要求，完成下列活动，同学也可以结合自身实际情况，全做或选做。
（1）中国戏曲的种类及特点。
（2）脸谱及行当。
（3）手绘两幅脸谱。
（4）广东有哪些地方戏剧，请做具体讲述（可有音频或视频辅助）。
（5）学唱一段戏曲（可提前录制好音频）。
（6）针对"中国传统戏曲如何摆脱困境，获得新生"这一问题展开讨论，请谈谈你的看法。

图1-1-1

这样的学习活动打破了学生原有的一放长假就是做题的固定思维，取而代之的是让学生在学习过程中即在抽象思维过程中有具体、直观、形象思维的辅助，理解、分析、综合能力将会得到更好的培养。此次活动学生参与度极高，有的勇于挑战，独立完成一些任务；有的小组合作，六个项目全部完成，通关完毕。

在活动反馈展示中，学生的讲解和作品更是让我觉得这样的学生活动布置得太好了。比如，"广东有哪些地方戏剧，请做具体讲述"这个活动中，我任教2班的一个学生落落大方并且全程脱稿、如数家珍地给大家演说着，原来他是广东粤剧大师何先生的孙子，从小就是在这样的中国传统戏曲家庭长大，他的这份自信演说不仅锻炼了自身的表达能力，也把中国戏曲文化从他的小家带到我们课堂这个大家；"学唱一段戏曲"活动展示时，一个女生独立完成并且展示了出自宋代女词人李清照改编的歌曲《声声慢》，"青砖伴瓦漆，白马踏新泥……"用戏曲唱腔和民谣组合的形式进行了精彩演绎；"手绘脸谱"活动，学生们更是争先恐后地展示，其中不乏原创作品。

教师要充分了解学生的学习兴趣，从学科内容中制定教学方案，并在教学内容的基础上，营造轻松愉快的教学氛围，让学生在课堂中更加主动积极。教师要及时发现语文教学中的关键知识点，结合传统故事、民族精神，渗透传统文化内涵，让学生能够更轻松地了解传统文化的内涵，达到最佳教学效果。

(二) 讲解优秀文化背景，增强文化理解能力

民族优秀传统文化有着自身的社会背景，为了增强学生对传统文化的了解，教师可以引导学生试着自主去探究传统文化的背景，借助网络工具，更深刻地了解传统文化的内涵。初中语文教师要给予学生自主探究的空间，让学生在自主探究与讨论中积极思考，通过思考去感受文化价值，增强对文化的理解。学生在探讨过程中也能够潜移默化地去学习优质传统文化，并积极学习民族精神，对民族文化特色产生向往之情，实现传统民族文化的传承与弘扬。

比如，在深入了解《安塞腰鼓》后，教师可将学生分为几个小组，让学生通过小组合作琮探究安塞腰鼓的来源、表演形式等多项内容，同时需要在课堂中加以展示，使学生更认真地去查询安塞腰鼓的历史背景。比如，有的小组在网络媒体的支持下，了解到安塞腰鼓主要与古代军旅生活息息相关，是古代用来增强士气、传递情报的主要工具，而现代腰鼓主要用来展示丰收、胜利的喜悦。也有的小组在展示时，表示安塞腰鼓属于集体表演形式，并为其他同学播放了表演视频，展现了安塞腰鼓的表演风格。在自主探究中，学生对安塞腰鼓的感受越来越深，民族文化精神的渗透也随之越发深入。

此外，教师还可以让学生探究："腰鼓为何在陕北高原上打，为何一群汉子打？"学生通过网络调查发现，古代人认为西北是中华民族的主要发源地，在秦、汉、唐鼎盛时期，拥有着辉煌灿烂的文明。腰鼓展现了西北群众的精神，西北地区的人们并没有因为生活的苦困而失去希望，即使在西北贫瘠的土地上，西北汉子也拥有着坚韧不拔的气质。这些无一不展现了中华民族风俗历史的悠久，借助腰鼓展现了西北人民群众悍勇威猛的个性，歌颂了生命的力量。学生在探索过程中能够被西北汉子的精神所吸引，并主动去传承中华民族这一优秀精神，实现传统文化的教育目标。

(三) 丰富文化展示途径，提高学生鉴赏能力

传统文化需要以多元化的形式展示出来，既能够提高学生的鉴赏水平，也能够让学生在亲身体验中感受传统文化的价值，激发学生对传统文化的探索欲望。教师在教学过程中，要尽量以多元化的活动形式，增强传统文化的渗透效果。比如，针对古诗词学习，教师可开展班级内的诗词大会，通过"飞花令"等形式加强学生对传统诗歌的掌握，学习古人的优秀品质。在学习"中国传统节日"综合性活动时，教师可以开展劳动与语文学科融合的活动，如清明节做"青团""锅贴"等美食，通过此活动不仅增强了学生动手劳作的能力，更在

实践中对中国传统文化、传统美食进行了品鉴。教师也可以让学生设计"中国传统节日"的"图标"并讲解设计的元素及寓意。此种形式不仅能够帮助学生掌握传统文化中传统节日的特征，也能够培养学生的书香气息，实现语文核心素养培育的最终目标。

"言""文"合一，识"人"传"情"
——古诗文教学与中华优秀传统文化传承的有效融合

中华优秀传统文化是我国古人智慧的结晶，其蕴含的人文精神、审美情趣、道德理念、行为规范等文化精髓代代传承。

《义务教育语文课程标准（2022年版）》中指出："义务教育语文课程培养的核心素养，是学生在积极的语文实践活动中积累、建构并在真实的语言运用情境中表现出来的，是文化自信和语言运用、思维能力、审美创造的综合体现。"初中语文教材中的古诗文是中国优秀传统文化的精髓。教师在古诗文教学中应渗透传统文化，促进传统文化的传承，增强学生的文化自信。

一、传统文化在初中语文教材中的体现

初中语文教材选录的古诗文大致涉及中华优秀传统文化的三个方面。

（一）爱国主义情感

初中语文教材中收录了许多爱国诗篇，如文天祥的《过零丁洋》和辛弃疾的《破阵子·为陈同甫赋壮词以寄之》，抒写了舍身报国的慷慨悲歌；杜甫的《茅屋为秋风所破歌》则捧出了忧国忧民的拳拳之心；范仲淹的《岳阳楼记》是心怀天下苍生的真情告白。这些诗文无不透露出以天下为己任、报效国家为先，把个人生死、荣辱置之度外的强烈爱国之情。这些诗篇对培养学生的爱国主义精神，增强其民族自豪感和社会责任感，形成良好的个性和健全的人格，都有十分重要的意义。

（二）民族精神和个人道德修养

泱泱中华五千年培育了以爱国主义精神为核心的创造精神、奋斗精神、团结精神、奉献精神和孝悌精神等民族精神。在尊重文本的基础上，教师要挖掘古诗文内蕴的民族精神，设置情境引导学生换位思考，将民族精神之魂注入学生心灵。例如，《愚公移山》体现的是中华民族不畏艰苦、矢志不渝的奋斗精神；《陈太丘与友期行》通过孩童之口道出了"信"与"礼"的重要性，《诫子书》透露了学有所成的秘诀——淡泊明志、宁静致远。选自《论语》《孟子》中的文章充分体现了以"仁爱"为核心，讲求"孝、悌、忠、信、礼、义、廉、耻"的儒家思想。民族精神教育涵盖国家意识、圣贤智慧、公民素质、个人追求等多个层面，落实到具体课堂，可以抓住典型人物的独特行为，展开与先哲先贤、民族偶像和民族思想品质的对话。例如，在教学《过零丁洋》时，教师提问：识时务者为俊杰，文天祥拒绝高位厚禄，宁死不投降，他是怎么想的？在教学《愚公移山》时，问学生愚公到了"年且九十"不想着如何安享晚年，反而还要坚持去吃苦头"叩石垦壤"，他是不是老糊涂了？

（三）人间真情与高尚情操

"诗言志"，诗人借助诗歌表达个人情感和理想愿望。爱国之情，亲情、友情、爱情、乡愁、热爱自然等真情遍洒。例如，王勃的《送杜少府之任蜀州》既表现了诗人乐观豁达的情怀，又表现了其对友情的珍重。例如，李白的《渡荆门送别》既表达了诗人对故乡的眷恋，又抒发了其对壮美山河的热爱。

经典的古诗文不仅蕴含真情，还表现了诗人的高尚情操。例如，陶渊明的《归田园居·其三》通过塑造一个热爱田园生活、怡然自得的诗人形象——隐士形象，表现了诗人特立独行、不与世俗同流合污的高尚情操，《爱莲说》托物寓意，表达了不慕名利、洁身自好的心声。

白居易在《与元九书》中说："感人心者，莫先乎情，莫始乎言，莫切乎声，莫深乎义。"其大意是能够打动人心的事物，没有能超过情感的，没有不从语言开始的，没有比声音（韵律）更切合的，没有比道理更深入的。经典的古诗文是"情、言、声、理"的完美结合。在吟诵中体味情感，感受真情，学习古人的高尚情操是古诗文教学应有之义。

康德说："想象力是一种创造性的认识功能。"古诗文精练的语言使读者有广阔的想象空间。教师多引导学生对古诗文留白之处进行想象，想象人物的言行举止，想象人物的内心世界，能更好地体悟人物情感，提升自己的思想境界。例如，在《出师表》一文中，让学生想象诸葛亮在接受刘备遗命以来"夙夜忧叹"的具体情形是怎么样的，运用人物描写方法对诸葛亮的神态、动作、语言、心理进行描写。这一想象练笔不仅加深了学生对诸葛亮鞠躬尽瘁死而后已形象的理解，还能在潜移默化中引导学生形成"受人之托，忠人之事"的诚信品格。

二、在初中语文古诗文教学中渗透传统文化的策略

教师首先要加强自身的知识储备，充分了解中华优秀传统文化，准确分析理解教材所涉及的传统文化精髓。其次要运用一些策略手段，将传统文化有机融入古诗文课堂教学中。

（一）析题择机，引入背景知识

古诗文标题里往往涵盖人名、地名，中心事件等要素，教师应敏锐地发现这些核心要素与文本之间的联系，抓住题目中的核心词语"大造文章"或顺势引发相关背景知识介绍。以《记承天寺夜游》为例，笔者抓住"承天寺""夜游"发问"承天寺在哪里""苏轼为何要夜游承天寺？"，接着笔者介绍苏轼写此文时"因乌台诗案被贬"的艰难处境，使学生明白苏轼夜不能寐游承天寺的原因，为学生理解文中作者复杂微妙的情感奠定了良好基础。在教学过程中引入苏轼被贬一案，带领学生了解乌台诗案的来龙去脉，以及苏轼与王安石虽政见不合，但两人都秉持公正坦荡之心向皇上进言，驳斥小人对对方的污蔑。这一背景能让学生感受苏轼的襟怀坦荡。教师进一步引导学生了解传统文化中的君子精神——"君子坦荡荡"。只有坦荡豁达之人才能有此雅兴雅趣，才能领略到月夜之美，才能化忧为喜。

针对教学目标，引入的文化背景资料要符合三个有助于，即有助于理解文本内涵，有助于体会作者情感，有助于激发学生兴趣。教师要选择恰切的背景资料，也要选择好引入的时机，以实现传统文化与课堂教学的有机融合。例如，《茅屋为秋风所破歌》授课时，学生不明白杜甫为何对群童抢茅如此哀叹，此时再引入时代背景介绍：杜甫流寓成都三年，靠亲戚朋友帮助维持生活。他求亲告友，好不容易在城西七里的浣花溪边找到一块荒地，盖起了一间茅屋，总算有了个栖身之所。只有当学生设身处地理解了杜甫处境的艰难，他们才能理解作者的情感。当分析到"自经丧乱少睡眠，长夜沾湿何由彻"时，教师要介绍安史之乱的史实及杜甫诗作被称为"诗史"的原因——天宝十四年

（755年），安禄山趁唐朝内部空虚腐败之际，发动兵变，翌年就攻入都城长安称帝，安史之乱持续八年。在这八年中，杜甫历尽艰难仍然关注时局，观察社会，先后写出了《悲陈陶》《春望》《北征》《羌村》《三吏》《三别》等传世名作。他用诗歌记录了"安史之乱"给百姓带来的深重灾难。作为历史的见证者，杜甫的记录没有修饰，如实写来，展现了历史的真相，因此他的诗作被誉为"诗史"。公元763年，安史之乱终于被平定，杜甫闻官军收河南河北，瞬间喜极而泣，写下了"漫卷诗书喜欲狂"的名句。杜甫的忧来自国家，喜亦是来自国家，这就是儒家知识分子身上所具有的以天下为己任的社会责任感和忧患意识。史实的补充会帮助学生充分了解杜甫忧国忧民的情怀。

教师在研读古诗文文本时，应充分挖掘蕴含其中的时代背景、思想理念、人文精神、传统文化，结合学生学情去搜集整理出恰切的教学资源，再选择适宜的时机引入课堂教学。教师可以给学生指定专题让学生搜集文化素材，也可以让历史底蕴丰富的学生在课堂上介绍文化背景资料。当语文课成为学生汲取传统文化精粹的阵地，学生就会在潜移默化中传承中华优秀传统文化。

（二）"言""文"合一，重在分析"人"

古诗教学存在着重背诵轻分析理解的倾向。刘勰在《文心雕龙》中讲到两个字，一个是"情"，一个是"采"。"情"就是思想感情，"采"就是语言文字表达。"情采合一"处，是诗文之魂。教师应重视带领学生分析理解名句的内涵。以范仲淹的《渔家傲·秋思》为例，名句是"浊酒一杯家万里，燕然未勒归无计"。"一杯浊酒"里蕴含着对"万里"之遥的家乡、亲人的怀念。"勒石燕然"的典故寄托着将军征夫的共同心愿。该典故是指班固于东汉永元元年（89年）在燕然山（今蒙古国杭爱山）刻石记东汉窦宪大破北匈奴之功，作《封燕然山铭》，史称"燕然勒石"。此句既写出思乡的愁苦之情，也写出了捍卫疆土、渴望建功立业的豪迈坚定之情。教师只有做到真正分析理解名句，才能深刻感受蕴含其中的文化意蕴。

教师只有切实带领学生分析古文中的人物描写，析字品词，才能帮助学生体会人物形象，了解作品蕴含的传统文化元素。例如，《世说新语·咏雪》一文对谢太傅的描写虽不多，但"与儿女讲论文义"看出他对家族中年轻一代教育的重视；"公欣然曰：白雪纷纷何所似"，因"雪骤"而停下"讲论文义"，因"雪骤"而欣然，遂灵机一动出题考问子侄辈，看出他的雅兴和睿智；"公大笑乐"看出他对聪慧的子侄一辈的赞赏，也看出他的开朗大气。教师分析了谢太傅的形象，再引入诗词"旧时王谢堂前燕，飞入寻常百姓家"，介绍王羲之和谢安两大家族及其优秀后代，以及旧时贵族重视"家风"建设的文化背景。一切的文化都是人创造的，从分析"人"这一角度切入，与之相关优秀传统文化的渗透则水到渠成。在古诗文教学中，教师只有抓住典型人物和个性语言，分析人物形象后进而引导学生评价人物，感悟人物身上具备的传统美德，仿若与人物进行穿越时空式的古今对话，这样才能助力学生感受到传统文化长盛不衰的魅力。

除了分析文本中的主要人物、次要人物，我认为要渗透传统文化，还要分析一个"人"。谁呢？就是作者。创造出经典篇章的作者本人，其为人处世、思想情操以及个性才情、情趣爱好、学识修养，也受到了传统文化的浸润。《孟子·万章章句下》中说："颂其诗，读其书，不知其人，可乎？是以论其世也。是尚友也。"只有知其人、论其世，即了解了作者的生活思想和写作时代背景，才能客观、正确地理解和把握文学作品的思想内容。以《茅屋为秋风所破歌》授课为例，教师只有适时引入杜甫为何被誉为"诗圣"的文化背景资料，学生才能充分感受杜甫身上体现的爱国主义情感，而不是学完之后，只有浅显地印记"忧国忧民""爱国"等词汇。后世把杜甫称为"诗圣"是因为杜甫诗所展现的诗人形象，体现了传统文化中的士大夫精神，如悲天悯人、心怀天下、兼济天下、忠义仁爱、民胞物与、忧国忧民等。1953年4月，郭沫若为杜甫纪念馆的题联是："世上疮痍，诗中圣哲，民间疾苦，笔底波澜。"杜甫自己说，"穷年忧黎元，叹息肠内热"，是他的中心思想，"济时肯杀身""吾庐独破受冻死亦足"，是他的一贯"忘我利他"精神。他拿这些来要求自己，也用以勉励朋友。他表彰元结说："道州忧黎庶，词气浩纵横。"他对严武说："公若登台辅，临危莫爱身。"他对裴虬也说："致君尧舜付公等，早据要路思捐躯。"杜甫仁爱博大的情怀，永不淡漠的政治理想，揭露黑暗现实的勇敢无畏，是他获得"诗圣"美誉的重要因素。当然，这也和他扎根底层、关注民生是分不开的。

教师教学《卜算子·咏梅》《示儿》时要详细介绍爱国诗人陆游其人。陆游爱好梅花，写了许多歌咏梅花的诗作。陆游称赞梅花"雪虐风饕愈凛然，花中气节最高坚"（《落梅》）。梅花不畏严寒，独立绽放于百花畏惧的严寒之中，理应受到瞩目、赞叹。陆游在《卜算子·咏梅》却设置了开在郊野的驿站外面，破败不堪的"断桥"边的梅花形象，写出梅花遭人冷落、饱经风雨摧残。词中梅花是作者自身的写照。陆游出生于宋徽宗宣和七年,正值北宋摇摇欲坠、金人虎视眈眈之时,他随家人开始了动荡不安的逃亡生活。"儿时万死避胡兵"的经历使他坚定了一生抗金的理想。力主用兵的他两次遭到罢官。身处逆境报国无门的陆游不改壮志,决不与争宠邀媚、绝不与阿谀逢迎之徒为伍。"零落成泥碾作尘,只有香如故"的梅花正是诗人对恶势力绝不妥协、对理想绝不放弃的生动写照。《示儿》是陆游的临终遗嘱,也是他发出的最后抗金号召。他在弥留之际,还是念念不忘被女真贵族霸占着的中原领土和人民,热切地盼望着祖国的重新统一。教师在分析陆游其人时,如果能分析到他爱国精神的形成和他所结识的抗金将领张浚是分不开的,学生一定会非常感兴趣。在主战派阵营中,陆游受张浚、王炎影响极大。张浚曾四度拜相,一生忠君爱国,力主抗金,是南宋抗金的最高统帅,组织岳飞、韩世忠等主战派将领与金人展开了一场场殊死战斗,是南宋抗金的一面旗帜。临终前,张浚临终时对儿子说:"吾尝相国,不能恢复中原,尽雪祖宗之耻,不当归葬先人墓左,葬我衡山足矣。"张浚临死前仍不忘国破家恨的爱国之情和陆游的《示儿》流露的遗憾之情是很相似的。教师只有全面了解作者生存的时代背景、文化背景、生平大事、作者的创作思想及其作品、名人评述,在授课时才能笑谈逸事,引经据典,引导学生深入体会传统文化的魅力。

(三)注重诵读,引导想象

《义务教育语文课程标准(2022年版)》明确提出:"诵读古代诗词,阅读浅易文言文,能借助注释和工具书理解基本内容。积累、感悟和运用,提高自己的欣赏品位。"这就说明教师要重视诵读、背诵的指导,让学生在诵读中理解文意、体味情感、感受作品的意境。著名语文教育家刘国正先生提出关于诵读两点建议:其一,让学生熟读背诵,感受其中的诗美,受到熏陶感染。学生学习古诗文必须读正确、流利,读出自我感受,在读得烂熟于心的历程中陶情冶性。其二,教师只需略加点拨,学生不懂的,留待以后加深理解。笔者对刘国正先生的"建议其一"的实践是采取多种诵读方式,如听录音跟读、教师范读、全班齐读、小组合读、个人读、接龙读、分角色表演或比赛读等,让学生读准字音、读出节奏、读出情感。又如,在指导《出师表》诵读时,让学生通过抑扬顿挫的语调来表现诸葛亮的赤诚之心,用循循善诱的语气来朗读诸葛亮于危难之际提出的治国之策,然后再用逐渐凄凉的语调来读出诸葛亮对刘备的感激之情，最后用坚定的语气读出诸葛亮对后主的忠心和出师的决心。只有这样才能使学生更好地感受诸葛亮忠贞不贰和为报知遇之恩不惜粉身碎骨的爱国情怀，从而达到有效利用传统文化培养学生爱国精神的目的。

笔者对刘国正先生的"建议其二"的看法是以往语文教师在讲解古诗文时，过于强调字字落实准确翻译全诗全文，反而忽视了引导学生进行整体感知的直觉式审美体验，造成了"耗时多、讲解多、学生烦"的后果。古人云："读书百遍，其义自见。"这就是说，若读得熟，则不待解说，自晓其义也。与其花大量时间来进行字词注释的烦琐讲解，不如给学生提供更多古诗文诵读诗篇。珠海市香洲区有些小学推行每日经典诵读，用的是陈琴主编的《中华经典素读范本》。全套书收录了中华经典的蒙学、诗律、常识、四书五经、诸子等经典名篇，是一套为一至六年级的学生精心准备的、可作为现行语文教材的补充读本。根据本书的体例，学生每天的诵读量是50～60字，每年的诵读量，大概在1.8万字左右，这样下来，6年时间里就能背诵10万字。这一做法切实有效。反观初中教学，一学期教师反复抓学生背默，不足20首古诗文都未能做到学生个个熟练掌握。笔者希望初中学校也能挖掘空间，让经典诵读走进初中校园。

（四）拓展迁移，开展专题活动，课内外相衔接

要让学生认识到传统文化的魅力，教师就要做传统文化的爱好者，就要积极收集传统文化在现代教学运用的佳例。

教师在教学中要敏锐挖掘文化因子，举一反三，提供同类或相反的文化事例充实课堂，增加学生的传统文化底蕴。例如，在教学《茅屋为秋风所破歌》时，教师要让学生举例杜甫忧国忧民的古诗名句。学生说出了《春望》的"感时花溅泪，恨别鸟惊心"；《自京赴奉先县咏怀五百字》的"穷年忧黎元，叹息肠内热""朱门酒肉臭，路有冻死骨"；《石壕吏》的"存者且偷生，死者长已矣"；《登楼》"北极朝廷终不改，西山寇盗莫相侵"等。又如，学了《送东阳马生序》，教师还可补充介绍凿壁偷光、闻鸡起舞、囊萤映雪等故事，这样通过同类及相关内容的拓展迁移，不仅加深了学生对课文主旨的理解，也加深了学生对传统文化的认识。教师也可以选取与课文主题、人物形象大相径庭的诗文进行对比迁移，加深认识。例如，在《醉翁亭记》一课中，教师可引入柳宗元的《小石潭记》，并出示一道思考题：同为贬官，同样寄情山水，柳宗元游小石潭先乐后忧，欧阳修游山酣乐，两人的"乐"是否完全相同？你对两人分别有怎样的评价？

在《香洲诗词大会》一课中，为了让学生感受到中华诗词的源远流长、博大精深，笔者特意播放一段视频。这段视频是近期热播电视剧《庆余年》中范闲朝堂背诗的片段。范闲滔滔不绝吟诵了唐诗宋词的众多名句，惊为天人。这一视频入课堂，效果极佳。

教师还要对教材中的传统文化元素进行梳理整合，以讲座、考题、表格整理、聊天等方式让学生体会到古诗文名句蕴含的古人哲思，让学生体会传统文化古为今用、魅力常在。例如，教师和学生观春草，体会"天街小雨润如酥，草色遥看近却无"中的独特发现，感受古人的审美情趣；遇到学生受挫迷茫时，用"山重水复疑无路，柳暗花明又一村"来劝慰；当学生担忧目标不能实现时，用"长风破浪会有时，直挂云帆济沧海"来激励。

当然，如果仅限于"见缝插针"式穿插文化事例、文化背景，课内外没有展开紧密衔接，这不足以让学生充分感受到传统文化的魅力。教师可开展专题活动或综合性实践活动，对某类优秀传统文化追根溯源。笔者曾在《〈论语〉十二章》授课结束后，开展了"走进《论语》，走近孔子"综合性活动，对儒家思想深入解读，使学生进一步感受到传统文化的魅力。语文科组也可利用语文活动周的时间，举办书法大赛、古诗文竞赛、诵读经典大赛、古诗文课本剧表演、传统文化文艺汇演等活动，达到大多数学生参赛、人人观赛的目的，营造出浓厚的传统文化氛围，使学生受到感染和熏陶，激发学习传统文化的兴趣。教师既要在校园兴起"传统文化热"，也要带领学生走出去感受"传统文化"，如组织学生参观本地的文化古迹，带领学生参观珠海市博物馆的"非物质文化遗产"展馆等。

传统节日里蕴含着中华文化、传统习俗因子。因时制宜，教师可带领学生过节，采用节日抒怀、见景说诗、绘图赏析、节日怀古等形式，激发学生对传统文化的热爱。例如中秋节，年级或学校可以举办猜灯谜、在折扇上绘图题诗、诵读与中秋有关的古诗等活动，不仅能够丰富学生的课外生活，而且能够提升学生的文学素养。例如，临近中秋节的课堂上，教师可以组织学生学习《水调歌头·明月几时有》这首词，教师还可以让学生收集与中秋节有关的古诗或者文章，也可以让学生分别谈一谈中秋赏月和中秋团圆的情景，家乡过中秋节的习俗及感悟。

综上所述，古诗文中蕴含着经典的传统文化、道德修养、人文精神、文化审美情趣等。语文教师要领学生细读深品古诗文，积极探索在古诗文教学中渗透传统文化的策略和途径。学生在潜移默化的学习、传统文化的熏陶下，开阔了文化视野，积淀了文化底蕴，激发了审美情趣，发展了个性思维，有助于健全人格的形成。

第二节 "一体两翼"，多维渐进

——统编初中语文教材中华优秀文化作品精神传承与发展策略探究

从初中语文教材出发，继承与弘扬
中华优秀传统文化

在全球文化蓬勃发展的背景下，世界大国之间的竞争开始逐渐由领土竞争转变为文化领域的竞争。中华民族要想继续在世界格局中保持重要地位，应该站在战略的高度思考民族文化问题。

一、从初中语文教材出发，继承与弘扬中华优秀传统文化的必要性

教育部在《完善中华优秀传统文化教育指导纲要》中提出："中华优秀传统文化是中华民族语言习惯、文化传统、思想观念、情感认同的集中体现，凝聚着中华民族普遍认同和广泛接受的道德规范、思想品格和价值取向，具有极为丰富的思想内涵。"

初中语文教材对继承和弘扬中华民族优秀传统文化起着极为重要的作用。温立三先生指出："语文学科是中华优秀传统文化内容的第一载体。"语文教材则是语文学科最重要的工具书，初中阶段要继承与弘扬中华优秀传统文化，增强民族凝聚力和民族文化认同感，必然需要重视初中语文教材。

二、从初中语文教材出发，继承与弘扬中华优秀传统文化的可行性

《义务教育语文课程标准（2011版）》在"前言"部分提出："语文课程对继承和弘扬中华民族优秀文化传统和革命传统，增强民族文化认同感，增强民族凝聚力和创造力，具有不可替代的优势。"在"课程目标与内容"部分提出："认识中华文化的丰厚博大，汲取民族文化智慧。关心当代文化生活，尊重多样文化，吸收人类优秀文化的营养，提高文化品位。"在"教材编写建议"部分提出："教材要注重继承与弘扬中华民族优秀传统文化和革命传统，有助于增强学生的民族自尊心和爱国主义感情。"可见，教材在编写时即已注意加入中华优秀传统文化元素，同时，课标的附录部分推荐了六十一篇优秀古诗词、文言文，另外，教材中还介绍了多部必读名著，这些都是我们进行中华优秀传统文化学习时可以使用的素材，数量大、范围广，内容较全面，可见从初中语文教材出发，继承与弘扬中华优秀传统文化在理论上和实际上都是可行的。

三、从初中语文教材出发，继承与弘扬中华优秀传统文化的路径探索

由于中华优秀传统文化与语文教学、现实社会密不可分，从初中语文教材出发学习中华优秀传统文化的基本策略，应力使求中华优秀传统文化与现代文化、本地文化有机结合，中华优秀传统文化不同表达形式间有机结合，以引起学生的学习兴趣、丰富学生的感知、促进学生的表达、实现可持续发展为目标。在教学实践中，我们尝试了三条路径。

（一）通过将教材资源与视听资源结合的方式，继承与弘扬中华优秀传统文化

近几年由于国学热的兴起，中央广播电视总台连续推出了一批中国传统文化创造性转化的典型节目，如《经典咏流传》《中国诗词大会》《国家宝藏》《中华文明之美》《中国汉字听写大会》等，通过现代化的传媒手段，在继承和发扬中华优秀传统文化的基础上，加入新的时代特色，将古韵古香的中华优秀传统文化转化为现在大众喜闻乐见的"时代文化"，增添了作品的生命力，产生了积极的影响。

《木兰诗》这首北朝民歌，是我国义务教育教科书七年级下册中的课文，

也是必背篇目，字数三百左右，学习、背诵的难度比较大。学生常常为此感到苦恼。在《经典咏流传》的一期节目里，著名歌手尚雯婕的一首《木兰诗》给予了我们启迪。她请来青年作家编写歌词，自己谱曲演唱，利用现代电音技术衬托情感，增强气势。在将视听资源和教材资源结合的思路指引下，我们给学生播放了《经典咏流传·木兰诗》视频。在精良的视听资源的协助下，很多学生对课文的亲近感迅速提升，不少学生在学完课文后开始乐于背诵，有进一步学习的愿望，促学效果明显。

王泓翔在《经典咏流传》里演唱的《墨梅》，原本短短的四句歌词被扩充铺陈，融入更多作者情感："不与凡花争奇艳，傲霜斗雪笑风寒。心怀高远更淡然，昂首天地间。墨色轻染气节弘，隐约香更浓。屹立青岸不与谁同，傲然尘世中。我家洗砚池头树，朵朵花开淡墨痕。不要人夸颜色好，只留清气满乾坤。"歌词实际上是对原诗内容的解读与扩充，原诗作为高潮部分被反复吟咏，学生跟唱过后，已经对原作的精神内核有了深入的理解，而且这种学习方式轻松愉悦，学生们乐于接受。

（二）通过以写促学，进行课文再创作的方式继承与弘扬中华优秀传统文化

学习是输入输出相结合的过程，从平时的写作练习来看，只有少数学生表示自己经常将中华优秀传统文化中的经典名句运用到写作中，大部分学生偶尔将古诗文经典名句运用到写作中，更有一部分学生从不将所学的古诗文经典名句运用到写作中。如果学生未把所学知识转化为自己的思维方式，实现思想的内化，也就是中华优秀传统文化的教育还没有达到理想的效果。学生将其作为经典，认真地进行了读、析、记活动，从实践看，如果其后的输出活动只是简单地抄、默、背，那么学生就很容易精神疲劳。怎样可以达到更好的效果呢？

对语文教材中的课文进行再创作是一个途径。在学习过程中，学生既有输入又有输出，学习成效更加显著。再创作的作品追求朗朗上口，好读易记，能增强学生对课文的阅读兴趣，促进学生对课文的深度理解，同时教师可以让学生尝试用韵文表达思想。选材途径一是经典现代文的歌曲化、精简化再创作；二是古代经典诗歌的扩充、韵律化再创作；三是经典文言文的提炼、诗歌化再创作以及综合性的再创作途径。

教师教学示范作品如下。

1. **经典现代文的歌曲化、精简化——《春》**

盼望盼望着，东风来了，春天春天脚步近了。一切刚刚醒，张开睡的眼。山色朗润，水光潋滟。太阳脸儿红，绿草遍山野。桃树杏树梨树，你不让我，我不让你，开满了花儿，争呀争第一。

盼望盼望着，东风来了，春天春天脚步近了。蜜是那么甜，蝴蝶舞蹁跹。小鸟安巢花叶中，牧童牛背吹短笛。风筝轻扬，心情舒畅，望着天空，多少孩子在欢唱。

春天来了，它像个娃娃，从头到脚都是新的。春天来了，像个小姑娘，花枝招展地笑着走着。春天来了，这健壮青年，领着我们走向希望。

2. **古代经典诗歌的扩充、韵律化——《过松源晨炊漆公店》**

莫言下岭便无难，赚得行人空喜欢。正入万山圈子里，一山放过一山拦。一山拦是一山拦，心中宁静天地宽。路边清溪好洗手，鸟语花香伴我前。

莫言下岭便无难，赚得行人空喜欢。正政入万山圈子里，一山放过一山拦。一山拦怎怕一山拦，心中笃定道路宽。向前步子不停歇，万水千山只等闲。

3. **经典文言文的提炼、诗歌化——《爱莲说》**

水陆草木之花，可爱者甚蕃。陶渊明爱菊，而世人爱牡丹。若是来问我的爱，不妨你来猜一猜。中通外直，不蔓不枝，香远益清，亭亭净植，园中一潭碧绿池。出水不妖，出泥不染，远观可也，不可亵玩，君子花中偏爱莲。

想牡丹，富贵花，说起世上人人夸。东篱菊，隐逸花，陶令走后寂寞了。涟中莲，水中间，似远离人世的神仙。涟中莲，风中看笑颜，你我情通心相牵。

教师自己的写作尝试是"抛砖引玉"，吸引学生参与到这个活动中来，接下来点燃他们智慧的火把，则是更重要的一环。教师让学生根据自己对课文的理解，根据节奏美、韵律美的要求进行自由创作。挑选优秀学生作品进行展示，对有潜力的作品进行"点石成金"的改造展示，能有效提高学生的学习兴趣。

学生实践再创作作品举例：

作品一：《梅》

天地数枝梅，凌寒独自开。漫天飞絮中，白雪以为景，红衣寄以情，红衣白伞，灼目绚丽。腊月寒冬日，风霜雨雪时，高昂头颅的，只有梅。（经典诗歌《梅》再创作）

作品二：《梅》

出寒雪而不屈，迎狂风而不败。红似火焰，香自苦寒来。梅，花之勇士者也。（经典诗歌《梅》+经典文言文名作《爱莲说》再创作）

作品三：《狐狸》

它，曾经威风凛凛，胜过兽王。它，昔日被称为动物界的智囊。如今，却人人皆知。它那深沉的目光里，隐藏的是虚假的善意，抑或是无尽的贪婪。（寓言《狐假虎威》再创作）

作品四：**《驿路梨花处处开》**

暮色苍茫，延伸远方。夕阳西下，随行月光。漆黑的屋，微弱的光，温暖的火，喷香的饭，滚热的水，感恩的心。月光凉，小草房。微弱光，饭喷香。新雷锋，精神扬，梨花香，中国强。（经典现代文《驿路梨花》的再创作）

作品五：《读诗》

清晨摘一束沾满露珠的芳草，把它放入口中咀嚼，嚼完后唇齿流芳，剩余的清香便钻入心房。（经典诗歌综合性再创作）

作品出来后，如音乐老师为之谱曲，将在艺术性上更具风采，可在校内外的表演活动中作为特色节目展示。

近年来，国家和社会着力弘扬中华优秀传统文化，在这样的时代背景下，有着影响力的教育部门也应充分利用自身优势，宣传和组织学生书写新时代中华优秀传统文化文章，增加学生的输出渠道，营造良好的表达环境，鼓励广大学生积极参与，让青少年得到更多、更好的中华优秀传统文化的滋养。

（三）通过将教材资源与本地特色、历史相关资源结合的方式，继承与弘扬中华优秀传统文化

初中语文教材中的中华优秀传统文化篇目较多，如何用活用好，值得深入探索。经实践表明，其与本地特色资源结合，与历史相关资源结合也是一个可行的途径，如对文天祥《过零丁洋》一诗的深度教学。

《过零丁洋》是初中语文九年级下册的课文，中考必背篇目，也是中华优秀传统文化重要的组成部分。这是一首七言律诗：

辛苦遭逢起一经，干戈寥落四周星。山河破碎风飘絮，身世浮沉雨打萍。

惶恐滩头说惶恐，零丁洋里叹零丁。人生自古谁无死，留取丹心照汗青。

以往的教学仅限于对本诗的讲、记、背，学生对其印象容易浮于表面。诗歌中提及的"零丁洋"（又名"伶仃洋"），恰好位于本市辖区范围，珠海海岛上还专门刻有毛主席手书文天祥《过零丁洋》诗以作纪念,其已成为众多游客旅游打卡的必到景点。由此情景导入,易于引起学生的学习兴趣。

接下来,带领学生阅读本地区最重要的史料《香山县志》中关于此事的文字记载。

同治《香山县志》卷二十二《纪事》:"祥兴二年春正月十二日,张宏范携天祥过零丁洋,沙冈义民饷军三日,未几元军自潮阳港趋广海,十三日由邑之水风石海袭厓门,宏范索天祥为书招世杰,天祥书零丁洋诗予之。"

请学生尝试翻译文段。教师对其中"张宏范、义民、殷达辅、未几、邑、世杰"等人名、地名和专有名词进行重点指导,引领学生从鲜活的本地史料中感知古文翻译的要点。

接下来,用二十四史中的《宋史·文天祥传》进行深入学习:

(天祥)至潮阳,见弘范,左右命之拜,不拜,弘范遂以客礼见之。与俱入厓山,使为书招张世杰。天祥曰:"吾不能捍父母,乃教人叛父母,可乎?"索之固,乃书所《过零丁洋》诗与之。其末有云:"人生自古谁无死,留取丹心照汗青。"弘范笑而置之。厓山破,军中置酒大会,弘范曰:"国亡,丞相忠孝尽矣,能改心以事宋者事皇上,将不失为宰相也。"天祥泫然出涕,曰:"国亡不能救,为人臣者死有余罪,况敢逃其死而二其心乎。"弘范义之,遣使护送天祥至京师。天祥在燕凡三年,上知天祥终不屈也,召入谕之曰:"汝何愿?"天祥对曰:"天祥受宋恩,为宰相,安事二姓?愿赐之一死足矣。"然犹不忍,遽麾之退。言者力赞从天祥之请,从之。天祥临刑殊从容。南乡拜而死,年四十七。

这段文字较为详细地介绍了文天祥就义的前因后果,对主人公描摹细致,其音容笑貌宛在眼前。经学生一翻译、教师指出要点后,大家不仅学到了文言知识,内心更是感受到强烈震撼,认识到"文天祥以身殉志,不亦伟乎"(毛泽东对文天祥的题词)!

在初中阶段对青少年进行中华优秀传统文化教育,于国家和学生个人而言都有重要的意义的。初中语文教材中蕴含着丰富的中华优秀传统文化内涵,需要教师以自身专业素养为基础,从教材本身的特点出发,根据语文课程标准和具体学情进行进一步的深入研究。我们在了解当前初中语文教学渗透中华优秀传统文化教育的现状后,进行具体分析,提出针对性的教学策略及创造性的具体可行措施,对继承和弘扬中华优秀传统文化有着积极的意义。

"习" "探" "传" "演"，多维渐进

——语文教学中传承中华传统文化教育策略探究

一、通过语文教学和语文活动来渗透中华传统文化教育

何为传统文化，用著名学者李慎之的说法就是："中国自古以来形形色色的文化现象之总和，其中任何一种，无论从今人看来是好是坏，是优是劣，只要没有消失，或者基本上没有受到强势的西方文化的彻底改造的都是。"中华文化传承千年，博大精深，有"仁""义""礼""智""信"的为人准则，"温""良""恭""俭""让"的处事涵养，有儒法道墨百家争鸣，有诗词歌赋各领风骚，更有从中展露出来的爱国思乡、建功立业、情寄山水、思亲怀友、文人风骨等诸多情怀。

语文教学作为传承优秀传统文化的重要载体，肩负着独有的使命。《语文课程标准》指出："语言文字是人类社会最重要的交际工具和信息载体，是人类文化的重要组成部分……工具性与人文性的统一，是语文课程的基本特点。"当代著名教育学家顾明远："工具论也好，文化论也好，都不能忘记语文既是交往的工具，又是文化载体，同时还是民族文化传统的结晶。"语文教师在教学日常中，要利用教学环节的设计或教学形式的变化，来传递中华文化精髓，使传统文化走进学生的视野，并激发起学生对传统文化的热爱。

那么，如何通过语文教学和语文活动来渗透中华传统文化教育呢？

策略一：结合教材习文化

细读入选课本的教材，无论古文还是现代文，每一篇都是经过历代文人考究，经得住文化浪潮淘洗的名篇。或谋篇布局或炼字炼句，或文人情操或民族气节，总有一处值得细细咀嚼。教师要利用好教材本身，引导学生去探究、精读、质疑、深思，从中接受真、善、美的熏陶，达到润物细无声的教育效果。

例如，八下教材选入的《北冥有鱼》和《大道之行也》两文，一篇是道家名篇，一篇是儒家经典。《北冥有鱼》很好地体现了庄子散文的特征，充满奇

特的想象和浪漫色彩，也体现了道家追求精神世界绝对自由的主张，寓说理于寓言和生动的比喻中，形成独特的风格。《大道之行也》体现了博爱、礼仪、人才选拔等儒家思想，尤其"天下为公"的"大同理想"，至今仍是古代圣贤留给全人类的思想财富。学习这两篇文章，除了培养学生的文言文翻译能力、加强文言字词归类积累外，教师可引导学生感受儒道两家的基本思想主张，体会两文中透露出的文化信息，甚至从中感受千年以来身为正统的儒家修身、齐家、治国、平天下的思想精华，进而形成学生自己方正的品行和家国天下的人生格局。

策略二：小组活动探文化

小组合作探究因为其更宽松的学习氛围而深受学生喜爱，现下很多科目很多课堂都在广泛使用。小组合作不仅可以调动学生的积极性，也能达到互学互助的效果。中国传统文化博大精深，深奥庞杂，语文教材中涉及的只是某一方面的某一个点，而仅仅靠教师课堂的资料补充是无法让学生形成相关的认知体系的，他们脑海中仍然是碎片式的零散记忆。所以，在解读教材过程中，教师可拟定相关的探究专题，发挥小组合作优势，让学生查阅资料，整理思路，用表格或思维导图等形式梳理相关知识，形成体系。

二、策略在课堂中的实践

还是以八下第六单元教学为例，教师在教授《北冥有鱼》和《大道之行也》时，堂上可适当补充相关资料，让学生对百家争鸣的历史背景和儒道两家思想主张有简单的认识。然后可以以"寂寞圣哲"为主题，开展小组合作探究活动，鼓励学生小组内合理分工，广泛查证资料，用表格或思维导图等形式梳理出诸子百家系统内容，如创始人、继承者、代表作品、思想主张、对后世影响等。在整理资料和后期展示的过程中，学生会主动走进那个分崩离析、战火不断，却又百家齐鸣、百花齐放的神奇的年代，感受先贤圣哲们伟大而奇妙的精神世界，从中领会博大宽厚、柔中有刚的伟大民族精神，学生的民族自豪感也会油然而生。

策略一：每逢佳节传文化

中国传统节日是中华民族悠久历史文化的重要组成部分，形式多样、内容丰富，涵盖了原始信仰、祭祀文化、天文历法、易理术数等人文与自然文化内容，蕴含着深邃丰厚的文化内涵。语文教材中也有很多有关中国传统节日的名篇，如汪曾祺的《端午的鸭蛋》、苏轼的《水调歌头·明月几时有》、鲁迅的《社戏》等。教师可利用传统节日，给学生举办具有仪式感的节日活动，让学生更加真切地体会到节日中传递出的文化信息。

例如端午节，除了引导学生了解端午习俗，参与包粽子、缝香袋的实践活动之外，教师重点还应开展"致敬屈原"等系列活动，通过讲故事、诵诗词等形式，重现屈原形象：两千多年前，伟大诗人屈原报国无门，纵身跳进波涛滚滚的汨罗江，坚守了他不同流合污的高贵品质，让学生从一个个鲜活的故事、一句句饱含深情的诗词中，看到一个上下求索、宁愿去死也不愿离开故国半步的具有伟大人格的屈原。

策略二：入情入境演文化

中华传统文化历经千年的沉淀而逐渐形成，从远古走来，带着历史的厚重感，但要让它完美融合到当代人追求快捷便利的生活模式中，是有一定排异性的。尤其对于正值年少，人格素养和审美鉴赏能力还没有完全形成的中学生而言，传统文化中很多精华与他们的认知模式有一定距离。例如，学习《湖心亭看雪》时，对于文中所体现的文人雅士清高自傲、特立独行的情怀，学生较难体会，有学生能体会到寒夜赏雪的意趣，但无法理解踏雪寻梅的追求，更无法理解所谓的"文人傲骨"。每每关联到类似只可意会不可言传的内容时，因为学生无法理解其中意境，所以就变成了教师的干瘪讲解，完全无法传达出其中的文化内涵，也不能真正有效地对学生进行教育和熏陶。

有位教育家说过，致力于某项创造性活动中的人，他们的心会变得敏感，目光会变得敏锐。课本剧编排和表演的过程是学生情感态度、人格品质个性化体现的过程，也是它们不断丰富和健全的过程。只有让学生自己体验，他的感受才能深刻，也才能真正开启学生的智慧之门。所以，教师与其在教学中让学生被动接受，不如让学生通过编演课本剧的形式，进行入情入境的主动体会。

例如，在学习《桃花源记》时，学生只能体会到桃花源里没有战乱、没有压迫、人人平等、安居乐业这一特点，而这一切似乎与我们现在的生活状态一模一样，对于世外桃源的社会状态理解较表面，无法更深层次地体会到这一社会理想在当时的伟大意义，更不能体会到"桃源文化"对中国传统文化和思想的影响之深远。所以，教师在教学环节中，可设计编演课本剧环节，编写环节指导学生查证东晋历史背景和陶渊明个人经历，放大"秦时乱"和桃花源里生活状态两部分内容，加入细节画面和典型人物，让学生通过角色扮演，仔细揣摩人物的动作神态和内心世界，更近距离地贴近这些有灵魂、有魅力的历史人物，去感受他们的风骨和情操，进而形成对中国传统文化的认同和敬仰之情。

真正有生命力的语文课堂不仅要传授技能、传播知识，更要带领学生一起，感受语言之精妙，感受文化之浩渺，浸润在中华传统文化的世界里，形成对中华传统文化的认同感，使学生养成健全健康的人格，养成高雅的爱好，梳理远大的志向，真正实现语文课堂立德树人的目标。

群"策"群力，经典"任"我行

——巧设学习任务群传承统编教材中华优秀传统文化作品精神

2022年4月21日，《义务教育语文课程标准（2022年版）》正式颁布，在"修订原则"中明确指出，要坚持目标导向，全面落实习近平新时代中国特色社会主义思想，将社会主义先进文化、革命文化、中华优秀传统文化等重大主题教育有机融入课程，增强课程思想性。那么，如何把古代与现代、传统和现实、时代与典范、书本与生活紧密结合起来，去传承和弘扬中华优秀传统文化呢？立足于我国丰富的传统文化资源，设计优秀传统文化经典教学实践，让学生在学习任务群的驱动下品味经典，提升语文核心素养，感受中国博大精深的传统文化，实现德智体美劳全面发展，是夯实中华优秀传统文化根基和落实"立德树人"根本任务的有效策略与途径。

一、基于课标和单元，"任务群"统领教学

《大道之行也》是《礼记》的经典篇目，它主要通过对理想社会特征的描述，阐明了儒家理想中的"大同"社会的基本特征，表达了我国古代劳动人民对理想生活的向往和追求。该单元主题是"憧憬美好社会生活"，选文都是传统的名家名篇，属于"中华优秀传统文化"作品，既可以让学生培养语感、积累文言词汇、论说技巧，还能让学生体会作者的人生感悟，从中得到思想启迪

33

和情感陶冶。因此，在备课时我以课标为准绳，以大单元设计为统领，设计了"对话经典，探寻理想"的任务群。结合语文学科核心素养，我把这节课的文化传承与理解目标定位为：对儒家思想形成基本认知，在此基础上对"人应该具有怎样的社会理想"进行深入思考，并引导学生形成正确的认识和态度。用"对话经典，探寻理想，追寻足迹，品志明志"这四句话作为这堂课的四个环节，除了完成传统文言文教学的积累、感知等基础型学习任务外，还增加了探究、思辨性阅读、品志明志、创意写作等目标。

二、聚焦学生和学法，"任务群"提升思维

本课教学借鉴"深度学习"理念，设计多个"发展型学习任务群"，聚焦学生思维发展与提升、审美鉴赏与创造，在课堂中深入进行学法指导，力求达到"四个深度"，即生活场景深度嵌入、探究活动深度参与、主干知识深度融合、核心素养深度培育。

（一）课始

我创设情境，播放著名主持人撒贝宁主持的文化节目《典籍里的中国》视频，以信息技术手段让学生穿越千年回到上古时代的一节"理想主题班会课"，激发学生对"理想社会"的兴趣和思考。接着我没有像传统的文言文教学一样采用逐句翻译讲解的方式，而是借助中央人民广播电台播音指导方明《大道之行也》朗诵视频相关片段，以"为名家视频配音"的形式激发学生探讨文本的兴趣。我提前在"班级小管家"软件上布置了视频朗诵作业，在课堂上选取代表即席进行无声视频的配音，通过配音、赛读、评价纠错等环节，学生自然疏通字词障碍，整体感知全文，积累文言文词汇。再通过学生合作，梳理"通假字""一词多义""古今异义""词类活用"等古代语言现象，提升学生自身的中华文化素养。经典古诗文就像中华优秀传统文化中一颗璀璨的明珠，其内容丰富，意蕴深远，诗文词句大多短小精悍、韵律和谐、朗朗上口，十分便于学生诵读和积累。在诵读练习中，学生重新回归古文阅读，从基础知识学习逐渐延伸到作品赏析，进而提升古文语感，体会传统文化的独特魅力，达到了很好的教学效果。

（二）课中

我采用了"对比阅读"和"思辨性阅读"等主题阅读策略。在完成了整体感知等的"基础型学习任务群"后，我组织学生开展"发展型学习任务

群"探究活动。首先，学生结合助读材料一《桃花源记》的相关内容探究"大同"社会跟陶渊明描绘的"世外桃源"的异同，引导学生深入阅读文本，探究文本之间的联系，探秘理想社会的由来；其次，学生结合助读材料二《礼记·檀弓》中的两则故事，谈如何理解和评价孔子理想中的大同社会，明确了古人不满现实、向往美好的追求，大同社会美好理想难以实现的原因，以及大同社会对当今社会的积极意义；最后，学生借助史料、微课《觉醒年代》等资料对话圣贤，追寻伟人足迹，小组探究历史人物对理想社会追寻的足迹，生成自己的体验和发现，生成新的价值观和目标追求。在课堂上，学生对这个环节特别兴奋，因为这是以前我推荐给大家看的建党100周年的热播大剧，他们对情节很熟悉、人物的故事耳熟能详，也会唱主题曲，因此发言特别积极。我因势利导启发学生思考：你还知道历史上哪些人物也有对类似"大同"社会的追求，说说他们的故事或他们对社会理想的论述的名言，学生纷纷发言。通过不断的诵读和探究，培养了学生的思辨性阅读和表达能力，提高了学生的人文素养，为学生未来的世界观、人生观和价值观的建立打好最初的精神底色。

三、立足素养和素材，"任务群"链接生活

语文的外延是"生活"。通过研习优秀传统文化经典，学生能够逐渐领会传统文化的核心思想理念和人文精神，在理解、认同与热爱的基础上提升文化自信，强化文化传承的责任。中学语文教材中有许多有利于传承文化的课文，教师要深入钻研新课程标准要求，深入挖掘中华民族优秀传统文化与中学语文教学的结合点，梳理出线索，制订相应的教学计划，使优秀传统文化的教育序列化，融入日常的语文教育教学。

探索设计学习任务群，必须链接学生的生活，从学生语文生活实际出发，创设丰富多样的学习情境，设计富有挑战性的学习任务，激发学生的好奇心、想象力、求知欲，促进学生自主、合作、探究学习。因此，优秀传统文化教学设计，拓展型的学习任务群不可缺少，教师在教学中必须用大量接地气的感人素材，让学生沉浸其中，通过跨学科的学习、跨媒介的资源、个性化的阅读和写作设计，使学生达到"学以致用""触类旁通"。

（一）本课作业中

我提供2021年《开学第一课》视频，让学生感受理想对社会的影响，读懂

一类人、读懂一个时代。我设计了"品志明志"——"理想照亮未来"的作业任务群：读写结合任务：假如有机会让你穿越回2000多年前参与这次班会课的讨论，请你以《青春·理想》为话题，写一篇不少于500字的演讲稿，充分展示自我风采，为八年级同学带来向上的力量。通过读写融合，启发学生对"人应该具有怎样的社会理想"进行深入思考。整章阅读任务：阅读补充材料中《礼记·大同》原文，了解"小康"社会的由来以及孔子对"礼"的主张。通过此任务，让学生对经典《礼记》有更完整的认识。综合实践任务：运用多媒体手段，录制演讲视频，上传"班级小管家"并发表在"微信朋友圈"，请你给同学的演讲进行评价并写一条"评论"，再由家长和老师评分，最终选出15名最佳"小小演说家"。课后推荐观看：《典籍里的中国》第一季第五集。这些任务群将中华优秀传统文化链接当下的文化生活，加强了学生的文化参与、传承和理解，既让学生深化了课文内容的理解，又让学生学习对孔子、仁人志士、同学的志向进行评价，思考儒家思想的现代意义，还巩固了议论文和演讲词的知识运用，起到了"一石激起千层浪"的效果。

（二）纵观一堂课

我将"语言文字积累与梳理"基础型学习任务群，"实用性阅读与交流""文学阅读与创意表达""思辨性阅读与表达"发展型学习任务群，"整本书阅读""跨学科学习"拓展型学习任务群，都融合在一篇"中华优秀传统文化"的文言文教学中，并且在课前、课中、课后使用了"班级小管家"视频平台学习和上传、"问卷星"学情反馈、文言文朗诵评价量表、"问卷星"课堂学习情况自我评价量表、多媒体视频录制和剪辑、微信朋友圈发布等多技术融合教学，最大限度地使"语文的外延与生活的外延相等"，打破了传统语文教学以往的封闭状态和孤立局面，打通了语文学科与其他学科之间的联系，整合了跨学科的课程资源，为中华优秀传统文化教学注入了新的生机和活力，为拓展和丰富学生语文知识，培养和提高学生语文能力，提高学生品格修养和审美情趣，进一步夯实优秀传统文化根基，增强学生文化自信奠定了基础。

诵赏鉴行，多维并举

——锚定统编教材中华优秀传统文化作品，打好精神的底子

语文学科是开展学生文化教育教学的一项重要载体，因此在开展语文教学活动的过程中，应将学科优势充分发挥出来，并在其中进行传统文化教育的应用，使初中学生的中国传统文化学习以及弘扬热情得到有效激发，帮助学生塑造积极且健康的人格。以下以统编初中语文教材几篇古诗文为案例，围绕传统文化教育在初中语文教学中的应用展开分析。

案例一：《望洞庭湖赠张丞相》

本文通过课堂教学实践的"吟诵感悟""问诗答疑""赏诗理情""妙处用诗"等活动环节，引导学生深入文本，多角度感知作品，感受作品背后的价值和意义。

（一）创设阅读情境　明确学习目标

现在某语文周刊公众号开设了《经典古诗我来读》的栏目，正在征稿。孟浩然是唐代著名的山水田园诗人，他的文字如山间之明月，江上之清风，为不同时代、不同阶层的人们留下了一块心灵栖息之地。今天我们一起来深读他的《望洞庭湖赠张丞相》，聚群英荟萃，写成鉴赏文稿，择优向平台荐稿。下面，老师将带领同学们从四个角度，一吟诗、二问诗、三赏诗、四用诗来赏读诗意，体会诗人情怀。

分析：创设真实而贴近生活的情境，导入课堂，这样才能引起学生情感的共鸣，促使学生带着思考探究，实实在在走进文本，这是实现语文课堂古诗教学有效性的第一步。

（二）分角色吟诵古诗　感受诗文之美

课标中提出，要让学生充分地读，在读中感悟，在读中培养语感，在读中受到情感的熏陶。因此，笔者设计的第一个教学环节，是引导学生有感情地朗读本诗，初步感知诗的大意内容。

（1）女生、男生各吟读一遍，感受读诗的韵味。教师引领，应读出洞庭湖的壮阔之势和安邦济世的情怀。男生吟诵更契合诗人心境。

（2）探究文体特点：诗词吟诵的节奏之美，古诗押韵的和谐之美，文采斐然，由景至情的层次之美。

（3）全班齐诵，有感情、有节奏地感受诗歌之美。

分析：朗读古诗，让学生带着轻松和愉悦投入课堂学习。朗读，让学生读通读顺古诗，感受诗歌的音韵之美，在读中与诗人产生思想共鸣，缩短学生与文本的距离。

（三）有效提问质疑　融情诗文意境

教学片段1：

师：读完这首诗，你了解了哪些内容？

生：望——洞庭湖　　赠——张丞相

师：你还有哪些疑问？

生1：我不知道望洞庭湖和赠张丞相之间有什么直接联系？

师：你的疑问很有道理。还有吗？

生2：那它既然是望洞庭湖，应该有洞庭湖的景色。

生3：那为什么是赠张丞相，而不是赠给别人呢？

师：很好，同学的提问很有深度。你们的提问抓住了诗的景与情。

（出示学习目标：①朗读诗歌，了解诗意内容。②品读诗句，体会诗人情怀）

分析：通过提问学生，了解学生对本诗的了解程度和疑难。简单问答，新知与旧知搭建互通桥梁，让学生初步梳理诗歌景物与抒情的关系，拉近学生与文本的距离。

（四）析字绘景显磅礴　隐喻传情求引荐

师：《毛诗序》："诗者，志之所之也。在心为志，发言为诗，情动于中而行于言。"诗人将自己的情感以诗的形式展现出来。而诗人抒情又往往寄情于景。那么，这首诗中哪两个字最能帮助你理解诗句内容，体会作者情感呢？

生各抒己见。

生："望"和"赠"，最能帮助我们理解诗句内容和作者情感。

师：好。下面我们就抓住"望"和"赠"来赏读这首诗。

任务一：诗人望见了什么景？

教学片段2：

（学生围绕水波、烟雾、湖水、岳阳楼等自由发挥）

生1："涵虚混太清"，感觉很陌生。

师：谁能帮忙解答？

生："涵"：想到包涵。"虚"，虚无缥缈。

师："虚"，指高空（老师补充）。"涵虚"，指高空倒映在水中。

生："太清"是什么？

师："太清"，也指天空。"混太清"，招水天相接（师生一起说）。我们可以看到洞庭湖的辽阔、水天合一。还看到什么？

生：八月湖水平，作者应该是眺望的洞庭湖，有种如真似幻的味道。（诗人远眺湖面，洞庭湖水盛涨起来，与岸齐平。）

师：我们看到了洞庭湖的缥缈。还看到什么？

学生解释"云梦泽"，想到了和岳阳城的对仗。所以，"云梦泽"也是一个地方。

师：对的。"云梦泽"是古代大湖，两个地方，即江北的云泽和江南的梦泽，沧海桑田，现已变成了淤积的沼泽地。这句诗里，有两个词用得特别好，能找到吗？

生：我认为"蒸"和"撼"用得好。"蒸"字视觉上，写出洞庭湖云气蒸腾的景象。"撼"字听觉上，写出波涛的汹涌，连湖边岳阳城都受到了震撼。

师：所以我们看到了洞庭湖的烟波浩渺，感受它的磅礴气势。

师：诗人为什么要写洞庭湖磅礴的气势？

生：寓情于景。

师：对了。这样写景，衬托诗人积极进取的人生态度，暗喻自己正当年富力强，想要为国效力，成就一番事业的豪情。

一个"望"字，贯穿诗的前四句，由远及近，使我们不禁被洞庭湖的浩渺、磅礴所吸引，更为诗人开朗的胸襟所折服。

过渡：下面我们继续看，诗人为什么要"赠"张丞相，他想传达什么样的情？

任务二：诗人为什么要"赠"张丞相？

教学片段3：

生1：据我所知，张丞相，指的是张九龄。唐代很多写诗赠人，多半是求官的。

师：对的。这是一首投赠诗。在唐代，门阀制度是很森严的，一般的知识分子想要登上政治舞台，是很难的。要想在政治上寻找出路，知识分子须向有权有势的达官贵人求助，投赠诗文，以求赏识。

（出示写作背景）唐玄宗开元二十一年（733），孟浩然西游长安时，便以此诗投赠给当时正值朝廷宰相的张九龄，张丞相为人正直，选贤任能。孟浩然就希望通过这首投赠诗，来获得他的赏识。

意图：介绍诗歌创作的背景，有利于帮助学生了解诗人写投赠诗的缘由和目的。

师：那么，你认为诗的后四句，哪个词语是传情的？

生："耻圣明""羡鱼情"。"耻圣明"，说明他把自己的地位放得很低。"羡鱼情"，写出诗人只能坐在那里，看别人钓鱼，自己钓不到鱼，空有羡慕。如果把鱼比作一个官职的话，他是很想求得那个官职的。

师：说得很好。这里有一个隐喻，"羡鱼情"表现了诗人想要出仕为官的心愿。那这首诗里，还有个垂钓者，指的是谁？

生：猜测。垂钓者比喻身居高位者，这里指张丞相。

生：我知道孟浩然的为人，是清高又自高的。所以，我觉得这首诗，他应该写得含蓄一点。

生1：孟浩然是著名的山水田园诗人，不喜欢官场的束缚。

师：对呀。孟浩然喜欢自由。李白有诗为证："吾爱孟夫子，风流天下闻。""高山安可仰，徒此揖清芬。"可见，"人如其诗""诗如其人"。孟浩然才华横溢，却也清高自傲。低声下气求人办事的事情，他是不屑于去做的。

师："欲济无舟楫"，你从哪个词看到诗人想求官？

生：济，渡过湖面。

师：只可惜？

生：没有渡湖的工具。

师：这里暗喻"引荐的人"或"出仕的途径"，一语双关。（自由发挥）所以，表明孟浩然是很想入仕为官的，只是无人引荐。进而诗人用隐喻的方式，称颂张丞相不留痕迹，希望自己得到执政者的赏识，又写得委婉含蓄，不卑不亢，正如《毛诗序》所言"发乎情，止乎礼义"，堪称干谒诗的精品。

分析：教师对所讲内容，了如指掌。紧扣标题的"望"和"赠"，将"望"和"赠"作为赏诗的题眼，提前精心预设问题，如"诗人望见了什么景？""诗人为什么要写洞庭湖磅礴的气势？""诗人为什么要'赠'张丞相，他想传达什么样的情？"等，让学生有思考的方向指引。本课在一定程度上将课堂主动权交给学生，让学生有独立思考和发挥的空间。哪怕学生的回答。（无论难点或疑点）超出教师的预设也不显被动。教师围绕诗歌的主题问题，能有的放矢地解决课堂中的重点和难点。

（五）延展生活实际　有效妙用诗句

教学片段4：

师：为什么有些古诗能流传千古？因为当我们的思绪与古诗中的某种意境相契合的时候，我们不由得吟诵出这样的诗句。例如，当我们遇到难题、一筹莫展时，我们会想到陆游的诗句——"山重水复疑无路，柳暗花明又一村"；当我们与同窗好友挥手话别时，我们会安慰对方——"莫愁前路无知己，天下谁人不识君"。

师：所以，学习古诗，我们不仅要学会赏诗，读懂诗意，理解诗人情怀，更应学会用诗。

（展示情境"用诗"PPT）

生1：当我们看到高空倒影在水中、水天一色时，我们会想到孟浩然的诗——"八月湖水平，涵虚混太清"。

生2：当我们看到湖面辽阔、水波浩荡的景色时，我们会不由得想起孟浩然的诗句：——"气蒸云梦泽　波撼岳阳城"。

生3：创设语境，最近公务员考试很热门，你表哥虽有一展才华的心愿，可惜千军万马过独木桥。你会替他感慨："欲济无舟楫，端居耻圣明"。

生4：创设语境，班级要遴选班干，你想参加，想要老师引荐。你会对老师说："气蒸云梦泽，波撼岳阳城"。

（六）小结诗歌主旨　升华思想情怀

我们回顾本课知识，品读古诗，可以以抓古诗题眼的方式，初步感知诗的主题内容。本文中抓住"望洞庭湖"的"望"和"赠张丞相"的"赠"字，作为理解诗意内容和感悟诗人情感的线索和导语。一个"望"字，仿佛让我们看见诗人正伫立在洞庭湖边，远眺八月洞庭湖的烟波浩渺、水天合一和雄浑壮阔的磅礴之景；我们感受诗人开朗旷达的心境，却也为其虽有满腹才华却无人赏识而苦闷；更为诗人"赠"张丞相表达自己安邦济世恳请引荐的心愿但又不卑不亢的修养而折服。

愿我们的同学以今日古诗学习为契机，深读中华之优秀诗文，汲取古人思想智慧，让经典指引人生，书写属于自己的诗意生活。

（七）布置作业

将对本诗内容的讲解撰写成鉴赏文稿，可选择不同的朗读形式，录制视频在班级QQ群、家长微信群内展示、分享。

（八）教学后记

统编初中语文教材中有80多首古诗，可见古诗教学对学生传承和弘扬中华优秀传统文化的意义是非凡的。提升学生古诗品读和赏析的能力，从诵读入手，从疑问发端，重点引导学生解题、圈景、绘图、明意，最终达到"知人事""诗言情""懂妙用"的目标。在古诗课堂教学中，教师熟读文本，挖掘内涵，精心设计，环环相扣，才会形成"学生问、学生思、学生展、学生用"的高效课堂，进而提升学生的语文核心素养。

案例二：《天净沙·秋思》

马致远的《天净沙·秋思》是一首脍炙人口的元曲，简练易诵，一字一景，凝练且个性鲜明。秋日黄昏，荒凉的古道西风凛冽，枯藤老树等待着鸦雀回巢；不远处，小桥流水围绕的村舍，袅袅炊烟静待归家的人；日落西山，天幕渐合；一个异乡人牵着一匹老马，远眺夕阳尚有归处，鸦雀尚有枯树老藤，流水也傍着村舍，炊烟虽轻却撩拨着外乡人的心思，思乡的断肠人如何归去？全词字数不多，却情景相融，动静相映，浓重的乡愁跃然纸上。

全篇五句二十八字，无夸张无用典，纯白描，细读之，犹觉精妙。"增之一分则太长，减之一分则太短。"（宋玉）看似互不相干的九种事物：藤、树、鸦、桥、水、家、道、风、马，因为冠上了枯、老、昏、小、流、人、古、西、瘦的修饰语，使景物赋予了明显的特征，组成了候鸟归、候人归、候风归、人不归四幅图画，四幅画面相互独立又相对统一，都由"断肠人"联系了起来。前三句中，暮色四合，鸦雀归巢，炊烟四起的乡村温馨和美的景象，"古道西风瘦马"笔锋一转，引出了独在异乡的游子，暮色苍凉，归去无门的悲凉与忧伤跃然纸上。

（一）把文字生成画面，感受诗词意境

当学生熟读《天净沙·秋思》这首小令，并在教师或是学生介绍中大致了解了诗人的写作意思与基本思想后，再展示其他的"天净沙"作品，让学生从对比中去发现"天净沙"的词律特点。

教师给学生展示了《天净沙·秋江夜泊》（徐再思）和《天净沙·闲居杂兴》（汤式），要求学生尝试从这两篇中也找出不同的画面，尝试理解如何用简练的语言营造画面感，把抽象的文字用画面来呈现，学生的思路一下子被打开了：甲同学说从《天净沙·秋江夜泊》中的"斜阳万点昏鸦"中看到夕阳下，水波粼粼，闪耀着金光的画面，描绘出一片和谐美好的景象。乙同学说在《天净沙·秋江夜泊》的"西风两岸芦花"中仿佛看到夕阳下的芦花片片。丙同学说从《天净沙·闲居杂兴》中的"带烟带雨桑麻"中看到一幅充满诗情画意的水墨乡村图。戊同学说从"一犁两耙，自耕自种生涯"看到一种闲适惬意的农耕生活图景。己同学说"带烟带雨桑麻，当役当差县衙"这两句话前后跳跃太多，一边是诗情画意生活，一边是辛苦当差工作，明显的差距，让人更生对乡村生活的向往……学生的思路一旦被打开了，拨云见日，思维的火花便开始闪耀。

对于初中的学生而言，如果让他们去体会意象、意境之精妙，或许有点晦涩，但艺术是互通的，用画面的形式去解读诗中的意境，更直观、更易于学生接受，而且图像记忆的能力一般来说也优于文字记忆，所以无论从哪个角度而言，都不失为好方法。

（二）把画面凝成文字，体会文字之精妙

当抽象的文字变成了画面，但，这还不够，需再添加火。教师又呈出刚刚结束的校运会的图片，校园一角的图片，还有课堂上同学们讨论的、思考的、跃跃欲试的举手的图片出来，要求同学们选取一张感兴趣的图，尝试仿照"天净沙"中用简单词组来描绘所看到的画面。小组内同学们都动起来了：子同学说"亭台长廊花架"，丑同学说"蝴蝶蜜蜂蚂蚱"，寅同学说"白墙绿叶红花"，卯同学说"蓝天白云飞鸟"，辰同学说"讲台黑板教室"，巳同学说"课桌书本练习"，午同学说"球场跑道选手"……

似乎这个都不算太难，还得再加点小要求：选择一个主题，把大家写的这些句子按"天净沙"的组成特点，适当变换一下词语，尝试句末用上统一的韵脚，让句子更朗朗上口。这样要求有点难度，但三个臭皮匠能顶一个诸葛亮，分组集合智慧来完成。这需要点时间，但并不影响同学们的热情。组一：青树嫩草飞花，红亭小路长廊，清风落叶拂下。铃声落下，青春洋溢校园。组二：窗外绿树栖鸦，球场跑道篮架，同学飞奔如马。春风拂下，笑容绽放如花。组三：斜阳枯木万点，残叶忽落此前，枫叶点缀其间。夕阳西下，灯火通明万家。组四：亭台惬意闲暇，笑谈风生人家，曲径长廊探花。蓝天之下，欢乐传遍天涯。组五：绿树闲亭红花，蜜蜂蝴蝶蚂蚱，蓝天白云青草。热闹欢畅，笑语响彻云霄。

堂上能呈上来的作品并不多，虽然生涩，但瑕不掩瑜。但经此一琢磨，如何让简练的语言呈现出更丰富的画面，相信方法已经在不少同学心里有了一套准则，至于《天净沙·秋思》的简约之中见深细相依的写作特点自然就了然于心了。

古诗词在大多数初中学生的眼中，有如神一般的存在。因为教师堂上说诗词如何美妙，但从来也没有人会要求写一首诗或词出来，因为太难了，能写下来的都是学霸级的人物。但如果教师在课堂上能多些让学生去尝试接触、创造一些简单的诗文，或许更能拉近与古文化的距离，也更有利于文化的传承与发扬。

（三）平仄之间见真章，凝词炼句趣味多

"天净沙"这首小令看似字数不多，但其中的韵味还在于二十八字中共有九种景物，言简而意丰，语文极其凝练，意蕴深远，这也应该是这首小令令人为之着迷的地方。所以要组成一首"天净沙"的小令远不能止于字数相同，主题明确。如何让你所描绘的画面更能有丰富的内涵，如何能让你写的诗句读起来更加朗朗上口，所以创作还得更进一步。比如说加上平仄，这应该是初中的孩子能够尝试的。于是教师下发"天净沙"的平仄要求及格律说明，让感兴趣的同学或是学有余力的同学仔细研读材料，并对今日堂上所写再度提升。

这是一道课外作业题，而且是选做题，感兴趣的同学可以做，有能力的同学可以做。因为有了前面课堂上的铺垫，平日里敬而远之的古诗词如今我们也能尝试写，跳一跳摘桃子的心理让学生有着跃跃欲试的兴奋。于是便有了以下佳作：

天净沙·读书

学生作品一

讲台黑板教室，课桌书本习字，朗读争论沉思。朝来暮往，时间稍纵即逝。

天净沙·运动会

学生作品二

蓝天晴空飞鸟，赛道枪声起跑，选手斗志昂扬。激情奔跑，领奖台上欢笑。

天净沙·少年

学生作品三

闲亭绿树红花，蜜蜂蝴蝶蚂蚱，蓝天微风朝霞。日出东方，少年英姿勃发。

天净沙·学霸

学生作品四

亭台惬意闲暇，笑谈风生学霸，长廊曲径探花。掌声落下，状元归落谁家。

天净沙·跑步

学生作品五

窗外绿树栖鸦，球场跑道如霞，凝神屏气待发。一声令下，同学飞奔如马。

天净沙·秋

学生作品六

斜阳枯木盘旋，残风忽落此前，红枫点缀其间。秋霜露下，灯火万家点点。

古诗词教学容易陷入无味的状态，在师生的心目中，古诗词总是以背诵默写而存在。教师纠错别字，学生死记硬背或是理解性记忆，着实令人乏味。适度地加入一些简单化的创作，让学生有机会去尝试，在尝试中重新认识这些诗词，从炼字的难易中去体现诗词的精妙语言，这不失为一种好的方法。

中华优秀传统文化给我们留下来无数璀璨珠宝，这些诗词歌赋吟咏间确实余韵悠长，但作为教师，我们对于传统文化的教学如果仅限于了解品味，只能仰望，却不敢去触碰、去尝试，我觉得这样的传承不是好的传承。懂得欣赏是发现价值所在，如果需要传承就需要掌握这种技能。所谓的文化自信，是指学生认同中华文化，对中华文化的生命力有坚定信心。如果我们在语文课堂中除了能带领学生去认识了解古诗词，能欣赏古诗词，再慢慢地通过创作的方式去掌握一些技巧，这样培养文化自信是不是能更上一层楼呢？

中华优秀传统文化在语文课堂中的渗透教学，仍然任重而道远，吾将上下而求索之。

案例三：《石壕吏》

根据《义务教育语文课程标准（2022年版）》中提出关于义务教育语文课程培养的核心素养的概念可知，"文化""语言""思维""审美"是语文核心素养的四个方面，学生的思维能力、审美创造、文化自信都以语言运用为基础，并在学生个体语言经验发展过程中得以实现。因此，在语文课堂教学中一定要以"语言习得"为基础,在语言实践活动中开展思维训练、审美培养和文化传承活动。下面结合《石壕吏》的教学,笔者谈谈这方面的思考和探索。

(一)在语言训练活动中发展思维品质

1.在预习文本活动中训练学生的质疑分析能力

语言运用的训练活动不单单局限于课堂讲授环节,课前的预习依然重要。在教学《石壕吏》这首诗歌前,笔者给学生布置了一个预习任务:每个同学提出关于自己对《石壕吏》在形式上、内容上、字词理解上三个方面的存疑之处。关于《石壕吏》的存疑之处如表1-2-1所示。

表1-2-1

关于《石壕吏》的存疑之处		
形式上	内容上	字词上
这是唐诗,为什么不是绝句和律诗的形式?	题目是《石壕吏》,为什么要着重写老妇?	为什么是"捉人"不是"征兵""招兵""点兵"?
似诗非诗,篇幅很长(共有24句话),为何不叫词?	老翁为什么要逃跑?杜甫为什么没有被抓走?差吏为什么要选择在晚上"捉人"?对老妇为何如此凶狠?	"存者且偷生"的"生"前面为什么要用"偷"?老妇是被迫应征,"请从吏夜归"中为何要用一个"请"字?
整首诗以叙事为主,有很多段,且不押一个韵,真的是一首诗吗?	老妇为什么要代夫从军?"有吏夜捉人",老妇为何还"出门看"?两儿子已战死为何还敢去战场?作者没有详写差吏抓人过程,而写老妇的故事,目的是什么?	"如闻泣幽咽"营造了一种怎样的氛围?夜晚为何有哭声?结尾"独与老翁别",一个"独"字该如何理解?

以明晰的方向引导学生对诗歌提出自己的疑问,不仅有利于学生在不受任何定式结论的影响下细心品味诗歌,形成他们自己的理解,还有利于训练学生的质疑分析与文本探究能力。汇总好学生的存疑之处后,教师适当调整本节课的学习目标,深刻体现"以学定教"的思想。

2.在小组辩论活动中发展学生的逻辑思辨能力

根据学生对诗题是《石壕吏》,而诗歌内容详写老妇的这一疑问,笔者指导学生开展了"谁是诗人的主要写作对象"的辩论活动,正反两方皆需要结合诗句阐明理由。《石壕吏》是一首叙事诗，讲述了"有吏夜捉人"的事件，捉人的是差役，被捉的是老妇，正方认为老妇是诗人的主要写作对象，反方认为差役是诗人的主要写作对象。关于谁是诗人主要写作对象的辩论要点如表1-2-2所示。

表1-2-2

正方观点	诗句	反方观点
丧子之苦	听妇前致词，三男邺城戍。一男附书至，二男新战死。存者且偷生，死者长已矣	战争惨烈残酷
生活穷困	室中更无人。惟有乳下孙。有孙母未去，出入无完裙	差役蛮横残暴
被迫应征	老妪力虽衰，请从吏夜归。急应河阳役，犹得备晨炊	前方战事吃紧

根据学生的辩论内容，教师做如下总结：杜甫在诗中明写老妇致词中蕴含的悲苦，暗写差役怒呼中的蛮横和战争的残酷，巧妙地运用了"明暗结合"的写作手法，以此解答学生心中的疑惑。小组辩论活动看上去只是一场语言交锋，其实质是思维训练活动。众所周知，语言是思维的外壳，思维是语言的本质，二者是一个整体。学生语文思维的发展与提升，一定是在语言运用、训练过程中进行的。小组辩论活动训练和发展了学生的分析、综合、逻辑等思维能力。分析老妇致词的内容，再结合时代背景考虑到这是安史之乱下黎民百姓的现状，差吏此时只是一个符号，细心比较差吏的"怒"和老妇人的"苦"，体会杜甫内心的复杂情感。

(二) 在语言赏析活动中培养审美能力

语文核心素养学的审美能力主要是指学生在阅读欣赏语言文字作品的过程中，能够感受并鉴赏语言文字的美，并逐渐形成自己的审美意识和审美能力。而语文课所要培养的审美能力，主要是对文本语言文字的赏析能力，那些表情达意准确与言语内容高度契合的语言文字，就是美的语言文字。

1. 赏析一组令学生疑惑的词语

"有吏夜捉人"中为什么不能用"招兵"或"点兵"？"存者且偷生"中的"生"字前面为什么要用"偷"？"请从吏夜归"中老妇明明是被迫应征，

为何要用"请"？这几组一反常态的词语，恰恰是诗人的"言外有意"，是他内心的情感写照。"夜捉人"三字既体现了前方战事吃紧，情势危急，需要填补大量兵力，又表现了差役为了完成任务不得不深夜前往村庄的辛劳。这三个字将杜甫对于战争的痛恨表现得淋漓尽致。"偷生"是指苟且地活着，对于在战争中幸存下来的人来说，活着就是一种奢侈，一个"偷"字饱含了作者对底层百姓的同情和怜悯，折射出战乱之下人民的悲苦生活，为下文老妪为保全家人自请应征埋下了伏笔。"请从吏夜归"中的"请"字，不仅饱含了老妇的卑微和无奈，而且暗含了诗人杜甫对老妇不惜以牺牲个人生命为代价保全家人、为国贡献自己力量这样一份可贵精神的赞扬。这几组词语的语言建构特征与诗人所要表达的情感高度契合。

2. 赏析一些蕴含诗人情感的诗句

诗中直接流露出杜甫情感的语句莫过于"吏呼一何怒，妇啼一何苦"，这是本诗的中心句，将差吏和老妇的形象直接地了表现出来，从中可以看出诗人内心的爱憎分明。"如闻泣幽咽"可谓是全诗中杜甫最隐晦地表达，独特的留白手法给人以无限的想象空间。"幽咽"是指低微、断续的哭声，那么是谁在哭泣呢？有人认为是老翁在哭泣、有人认为是杜甫内心在哭泣，也有人认为是村庄里的其他人在哭泣，"如闻"二字更是将这哭声蒙上了神秘色彩，这样一种朦胧的表达，让今天的师生有了多种解读的方向，让诗文在历史的洪流中充满了鲜活的生命力。最后一句"独与老翁别"中"独"字暗含了老妇已前往前线，留下了孤独的老夫支撑家庭，这样的孤独是因为战争造成的，这样的孤独是底层百姓所默默承受的，这样的孤独是诗人无法改变和排解的。在这样的语言赏析活动中，学生能够感受到杜甫非常复杂的情感，他身处这不得不战的环境中，只能寄希望于战争早日取得胜利。但他厌恶战争、憎恶官吏的凶横残暴，深知战争给百姓带来的灾难，同情万民遭受的苦难。诗人忧国忧民的情怀已深深地刻在了学生们的心中。

（三）在语言诵读与运用过程中传承理解文化

文化的传承与理解是基于学生在语文学习过程中，从语言文字本身及其所表达的内容方面继承中华民族的优秀传统文化，拓宽文化视域，培养文化自信。优秀的中华文化因语言文字而很好地保存流传，二者不可分割，"语文的根本是文本，文本的语言文字是'形'，传统文化、民族精神、思想内容是'神'，从来都'两位一体'"所以可以在语言品读过程中，潜移默化地传承理解优秀传统文化。

1. 在诵读诗文中传承优秀传统文化

《石壕吏》是一首唐诗，很多学生对此抱有一定的疑问：为什么不是律诗或绝句的形式？篇幅如此之长，为什么不能叫词？为了解答学生心中的疑惑，笔者先让学生诵读杜甫的两首诗歌《石壕吏》和《春望》，让学生通过朗读体会两首诗歌的区别。两首诗歌的朗读比较如表1-2-3所示。

表1-2-3

《石壕吏》	《春望》
暮投石壕村，有吏夜捉人（rén）。 老翁逾墙走，老妇出门看（kàn）。 吏呼一何怒（nù）！妇啼一何苦（kǔ）！ 听妇前致词（cí）：三男邺城戍（shù）。 一男附书至（zhì），二男新战死（sǐ）。 存者且偷生，死者长已矣（yǐ）！ 室中更无人，惟有乳下孙（sūn）。 有孙母未去（qù），出入无完裙（qún）。 老妪力虽衰（shuāi），请从吏夜归（guī）， 急应河阳役（yì），犹得备晨炊（chuī）。 夜久语声绝（jué），如闻泣幽咽（yè）。 天明登前途，独与老翁别（bié）	国破山河在，城春草木深（shēn）。 感时花溅泪，恨别鸟惊心（xīn）。 烽火连三月，家书抵万金（jīn）。 白头搔更短，浑欲不胜簪（zān）

学生通过朗读发现两首诗歌在句数和押韵方面存在不同：《石壕吏》共有二十四句，而《春望》只有八句（和大多数的律诗句数一致）；《石壕吏》的各节押韵不同，还存在节内换韵现象，而《春望》是一韵到底，没有中途换韵的情况。基于上述的分析，引出《石壕吏》的诗歌体裁——古体诗，让学生体会到古体诗在句数、押韵等方面没有严格的限制，它是相较于近体诗而言的，在诗歌比较中引导学生认识到中国两大诗歌体裁——古体诗和近体诗，很好地解答了学生心中的疑惑；在朗读中让学生充分感受古代诗歌的韵律美，深切地明白唐诗能够历经历史洪流仍然不失其光彩离不开一代代人的传承，身为当代的中学生传承诗歌文化更是责无旁贷。

2. 在迁移运用中理解优秀传统文化

语文核心素养的落实不仅仅局限于课堂教学，更要延伸到课后作业的训练。在完成本课教学任务后，笔者从诗歌体裁、诗歌内容、写作手法、诗歌主题四个方面做教学总结的时候引出本课的基础作业：请运用本节课的分析思路来预习杜甫的另一首诗《茅屋为秋风所破歌》。这一作业的设计主要在于训练学生的语言建构和运用以及比较分析思维，能够更好地检验学生对《石壕吏》这首诗歌的学习效果，训练学生的文本迁移能力，使学生更好地理解文字背后蕴含的文化。

为了进一步增加学生对这首诗的独特理解，提高他们的文学素养，笔者将本课的拓展作业设计为：发挥想象，适当增加一些细节，将《石壕吏》改写成一则小故事。这是一个拓展性作业，学生可以有选择性地完成，以引导他们独立思考，在深入诗歌情境中深切地感受诗歌文化的魅力。学生的习作呈现出适当想象、细节凸显、缘古论今的特点，在这场跨越千年时空的连线中，《石壕吏》在学生的笔触下被赋予了鲜活的生命力。

总之，"语言"是落实语文核心素养的基础，语文课堂教学只有在语言实践活动中进行，才能将"思维""审美""文化"落到实处，以中华传统优秀诗歌为载体，提升学生语文核心素养仍需不断地探索。

第二章

画屏闲展吴山翠

——统编初中语文教材中华优秀文化作品

「一体两翼」实践路径案例举隅

第一节　立足教材，讲好典籍故事

单篇精读

探求古仁人之心：大道为公

——《大道之行也》

【内容解析】

部编教材八年级下册第六单元的课文都是我国古代的经典名篇，从内容和主题上说，有的是对理想境界的追求，如《北冥有鱼》《大道之行也》等；有的是对现实生存状态的忧愁幽思，如《马说》《茅屋为秋风所破歌》《卖炭翁》等。综观本单元的选文，无论是庄子对精神自由的渴望，还是儒家对学习生活、理想社会的期望，无论是韩愈 "不平则鸣" 的呐喊，还是杜甫、白居易对民生疾苦的同情，都是一种关怀，一种对于人的生存状态的关怀，这是中华优秀民族文化中一笔可贵的精神财富。新课标强调重视通过以古诗文、书法等为载体继承与发扬中华优秀文化，因此，本单元以上篇目可依据古文中涉及的文化名人或其作者分类组成不同的任务群，通过系列任务的设置来实现学生语言的积累与建构、思维的发展与提升、审美鉴赏与创造，进而促进学生对中华优秀文化的理解与传承。本课是继 "探求古仁人之心之庄子篇" "探求古仁人之心之韩愈篇" 后，开展的又一专题活动 "探求古仁人之心之孔子篇"。开展此系列探究性学习活动，旨在让学生借课内学习链接课外学习，由发展性学习转向探究性学习，丰富学习内容，激发学生学习兴趣，通过阅读与鉴赏、表达与交流、梳理与探究，让学生理解中华优秀传统文化蕴含的核心思想理念，培育爱国主义情怀。学习成果将在单元学习结束后的 "文化名人榜" 讲解大赛中呈现。

【目标设定】

1. 积累 "子" "归" "货" "贼" 等文言词汇。

2. 反复诵读，体会短文中较多使用的对偶句和排比句的句式特点和表达效果。

3. 初步理解 "大同社会" 的理想，了解古仁人的理想追求。

4. 学生能够对自己搜集、整理的材料进行提炼、归纳、总结。

【教学重点、难点】

1. 重点：

① 搜集、整理能够集中体现孔子思想、情怀的经典语录、历史故事等，感受文化名人的魅力。②在具体情境中让学生了解古仁人的 "大同社会" 理想内涵，激励学生，让学生勇于尝试用不同的方式表达自己的见解与主张。

2. 难点：体会短文中较多使用的对偶句和排比句的句式特点和表达效果，理解 "大同社会" 的思想内涵。

【教学问题诊断分析】

问题1：古代文言词汇距离现代汉语较远，会给学生造成一定的阅读障碍。

应对策略：借助工具书，反复诵读疏通。

问题2：查阅资料时，目标不明确或者鉴赏水平参差不齐，筛选资料量过于冗杂。

应对策略：查找资料过程中，小组内分工合作，相互提供思路与借鉴，并可咨询老师。

【教学过程】

（一）**课前学习任务**

分组、分类搜集、整理能够集中体现孔子思想、情怀的经典语录、历史故事等，感受文化名人的魅力。

（二）**教学资料准备**

（1）诵读能够集中体现孔子思想、情怀的经典语录、故事。

（2）制作评价标准。

（3）制作上课时的PPT。

（三）课堂教学过程

1. 导入

同学们，庄子雄奇瑰丽的浪漫想象和超脱旷拔的自由心境还在我们脑海中升腾，今天我们继续走进影响中华文化思想的又一位伟大人物——孔子，去探求他的"古仁人之心"。

2. 过程

（1）吟古仁人之辞

活动一：名言集锦大比拼

规则：以名言警句原句+"这一个有＿＿＿＿＿＿的人"为句式，开展小组大比拼。

设计意图：走近古仁人，拉近空间距离，消除学生学习文言文的隔膜感和畏难情绪。

示例一：

"贤哉回也！一箪食，一瓢饮，在陋巷，人不堪其忧，回也不改其乐。贤哉回也！"这是一个心中有尺度、有辩证精神的人。

示例二：

"吾日三省吾身：为人谋而不忠乎？与朋友交而不信乎？传不习乎？"这是一个有反省精神的人。

活动二：音准句读我挑战

大道之行也天下为公选贤与能讲信修睦故人不独亲其亲不独子其子使老有所终壮有所用幼有所长矜寡孤独废疾者皆有所养男有分女有归货恶其弃于地也不必藏于己力恶其不出于身也不必为己是故谋闭而不兴盗窃乱贼而不作故外户而不闭是谓大同

设计意图：初步的预习过后，学生已对文本有所了解，出示无标点原文，既可检测学生预习情况，包括字音、字义等，又可帮助学生理解本文句式特点，增强文言语感。

评价标准：读准"与、矜、分、恶"等字音，能够依据文段大意、句末语气词"也"、相似的句式结构、句首连接词"故"等读出句节。

明确：大道之行也，天下为公。选贤与能，讲信修睦。故人不独亲其亲，不独子其子，使老有所终，壮有所用，幼有所长，矜、寡、孤、独、废疾者皆有所养，男有分，女有归。货恶其弃于地也，不必藏于己，力恶其不出于身也，不必为己。是故谋闭而不兴，盗窃乱贼而不作，故外户而不闭。是谓大同。

（2）临古仁人之境

下面两个片段是孔子及其弟子言偃之间的对话，请自由诵读后完成下列任务：

片段一：

昔者仲尼与于蜡宾（参加国君在年终举行的祭典，蜡，读zhà），事毕，出游于观（读guān，宫门外两旁的楼台）之上，喟然而叹。仲尼之叹，盖叹鲁也（意思是鲁国已经丧失了古礼）。言偃（子游，孔子的学生）在侧，曰："君子何叹？"孔子曰："大道之行也，与三代之英（夏、商、周三代的英贤），丘未之逮也（因出生晚，未能赶上），而有志焉。"

片段二：

大道之行也，天下为公。选贤与能，讲信修睦。故人不独亲其亲，不独子其子，使老有所终，壮有所用，幼有所长，矜、寡、孤、独、废疾者皆有所养，男有分，女有归。货恶其弃于地也，不必藏于己，力恶其不出于身也，不必为己。是故谋闭而不兴，盗窃乱贼而不作，故外户而不闭。是谓大同。

任务一：添加话语

如果在这两段文字之间加入一句言偃的话，用以连接片段一和片段二，你认为应该添加什么话语？（可以用现代汉语）

设计意图：通过预习及诵读，学生对文章内容有了大体把握，出示此情境类的资料，既可以帮助学生了解孔子说此话时的背景，又可以检测学生对于文章内容的把握程度，并开启下一阶段学习之旅。

评价标准：能够有效连接前后两个片段，形成一个完整的对话语境。

预设：言偃：夫子，大道推行的时候，是一种怎样的状况呢？

任务二：角色扮演

① 揣摩语气：孔子在回答言偃时，可能是怎样的动作、神情或语气？试着在下文括号内添加合适的词语。

孔子（　　）曰：大道之行也，天下为公。选贤与能，讲信修睦。故人不独亲其亲，不独子其子，使老有所终，壮有所用，幼有所长，矜、寡、孤、独、废疾者皆有所养，男有分，女有归。货恶其弃于地也，不必藏于己，力恶其不出于身也，不必为己。是故谋闭而不兴，盗窃乱贼而不作，故外户而不闭。是谓大同。

设计意图：深入理解文本内容，尝试进入新创设的对话情境，体会说话人的语气，感受古仁人的精神气度。

评价标准：所填词语能够体现孔子对理想境界的追求和向往，符合长者身份，体现古仁人之风。

预设：眼望远方，嘴角微微上扬，目光灼灼，双手缓缓向上打开，气势如虹，满怀憧憬……

②读出语气：小组讨论：如何读出气势来。提示角度：对称、铺排的句子、否定词、句首连接词。

设计意图：体会对称句、排比句式、特殊词对表情达意的作用，通过形式深入理解文本内容，在此过程中，顺带解决"亲、子、分、归、货、矜"等词的用法及意义或古今异义等。

评价标准：能够识别"故人不独亲其亲，不独子其子""男有分，女有归"等对称句；"老有所终，壮有所用，幼有所长，矜、寡、孤、独、废疾者皆有所养"铺排句及"不"等需要重读的否定词，"故""使""是故"等句首词后要停顿。

③角色扮演：同桌互扮角色，读出语气，尝试将刚才添加的词语、读出语气的方法融于角色之中。

设计意图：在朗读中体会对称句、排比句式、特殊词对表情达意的作用，感受明快有力、一气呵成的说理气势。

任务三：想象国况

重点读带"不"字的句子，结合助读资料"喟然长叹"及文意，你认为孔子在"叹"鲁国怎样的现状？

设计意图：梳理文本内容，侧面把握"大同社会"的主要特征。

评价标准：能够从"故人不独亲其亲，不独子其子，使老有所终，壮有所用，幼有所长，矜、寡、孤、独、废疾者皆有所养，男有分，女有归。货恶其弃于地也，不必藏于己，力恶其不出于身也，不必为己。是故谋闭而不兴，盗窃乱贼而不作"中提取关键信息。

预设：鲁国大概正处于这样的境况之中：人们只顾自家的老幼，其他弱势群体则得不到社会的关爱、照顾；成年男女没有自己的职业或归宿，人心不稳；财、物浪费，得不到有效利用，人们干活不尽力；因此社会秩序混乱，鸡鸣狗盗、作奸犯科之事时常发生。

任务四：快问快答

再读课文，回答下列问题：

① 如果要改变这种社会状况，孔子认为首推哪件？

② 推行大道之后，社会状况将会变得怎样？（请依据任务三用简练的语言分点概括）

③ "故人不独亲其亲"所统领的句子和前文哪句话形成因果关系？

④ 能做到"选贤与能，讲信修睦"，是因为大道之行的内核是什么？

设计意图：理解大同社会思想的内涵、表现及主要特征。

评价标准：能够从字里行间提取关键信息、理顺句子关系。

预设：①推行大道。②人人都能得到社会的关爱、人人都能安居乐业，货尽其用、人尽其力。③选贤与能，讲信修睦。④天下为公。

（3）悟古仁人之心

在班级"文化名人榜"宣讲会活动中，你作为活动宣传人员，需要提前为本期文化名人孔子撰写宣传文案。请结合本文所学及所查资料，以"他，是一个民族文化思想的巨大背影"开头，用上对称或铺排的句式，为孔子写一条宣传文案，不少于100字。

设计意图：体悟孔子的理想情怀、追求，触摸炽热的古仁人之心。

评价标准：能够正确、辩证评价古仁人，能够学用对称、铺排句式表情达意，增强宣传效果。

（4）传古仁人之美

孔老夫子所描绘的大同社会理想非常美好，它如"世外桃源"一般存在人们心间，令人向往，你知道关于孔子美好品德的哪些小故事，或者孔子为实现理想所做了哪些努力？课下把这些故事制作成图文并茂的画册集，准备在班级"文化名人榜——孔子篇"宣讲会上分享吧！

设计意图：由课内拓展到课外，提升学生梳理、归纳、阅读、交流能力，进而提升学生审美创造与文化理解能力，增强文化自信，传承中华优秀文化。

3. 作业

必做：

（1）分类积累文言词汇，为本文的通假字、古今异义、词类活用、一词多义等词汇分类列表。

（2）完成"文化名人榜——孔子篇"宣讲会图文画册，为宣讲会做好准备。

选做：

了解大同思想在中国的发展历程，查找你感兴趣的相关人物或者事件，梳理后以专题形式在班级开展个人讲座。

4.板书设计

大道之行也

（四）资料补充

历史上的"大同"尝试

洪秀全：太平天国"无处不均匀，无人不饱暖"的理想社会。

康有为：全世界人欲去家界之累乎，在明男女平等各有独立之权始矣，此天予人之权也；全世界人欲去私产之害乎，在明男女平等各自独立始矣，此天予人之权也；全世界人欲去种界争乎，在明男女平等各独立始矣，此天予人之权也；全世界人欲去种界之争乎，在明男女平等各独立始矣，此天予人之权也；全世界人预至大同之世、太平之境乎，在明男女平等各独立始矣，此天予人之权也。

谭嗣同：地球之治也，以有天下而无国也……人人能自由，是必为无国之民。无国则畛域化，战争息，猜忌绝，权谋弃，彼我亡，平等出；且虽有天下，若无天下矣。

孙中山：我们要将来能够治国平天下，便先要恢复民族主义和民族地位。用固有的道德和平做基础，去统一世界，成一个大同之治。这便是我们四万万人的大责任。

周恩来：大江歌罢掉头东，邃密群科济世穷。面壁十年图破壁，难酬蹈海亦英雄。

"满纸悲苦言，一颗忧民心"

——《卖炭翁》

一、单元内容解析

（一）课时安排

统编教材八年级下册第六单元，憧憬美好的社会生活，反思现实的生存状态，是经典作品中的永恒主题。古往今来，诗文中充满了对理想生活的期望以及对民生疾苦的同情，表现了古人的哲思和情怀。

在这一单元的授课中，讲读课《〈庄子〉二则》教学时长两课时，《〈礼记〉二则》教学时长两课时，自读课《马说》教学时长两课时，《唐诗三首》每首诗教学时长为一课时，共计三课时。写作指导为学写故事，强调能将故事叙述完整，并通过故事刻画出人物特点，并能写出情节波澜，以增加故事的吸引力，需要两课时。本单元名著导读是《钢铁是怎样炼成的》人物形象分析教学，可以与《卖炭翁》的教学相互融合，可安排一课时。课外古诗诵读教学时长两课时，完成本单元教学任务共需用时十四课时。

（二）本单元内容结构图表（表2-1-1）

表2-1-1

		讲读课	自读课	写作	名著导读
第六单元	人文素养	《〈庄子〉二则》：瑰丽的想象与巧妙的论辩	《马说》：理解作者对统治者摧残人才的讽刺、控诉	学写故事：发挥想象力	《钢铁是怎样炼成的》：从人物的身上汲取精神力量
		《〈礼记〉二则》：理解儒家教学相长的观念及大同社会的理想			
		《唐诗三首》：体会诗人忧国忧民的情怀			

续 表

		讲读课	自读课	写作	名著导读
第六单元	语文要素	《〈庄子〉二则》：反复诵读，培养文言语感，积累常用文言词语及句式 《〈礼记〉二则》：诵读中感受文言整句铺排的效果 《唐诗三首》：反复诵读，体会古体诗的句式、用韵及语言特点	《马说》：借助注释自读课文，掌握文言虚词作用	学写故事：培养学生叙述完整故事及通过事件刻画人物的能力	《钢铁是怎样炼成的》：抓住精彩片段，分析人物形象，体会角色成长过程

二、课文教学设计——《卖炭翁》（1课时）

（一）课文教学内容及解析

1. 内容

本篇课文内容结构图（思维导图，图2-1-1）

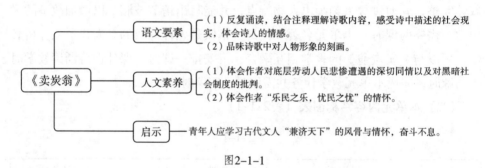

语文要素 —— （1）反复诵读，结合注释理解诗歌内容，感受诗中描述的社会现实，体会诗人的情感。
（2）品味诗歌中对人物形象的刻画。

《卖炭翁》—— 人文素养 —— （1）体会作者对底层劳动人民悲惨遭遇的深切同情以及对黑暗社会制度的批判。
（2）体会作者"乐民之乐，忧民之忧"的情怀。

启示 —— 青年人应学习古代文人"兼济天下"的风骨与情怀，奋斗不息。

图2-1-1

　　《卖炭翁》是一首叙事诗，通过完整的故事情节和人物描写，揭露了"宫市"的掠夺本质，反映了中唐以后人民生活水深火热的社会现实。作者对劳动人民给予深切同情的同时，也为改变黑暗的社会贡献自己的一分力量。本课安排1课时，在理解诗歌内容的基础上进一步概括人物形象以及对作者创作意图进行探讨。

2. 内容解析

　　学生在之前的学习过程中已经有了基本的古文阅读能力。本单元在教学方面的要求是培养学生的文言语感以及体会他们的人生感悟。欣赏课文中精彩的语句并从中得到思想启迪也是本单元教学的目标。因此，围绕这些单元目标，本节课在语文要素上主要体现了内容概括、情感把握和主题探究三个方面。人文素养方面无论是庄子对精神自由的渴望还是儒家对学习生活、理想社会的期望，无论是韩愈"不平则鸣"的呐喊还是杜甫、白居易对民生疾苦的同情，都是一种对于人生存状态的关怀，这是中华优秀传统文化中一笔可贵的精神财富。

（二）课文学习目标及解析

1. 学习目标

（1）反复诵读，体会古体诗的音韵美。

（2）结合注释理解诗歌内容，品析卖炭翁人物形象，感受诗中描述的社会现实。

2. 目标解析

达成上述目标的效果是：

（1）有感情地朗读诗歌，体会作者情感。

（2）分层梳理诗歌内容，概括人物形象。

（3）加强文本细读，关注细节，体会诗人情感，理解文章主题。

3. 素养目标（表2-2-2）

表2-2-2

内容方面	行为方面		核心素养		
	1	2	1	2	3
导	学生通过画图的方式预习，画出自己心目中卖炭翁的形象，引起学生兴趣	结合文本内容欣赏画作，学生踊跃发言	语言建构与运用		审美鉴赏与创造
悟	引导学生品析人物形象，把握作者情感，归纳主题	快问快答，自主回答。小组合作解决问题	语言建构与运用	思维发展与提升	审美鉴赏与创造
练	结合时代背景，体会作者情感，揭露时代黑暗面	学生举手，畅所欲言	语言建构与运用	思维发展与提升	审美鉴赏与创造
改	教师总结，分析同类型事件，把握作者写作目的及主题探究	学生思考，并有所感悟	语言建构与运用	思维发展与提升	审美鉴赏与创造

（三）教学重点、难点

（1）重点：

① 理解诗歌内容，体会作者情感。

② 引导学生分析卖炭翁的人物形象，体会本诗 "字字皆苦" 的特点。

（2）难点： 结合时代背景，解读卖炭翁的悲剧。

（四）教学问题诊断分析

问题1： "宫市制度" 仅靠书本上一个模糊的解释很难引起学生共情。

应对策略： 课上通过问题引导学生自行探讨推论，让学生发现交换不等值的背后说明了什么问题，对 "宫市制度" 的黑暗有了更实质的理解。

问题2： 因为年龄及时代关系，初中生对于卖炭翁的遭遇很难感同身受，没有看过伐薪烧炭的场面，不了解体力劳动者的艰辛。

应对策略： 补充烧炭过程资料（图片或视频），让学生对卖炭翁的艰辛有了更直观的感知。

（五）教学过程

1. 学习目标

（1）反复诵读，体会古体诗的音韵美。

（2）结合注释理解诗歌内容，品析卖炭翁人物形象，感受诗中描述的社会现实。

2. 课前学习任务单

（1）诵读全文，预习文本，扫清文字障碍，阅读课下注释，理解诗歌内容。

（2）查找白居易相关资料。

（3）结合诗歌内容，画出《卖炭翁》的情节。

3. 教学准备

（1）资料链接：①宫市设立本身并无害民之意，宫中有要事需购民物，先由府中职官办理后交由内宫使用，二者有明确的监督机制，而且市易公平，有益于民生。②烧炭过程：劈柴—垒窑—烧炭。千余斤炭需要五千多斤的木柴。

（2）写作背景：文章写于贞元15—20年前后，此时宦官与亲私相互勾结，借后宫之名行私夺之实，人民困苦不堪。

（3）作者简介：白居易，字乐天，号香山居士。祖籍太原，是唐代伟大的现实主义诗人。与元稹共同倡导新乐府运动，世称 "元白"。提出 "文章合为时而著，歌诗合为事而作"。

4. 课堂教学实践

（1）导：联想与结构

"兴，百姓苦；亡，百姓苦。"在山河破碎、风雨飘摇的战乱年代中，大家都能理解老百姓家破人亡的痛苦。那么在和平年代里，百姓的苦又源于什么呢？今天，我们来一起走进唐代一位卖炭老翁的生活，体味他的人生。

预习检测

鬓　裳　辗　辙　敕　叱

整体感知

① 学生朗读课文，检查生字词掌握情况。

② 教师范读，学生尝试概括诗歌内容。

明确：以"人＋事＋果"的句式回答。

③ 将诗歌分为三个部分，添加动词补充小标题。

第一部分：老翁（烧）炭

第二部分：老翁（运）炭

第三部分：宫使（抢）炭

（2）悟：活动与体验

欣赏画作　品析语言

展示画作，同学们在评价时可以采用"我在画中看到了（　），画出了（诗句）"的句式回答。如果不喜欢或画中有问题也可指出。"我觉得（诗句）未展示在画上。"

环节一：总结老翁人物形象。

明确：从画面及诗句中能看出来老翁工作环境艰苦、生活贫苦、劳作辛苦。

"愿天寒"心理与老翁的衣着矛盾，可以看出老翁被生活所迫的无奈。

请学生朗读"烧炭"部分，注意读出愁苦的情绪。

环节二：快问快答，分析文本

明确：诗句及画面体现出运炭路途遥远、耗费时间长、行路艰难、负荷重。

分析之后教师指导朗读，"辗"字注意读出艰涩感，句子读出疲惫感。

环节三：分析宫使人物形象

明确：从"翩翩"可以看出其轻快、趾高气扬的样子；连续几个动词看出宫使们快速出现抢炭的过程，体现了他们蛮横无理、任意掠夺的强盗行径。宫使熟练的动作也能看出其权力之大，掠夺次数之多，受害人数之广。

分析之后教师指导朗读，语速较快，可单独找学生读出高高在上的语气。

（3）用：本质与变式

探究话题：探究悲剧源头及创作目的

问题1：老翁卖炭是想要获得什么？他的愿望实现了吗？

明确：身上衣裳口中食。没有。只换回了"半匹红纱一丈绫"。

问题2：面对如此飞来横祸，老翁为什么不反抗呢？

明确：①年老体衰；②阶级差异不敢反抗（课下注释第一条"苦宫市也"，百姓苦于宫市的巧取豪夺）老人不得不向命运低头，一切的源头都是不公平的社会制度。

问题3：如果反抗，会出现什么样的结果？请大家对比阅读《后唐书》中的一段材料后思考作为同时期发生的事件，为什么卖炭翁的结局与青年不同？

一年夏天，有个青年农民，用驴拉木柴到城里卖，被太监看到了。太监撕了几尺绢给农民做柴价，还要他把驴子赶到宫里去。农民痛苦不已。他不要绢，要自己的驴，说他一家就靠这头驴生活。太监不放过他。他便与太监扭打起来。这件事传到了宫里，皇帝觉得太监给他丢了脸，斥责了太监，给了农民一些补偿。

明确：皇帝态度。"苦宫市也"一指百姓苦于宫市之巧取豪夺；二指宦官恶行败坏了宫市之名，毁了皇家声誉，既为民生叫屈，又为皇上担忧，其用心良苦，表达周全，深合儒家诗教之轨范。

总结：白居易写《卖炭翁》，不仅是为了表达自己对劳动人民的同情，也是为了揭露黑暗的社会现实，让皇帝看到现状并做出改变。他就仿佛是天平上的一颗砝码，明明可以成为庙堂之上高高在上的既得利益者，但他选择站在劳苦百姓这一方，让这个社会公平些，再公平一些。正如他的创作理念——"文章合为时而著，歌诗合为事而作"，他的作品为时事而作，为百姓而作，忧民之忧，乐民之乐。这种以天下苍生为己任的情怀，激励后人不断奋进。

（4）改：迁移与应用

阅读白居易《杜陵叟》，回答下列问题。

杜陵叟，杜陵居，岁种薄田一顷余。三月无雨旱风起，麦苗不秀多黄死。

九月降霜秋早寒，禾穗未熟皆青乾。长吏明知不申破，急敛暴征求考课。

典桑卖地纳官租，明年衣食将何如？

剥我身上帛，夺我口中粟。虐人害物即豺狼，何必钩爪锯牙食人肉？

不知何人奏皇帝，帝心恻隐知人弊。白麻纸上书德音，京畿尽放今年税。

昨日里胥方到门，手持敕牒榜乡村。十家租税九家毕，虚受吾君蠲免恩。

问题1：杜陵叟是什么身份？他遇到了什么难题？

明确：杜陵叟是个农民，今年干旱，禾苗大多枯死。

问题2：禾苗枯死，官府是怎么处理这个问题的？

答：官吏们为了"考课"，不仅不奏报朝廷，反而变本加厉地加紧搜刮，使得农民在死亡线上挣扎。

问题3：面对此情此景，作者由第三人称客观描绘改为第一人称控诉，感情色彩有何不同？

明确：改第三人称为第一人称，用"杜陵叟"的口气，语气更加强烈，写出了诗人难抑愤怒之情，痛斥那些为自己升官而不顾百姓死活的"长吏"，极为精练地概括了封建时代千百万农民的悲惨处境和体现在他们身上的不屈反抗精神。

（5）评：教学反思　成效评价

本节课的设计主要围绕"画—评—读"三个环节展开，让学生在欣赏画作中理解诗歌内容，感受卖炭翁的"苦"、宫市制度的黑暗以及作者的同情悲悯之心。

整节课的难点在于需结合时代背景探讨，如果只是教师单纯地补充链接材料还是难以让学生共情，所以借用斯宾塞的一句话："教育中应该尽量鼓励个人发展的过程，应该引导儿童自己进行探讨，自己去推论。"语文课堂更应关注学生知识和能力的成长，只有充分尊重课堂主体——学生的所得，才有真正意义上的课堂价值。本节课设置没有直接对唐朝的"宫市制度"进行简单的介绍，而是借助一系列问题铺设台阶，让学生自己发现唐朝的"宫市制度"的不平等，如此学生自然有了具体和深刻的理解。

5. 板书设计

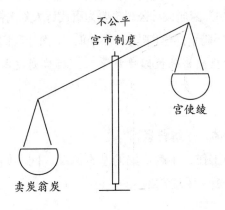

6.布置作业

（1）完成《杜陵叟》练习。

（2）背诵课文。

逆境中的坚守，一帧跨越时空的风景

——《陋室铭》

一、学习目标

通过创设担任陋室改造"设计顾问"这一情境，引导学生研读文本，感受作者志趣，获得生活启示。

二、课堂教学

（一）导入

同学们，今天是老师第一次走近我们子期实验中学。有没有同学愿意用一个词或者一句话来向老师介绍学校呢？

（学生依次发言）

教师导入本课学习内容：通过同学们的介绍，老师了解到我们子期实验中学不仅有风格独特的建筑，而且有多元的校园文化。建筑往往蕴含着文化。老师在网络上了解到我们学校是由英国知名设计设计的。今天这节课老师也要邀请大家来当设计师，给一间有文化内涵的房子进行设计改造。接下来我们一起来学习《陋室铭》。

出示情境： "爱屋"家居设计公司想要为唐代诗人刘禹锡的一间房屋进行改造优化设计。设计师想要聘请同学们当设计顾问，下面让我们一起来完成任务吧！

设计意图： 从学生熟悉的校园建筑导入，顺势创设本节课的学习情境，激发学生的学习兴趣。

（二）教学过程

任务一：读文知体，了解背景

为了做好顾问的工作，了解房屋的基本情况，同学们需要先读懂主人刘禹锡为房屋写过的一篇短文《陋室铭》。

（1）教师提问：文章的标题是"陋室铭"，它是什么意思呢？请大家结合课下注释1来理解。

明确：陋室：指简陋的屋子。

铭：古代刻在器物上用来警诫自己或者称述功德的文字，后来成为一种文体。

（出示钟鼎铭文的图片，帮助学生更好地理解铭文这种文体的起源）

（2）教师提问：铭这一种文体，有什么样的特点呢？我们通过朗读来感知。

（3）学生齐声朗读后分享自己的发现。

明确：①短小精炼，如本文仅81个字。

　　　②押韵，富于韵律美（名，灵，馨，青，丁，经，形，亭）。

　　　③使用对偶，句式整齐。

（4）教师提示：铭文押韵，注意要将韵脚适当重音，读得圆润；对偶句一升一降，读出变化，读出顿挫。

（5）教师出示划分节奏的文字，学生再读。

山|不在高，有仙|则名。↗水|不在深，有龙|则灵。↘

斯是|陋室，惟吾|德馨。苔痕|上|阶绿，↗草色|入|帘青。↘

谈笑|有鸿儒，↗往来|无白丁。↘可以|调|素琴，阅|金经。

无|丝竹|之乱耳，↗无|案牍|之劳形。↘

南阳|诸葛庐，西蜀|子云亭。孔子云：何陋|之有？

设计意图：两次朗读引导学生直观感受铭文的文体特点。

（6）教师出示刘禹锡生平资料

刘禹锡，唐朝文学家，哲学家。有"诗豪"之称。他出身官宦之家，年轻有为，因参与了"永贞革新"得罪了当朝权贵，从唐顺宗永贞元年（805）刘禹锡被贬为连州刺史，之后一贬再贬，辗转多地。长庆四年（824年）夏，调任和州（今安徽和县）刺史。这篇文章写于作者被贬至和州期间。

设计意图：引导学生了解作者的生平经历及创作背景，为以下的学习活动做铺垫。

任务二：研读文本，讨论方案

（1）教师出示情境任务：在了解主人的经历及基本的创作背景后，我们一起来进入下一个任务——研读文本，讨论陋室的改造优化方案。以下是"设计公司"给出的改造优化设计方案，请你帮忙审核并给出建议（表2-1-3）。

表2-1-3

陋室改造优化设计方案			
业主	刘禹锡	职业	朝廷官员
改造要点	（1）清理房屋周边的苔痕和青草，避免造成偏僻荒凉之感。 （2）在门庭前或窗前栽种竹，因主人写过《庭竹》："露涤铅粉节，风摇青玉枝。依依似君子，无地不相宜。" （3）在竹树下以整块较为平整的石头作为琴台，摆放棋盘，添上茶具用于会客。 （4）室内书桌重新设计，设置分区域购置佛经、流行乐曲琴谱，考虑到主人的职业，还留一处摆放公务文书。		
总体设想	改造风格要力避过度装潢，尽量保持原貌，以简约自然风格为主。		
房屋名称	待命名		

① 请结合文章的内容，谈谈你是否认同这个方案的改造要点。

② 请结合文章的内容，谈谈改造的总体设想是否合理。

③ 设计师想要为改造后的房子起一个名称，你能摘录、化用文中的词句来为房子命名吗？

明确1：

① 不建议清理房屋周边的苔痕和青草。因为原文"苔痕上阶绿""草色入帘青""上"和"入"两个字将景物拟人化，富有情趣，仿佛它们也成了往来陋室的客人，作者对这生机盎然的植物是喜欢的，并不在意它们的偏僻荒凉。而且，下文中提到作者在这里"调素琴""阅金经"，清幽宁静的环境与高雅的活动相得益彰。

适时朗读指导："上""入"虽重音，但语气要舒缓，适当延长音调，读出恬淡之感，"入帘青"三个字读慢，升调，读出喜悦之感

② 同意在房子附近栽种竹。因为竹在作者看来是君子的象征，也寓意着正直，有气节，"依依似君子，无地不相宜。"意思是无论在哪里，竹子都可以成长。栽种竹能够体现刘禹锡在逆境中随遇而安，不失君子之风。

③ 同意设置琴台、摆放棋盘，添上茶具。因为原文中"谈笑有鸿儒，往来无白丁"。与主人交往的都是博学，有功名的文人雅士，而且主人本身也喜欢"调素琴"，这些物件符合主人和朋友高雅脱俗的趣味。主人闲时在竹下抚琴，也是颇多趣味。

适时朗读指导："谈笑有鸿儒"升调，"往来无白丁"降调，读出起伏错

落之感，通过音调的起伏彰显作者对交往对象的满意、自豪。

④ 同意书桌分区域摆放佛经、琴谱。因为原文"可以调素琴，阅金经"描述的是作者日常活动，这与作者喜欢弹琴、阅读佛经，追求宁静的心境的需求相契合。但是不宜放上流行乐曲琴谱，不需摆放文书。因为原文中说"无丝竹之乱耳，无案牍之劳形"，作者不喜欢"世俗的乐曲"，在作者听来让是会扰乱心境的，"官府文书"会劳神伤神。两个"无"字，体现作者是享受这份从容和悠闲的。

（教师适时引导学生关注两个词类的活用：乱，形容词的使动用法，使……烦乱；劳，形容词的使动用法，使……劳累）

适时朗读指导："可以调素琴，阅金经"适当延长声音，读出悠闲从容之感，"无丝竹之乱耳"升调，"无案牍之劳形"降调，相同句式的句子，可以在通过一升一降来读出抑扬顿挫，读出变化。

明确2：认同设计师的总体设想。

① 因为原文中作者说"斯是陋室，惟吾德馨"，这是简陋的屋舍，只因我的品德好，就不感到简陋了。主人不以屋舍简陋为耻，对屋舍的物质条件没有太多的需求，而是更关注自己的品德修养。而且作者在引出自己"陋室不陋"这一点前，先说"山不在高，有仙则名。水不在深，有龙则灵"。用有仙之山、有龙之水起兴（先言他物，以引起所咏之辞），山因仙灵，水因龙而神异，以类比的方式点出：陋室借道德高尚之士芳名远扬。

（教师适时讲解起兴与类比的概念）

起兴："先言他物以引起所咏之辞"，也就是借助其他事物为所咏之内容作铺垫。

类比：同类事物或者同种性质的事物之间的比较。

适时朗读指导："吾""馨"重音，突出房屋主人——"我"的重要性

② 此外，文末引用孔子所说"何陋之有？"，这是一句倒装句，也是反问句。它将宾语"何陋"前置，起强调的作用，反问句也加强了语气，显示出主人对自己的房屋本身还是很满意的，有一种自得自豪之感。诸葛亮和杨雄都是才德兼备的名人，作者以此类比，表明了自己也有古代明贤的志趣和抱负。所以要尽量保持原貌，不要过度装潢。

适时朗读指导："何"字音调上扬、延长，"陋"重音，"有"配合摇头动作，加强反问，读出自得自豪之感。

明确3：

示例：草色阁。摘自 "草色入帘青" 一句，点名居住地环境，也彰显主人不与世俗往来的高洁傲岸。

参考资料：古代建筑雅称

亭：有顶无墙，供休息用的建筑物，多建筑在路旁或花园里。

台：用土或砖石筑成的方形的高而平的建筑物。

楼：重屋也，两层以上的房屋。

阁：一种架空的小楼房，传统建筑物的一种。

榭：建在高台或水面（或临水）上的木屋。

馆：小型规模的休息与会客的厅堂，有时也作为一个建筑群的称呼。

斋：原指古人斋戒时的居所，也常指雅静的书房、学舍等。

设计意图： 以担任陋室改造设计顾问的情境任务驱动学生把握文章内容，品味重要语句，理解作者的指向和抱负。在本环节中，老师适时进行朗读指导，助力学生文言阅读能力的生成。

（2）教师小结

在这篇文章中，作者通过对居室情景的描绘，寄托自己高洁傲岸、安贫乐道、独善其身的志趣。这种将自己的情感志趣寄寓在境或物的描摹上的手法就称：托物言志。

（3）学生根据教师的朗读指导，再次齐读课文。

任务三：交流收获，反思沉淀

（1）教师出示情境任务：至此，担任陋室改造设计顾问的工作已经完成。本次方案的设计师在工作结束后，有不少感触，准备撰写一个工作手记，反思本次收获。以下是他手记的开头，请你和他分享你对这个话题的看法，举例如下：

本次的房屋改造设计操作层面虽然是最简单的，但给我的感触最深。刘禹锡身居陋室而不觉室陋，反引以为豪："斯是陋室，惟吾德馨。" 在物质生活日益丰富的今天，我们又应该怎样看待 "惟吾德馨" 呢？_____

（2）学生结合生活，各抒己见。

设计意图： 贯通整体情境设计，引导学生思考中华传统美德在现今社会的意义和作用，增强文化自信。

（3）教师总结

刘禹锡以一篇《陋室铭》彰显了读书人的精神自由，表现了对逆境安之若素的乐观精神，这种乐观精神也为其后千百代的文人所继承，成为他们在遭受贬谪时奉行的传统。

《陋室铭》所表现的轻视物质享受、重视精神追求的价值观也就成为中国读书人的共识。希望同学们能记住，真正供养生命的东西，不是丰富的物质，而是丰盈的精神世界。

作业布置：

必做：背诵并默写《陋室铭》

设计意图：来源课后练习题，引导学生加强文言文的积累。

选做：搜索古代铭文中名言警句，查资料了解它们的意思，并从中挑选一则作为自己的座右铭，并制作成书签。

设计意图：丰富学生的知识和文化积累，引导学生将优秀传统文化内化于心，外化于行。

板书设计：

陋室铭

刘禹锡

居住环境：清幽宁静	起兴　类比	安贫乐道
交往对象：趣味高雅	陋室不陋	高洁傲岸
日常活动：悠闲脱俗		独善其身

在"壮"字情结中的爱国情怀的细诉

——《破阵子·为陈同甫赋壮词以寄之》

【教材解读】

如何能在课堂中让学生真正体会到辛弃疾《破阵子·为陈同甫赋壮词以寄之》的"壮"行"壮"志，可以从以下四个方面来解读。

（一）从词句里觅"壮心"

《破阵子·为陈同甫赋壮词以寄之》一词不拘一格，上下紧承，一气呵成。开篇"醉里挑灯看剑"，一位落魄英雄突兀而起，宝剑无用，只能挑灯夜看，此为一壮。再平接"梦回吹角连营"，由醉入梦，耳际犹觉号角声声。老臾醉卧，思忆战场，此为二壮。进而引入"八百里分麾下炙，五十弦翻塞外声"，从形从声着笔，热烈而又壮观的军营生活即现眼前。此为三壮。又以"沙场秋点兵"作结，紧张肃穆气氛令人热血沸腾，此为四壮。紧接着，飞快的卢马，惊弦霹雳，两个典故侧写了战场将士们的威武英姿，此为五壮。"了却君王天下事，赢得生前身后名"，胸怀天下，此为六壮。笔锋急转，"可怜白发生！"一声嗟叹，梦醒之后，如万里高空直坠而下，空有满腔抱负却无奈身老力衰，此为七壮。除首尾两句实写，中间皆为梦境：勇猛的壮士、豪壮的军旅生活、雄壮的军乐，还有那满腔的理想与抱负，欲扬又抑，热血沸腾中的力重千钧的重笔收煞，有如重锤猛击，震荡心灵。此为八壮。令人叹为观止。

（二）从词人背景中话"悲壮"

辛弃疾的命运注定他是一个悲壮的人物。有人说：积了300年北宋南宋之动荡，才造就一个辛弃疾。辛弃疾本是一个政人，满腔热血凝成《美芹十论》，可偏偏政路不通，硬硬把一个被民族仇恨冲破胸膛的人压成一个词人。折戟化笔，如石缝里艰难生长的一棵树，被扭曲、被挤压，无法成就栋梁之材，却也成为一根遒劲的龙头拐杖。时代的造化、胸中难抒的情怀，还有夹缝生存的冷静思考而得的政治与生活的哲理，淬炼成了今日的叹气一声皆成壮词的辛弃疾。有此悲壮的命运，不难看出诗人在写作此文时满腔抱负无处施展的愤懑。

（三）在诗词对比中咏"壮情"

《破阵子·为陈同甫赋壮词以寄之》写于1188年，辛弃疾与好友陈同甫本为挚友，二人都力主抗金，反正"偏安定命"，倡言统一中原，完成祖国统一大业。自1127年，金人攻陷北宋首都汴梁后，中原国土被金人侵占，赵括到临安即位，史称南宋，然而南宋并没有从北宋亡国中吸取剧痛教训，而只求苟且偏安，对外屈膝投降，对内残害忠烈，达官显贵一味纵情声色，寻欢作乐。有林升的墙头诗为证：

题临安邸

山外青山楼外楼，西湖歌舞几时休？

暖风熏得游人醉，直把杭州作汴州。

青山楼台歌舞，西湖的美丽与繁华被渲染到极致，完全不觉得是个亡国之都。但一个反问句写出了对当政者不思民生国事、忘记国仇家恨的淫靡之风的痛斥。面对这样的统治者的作风，辛弃疾在《破阵子·为陈同甫赋壮词以寄之》中则描绘了一个披肝沥胆、忠一不二、勇往直前的将军形象，以此来表达自己的远大抱负。但想到南宋朝廷的腐败无能，想到水深火热中的百姓，想到报国无门的志士们，"可怜"一词尽话凄凉。

（四）在梦境与现实交错中书"壮志"

《破阵子·为陈同甫赋壮词以寄之》书"壮志"如图2-1-2所示。

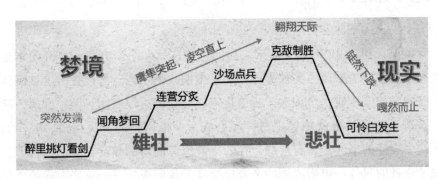

图2-1-2

诗人开篇突然发端，挑灯看剑，就这么一个平时日常动作，却开始鹰隼直上，先是闻号角，梦回连营，分炙点兵，凌云直上，翱翔天际，一展克敌制胜雄风，再陡然下跌，"可怜白发生"处戛然而止。由无所事事的寻常看剑，再到梦境中一展抱负的雄心壮心，又跌回现实后的华发早生的悲凉。虚实之间，把梦境的理想与现实的痛苦形成强烈对照，梦境毕竟代替不了现实，壮中含悲，失意英雄的慷慨悲歌，振聋发聩。

【教学目标】

（1）诵读本词，感知词意，把握作者壮志难酬的愤慨之心，引导学生厚植家国情怀。

（2）精读本词，结合辛弃疾生平，品析词中的"壮"。

【教学重点】

诵读，理解本词主旨：塑造壮年驰骋疆场、暮年壮心不已的英雄形象，揭示理想与现实的矛盾，表达词人壮志难酬的愤慨之心。

【教学难点】

了解辛词的艺术风格，感受古人的赤诚爱国热情，引导学生厚植家国情怀。

【教学课时】

1课时

【教学过程】

(一) 导入

有人说：积了300年北宋南宋之动荡，才造就一个辛弃疾。辛弃疾本是一个政人，满腔热血凝成《美芹十论》，可偏偏政路不通，硬硬把一个被民族仇恨冲破胸膛的人压成一个词人。折戟化笔，如石缝里艰难生长的一棵树，被扭曲、被挤压，无法成就栋梁之材，却也成为一根遒劲的龙头拐杖。时代的造化、胸中难抒的情怀，还有夹缝生存的冷静思考而得的政治与生活的哲理，淬炼成了今日的叹气一声皆成词的辛弃疾。今天我们来学习一首辛弃疾的《破阵子·为陈同甫赋壮词以寄之》。

(二) 新课

1. 初读，整体感知

(1) 读题，你从题目中读出什么内容？请结合预习内容跟大家介绍一下。

预设："破阵子"，词牌名。一名"十拍子"。

陈同甫，名亮，同是主张北伐的爱国志士，与辛弃疾是志同道合的朋友。1188年辛弃疾与陈亮在铅山瓢泉会见，别后辛弃疾写下此词。

壮词，雄壮的词。

写作时间：1188年，作者闲居江西上饶之时。

(学生未能完成的教师做补充)

(2) 自由朗读，结合注释疏通词意，并用第一人称讲述古词的内容。

(3) 齐声朗读，读准字音。

需注意的几个字词：

挑 tiǎo 灯：将灯芯挑亮。

麾 huī 下：部下。

炙 zhì：烤肉。

的卢 dí lú：代指良马。

霹雳 pī lì：雷声，文中指弓弦响声。

了 liǎo 却：了结，完成。

2.再读，文从字顺

（1）品读本词，选择富有表现力的词句来品评本词是如何体现"壮"的？

品读方式：圈点批注、小组讨论。

提示：有几种壮？也可从修辞、描写角度、炼字、情感等方面品评。

点拨：勇猛的壮士形象、豪壮的军旅生活、雄壮的军乐、豪情壮志的抱负与理想、未能一展抱负的老人悲壮的感叹……

归纳：辛弃疾这首《破阵子·为陈同甫赋壮词以寄之》却不拘一格，下片紧承上片，一气呵成，几乎每一句都书写了一种"壮"。

本词八句写梦境中内容，两句写现实内容，由现实入梦，再由梦境回到现实，虚实之间把梦境的理想与现实的痛苦形成强烈对照，壮志难酬，壮中含悲，是一首失意英雄的慷慨悲歌。

梦境中从视觉上用"麾下炙""沙场秋点兵"写出军营出征壮行，再从听觉上"连营"的"吹角"，还有"五十弦翻塞外声"刻画营地独特的悲壮粗犷的军乐。"马作的卢飞快，弓如霹雳弦惊"利用典故，借马借弓侧写将士的威武英姿，也预示战争必胜，而成就"君王天下事"及"生前身后名"的战斗理想。

现实只有两句："醉里挑灯看剑"和"可怜白发生"，宝剑无用，只能挑灯夜看，渐生华发却壮志不遂而抑郁、愤慨。

（2）材料助读：辛弃疾的生平简介以及南宋林升所做《题临安邸》，如图2-1-3、图2-1-4所示。

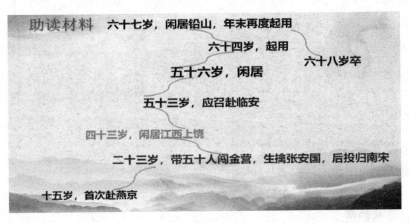

图2-1-3

助读材料

题临安邸

南宋　林升

山外青山楼外楼，西湖歌舞几时休？

暖风熏得游人醉，直把杭州作汴州。

图2-1-4

预设：从辛弃疾的生平中可以看出，青年壮志满怀，中年却不得重用，闲居江西上饶，

抑郁而不得志。再从《题临安邸》中可以看出当时社会官员们歌舞升平，不思进取，导致像词人这样的爱国志士无法施展抱负。此世此境，写下此词，难解词人内心的愤懑。

（3）再读本词，读出情感。（先自由朗读，再指名读，学生评价）

（4）小结：开篇"醉里挑灯看剑"，突兀而起，刻画一位落魄英雄的典型形象。再平接"梦回吹角连营"，由醉入梦，梦醒犹觉连营号角声声在耳。"八百里分麾下炙，五十弦翻塞外声"从形从声着笔，描绘热烈的军营生活，结句"沙场秋点兵"，写肃穆威严，与前文"分""翻"形成动静对比，摄人心魄。下片紧承上文描绘战事，抓住战场典型特征：马与弓，侧面描写的手法，衬托人的意气风发、英勇无畏。马快弓响从气氛上向人们预示战事的胜利，再直抒胸臆："了却君王天下事，赢得生前身后名。"既是作战目的，也是作者的理想。"了却"充满意气昂扬的欣慰之情，但梦境毕竟代替不了现实，词末一句浩叹"可怜白发生！"由梦境返回现实，情绪一落千丈，形成一个特大跌宕，正有欲扬先抑之法。作者在这力重千钧的转笔中收煞，有如重锤猛击在铜钟之上，震荡心灵。

3. 三读本词，读出变化

齐读，从语速上读出变化.

（三）拓展

1. 温故知新

（1）再读辛弃疾词《丑奴儿·书博山道中壁》和《清平乐·村居》，体会

辛词的婉约风和闲适语的风格特点，尝试概述辛词特点。

丑奴儿·书博山道中壁

少年不识愁滋味，爱上层楼。爱上层楼，为赋新词强说愁。

而今识尽愁滋味，欲说还休。欲说还休，却道天凉好个秋。

清平乐·村居

茅檐低小，溪上青青草。醉里吴音相媚好，白发谁家翁媪？

大儿锄豆溪东，中儿正织鸡笼。最喜小儿亡赖，溪头卧剥莲蓬。

预设：《丑奴儿·书博山道中壁》写出了自嘲无奈的心情，而《清平乐·村居》则描绘了一幅清新宁静的村居图。

教师小结：

辛词特点：题材广泛，内容多样，善用典故；以文为词，豪放洒脱，不拘一格；主题思想大多有强烈的爱国思想和战斗精神。

（2）除了辛词外，我们学习过的表达忧国忧民的爱国诗词还有哪些？诵读你喜欢的诗句。

示例：

夜阑卧听风吹雨，铁马冰河入梦来。——陆游《十一月四日风雨大作》

人生自古谁无死，留取丹心照汗青。——文天祥《过零丁洋》

秦时明月汉时关，万里长征人未还。但使龙城飞将在，不教胡马度阴山。——王昌龄《出塞》

2. 畅谈理想

说说你心中的那份家国情怀。联系本词，放眼如今，新时代的家国情怀应该如何续写？

示例：

在_____的诗句中，我感受到了_____的情怀，而如今我们的社会_____（有何变化），新时代对于国与家的要求有不同的意义，所以我认为作为新时代的中学生，我们应该_____。

引导：可从我国现今航天航海技术的进步，中国制造、中国芯等科技的发展，还有在疫情防治与控制方面去做思考，中国现今跻身世界强国之列，作为未来国之栋梁的我们，应该如何做好现在，才能更好地为祖国未来的辉煌而添砖加瓦。

（四）小结

读一首词，认识一个人；认识一个人，了解一段史；了解一段史，读懂一首词。愿今日所读所悟，能感动你的人生。

（五）作业

（1）背诵并默写《破阵子·为陈同甫赋壮词以寄之》。

（2）拓展阅读《南乡子·登京口北固亭有怀》。本词采用三问三答的形式，表达了词人什么情感？

【板书设计】

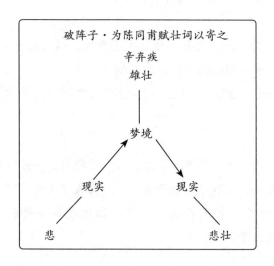

【教学反思】

本课的亮点：

这是一首具有浓烈爱国主义情感色彩的词，是一首"壮词"：一是投身报国的雄壮，二是心忧国家却年老力衰，报效无门的悲壮。本课也从"壮"字下手，寻找原词中的"壮"，从作者经历与社会背景中找"壮"，从诗人的家国情怀中找"壮"，通过本节课让学生从读通一首词去认识一个人，再通过认识一个人了解那一段历史，进而从了解那段历史中再真正读懂这首词。文化与历史是交织在一起的。

课堂的展开是顺利的，预设与生成都向着正确的方向行进着，从传统文化中去窥见历史发展的踪迹，进而去感受祖国现今的富强来之不易。知史可以明智，知耻可以奋发，初中学生正处在价值观的形成时期，学习本词正好能激发学生的爱国主义、民族主义的情感。课堂中引导新时代初中生家国情怀的思考，引导学生形成积极向上的人生观与价值观。

文化自信是新课标的核心素养之一，学习古诗词，关注中华民族的历史命运，文史永远都是相生相融发展的，从古代文人的命运与思想中去感受中华民族的脊梁就是这么锻造出来的，中华民族的魂就是这么铸就的。课堂上没有慷慨激昂的陈词，这一切都是慢慢从文字中、在朗读中、在思考与感悟中渗透。

释解创意，说写传奇
——《核舟记》

【教学设想】

文言文是博大精深的中华民族文化最丰富的载体，钱梦龙说文言文教学在语文教学中是"春风不度的玉门关"。初中阶段，文言文学习要求为了解文言课文中常见文言实词和虚词的含义和文言句式的用法，能够翻译文言课文的一些片段。本教学设计通过疏通文章，诵演介绍，眼、口、心、耳并用，释词译句，创作说写，符合文言文教学特点的方法和学生的学习规律，学生在理解文言文的基础上，创作再现工艺品，说写工艺品，达到内化能力、提升素养的目标。

【学习目标】

（1）熟读课文，借助注释理解内容。
（2）抓住文体特点，把握说明对象特点和写作顺序。
（3）体会我国古代劳动人民在工艺美术方面的成就。

【教学准备】

（1）学生借助注释理解内容。
（2）学生准备展示和介绍。

【教学过程】

通过抢答、诵演、展示、比赛等游戏，引导全体学生学习文言文，介绍工艺品时学生自己用图画形式展示的核雕、微雕等雕刻作品，并把介绍的内容用图画和文字的形式记录下来，让认知和情意互为助力，提升学生能力素养。

游戏一：释词译句　疏通文义

传承弘扬"中华优秀传统文化"学习目标：

新课标对于文言文的学习要求是"诵读古代诗词，阅读浅易文言文，能借助注释和工具书理解基本内容""随文学习基本的词汇、语法知识，用来帮助理解课文中的语言难点"。在第一节课初读理解的基础上，笔者课前通过钉钉和智学网布置释译重点词句的作业，让学生释词译句，基本疏通文章，课堂上学生通过小组竞赛的形式，熟练掌握重点词句，提升自身语文素养。

游戏环节：

① 以小组为单位，讨论明确疏通文义。

② 随机从每小组抽取学生释词译句。

③ 小组积分比赛，熟练掌握重点词句。

游戏实录：

释词译句　疏通文义

笨鸟先飞组代表1：罔不因势象形，各具情态。罔不：　因：　象：

空谷幽兰组代表2：舟首尾长约八分有奇，高可二黍许。奇：　可：　许：

风华绝代组代表3：中轩敞者为舱，箬篷覆之。轩敞：　为：　箬篷：

孤勇者组代表4：中峨冠而多髯者为东坡。峨冠：　髯：

笨鸟先飞组代表5：佛印绝类弥勒，袒胸露乳，矫首昂视，神情与苏、黄不属。

类：　矫：　属：

空谷幽兰组代表6：左臂挂念珠倚之——珠可历历数也。倚：　历历：

风华绝代组代表7：其人视端容寂，若听茶声然。端：　若……然：

孤勇者组代表8：盖简桃核修狭者为之。简：　修狭：

全班：嘻，技亦灵怪矣哉！矣哉：

设计意图：通过钉钉、智学网布置课前预习作业，让学生借助注释和工具书，释词译句疏通文义。课堂上用随机抽取学生回答的形式，检查反馈学生预习。课前预习，除了结合脚注疏通文义之外，还应当进行详细的圈点勾画，结合语境，反复揣摩，让学生找出暂时还无法理解的东西，加倍注意那些与现代汉语不同的地方，有条件的学生可以收集相关的资料。课前诵读课文讨论明确，课上竞赛比拼释词译句，课后再巩固梳理，形成有效的学习闭环。

游戏二：诵读展演　奇文欣赏

传承弘扬"中华优秀传统文化"学习目标：

钱大昕说，训诂之外别无义理。文言文学习既要重视字词的积累教学，也要重视诵读学习，为学生搭建思维活跃与课堂游戏活动平台。"诵读展演奇文欣赏"这一游戏环节，采用"想象"的方法，让学生在合作学习、边背边演的游戏中，理解和再现"核舟"的内容，以学生的主动体验来建构课堂，达到内化能力、提升素养的目标。

游戏环节：

①抢答梳理课文结构，为诵演热身。

②学生组内背诵试演。

③三名学生诵演"苏轼、黄鲁直、佛印"，两名学生诵演"左、右"舟子。

游戏实录：

诵读展演　奇文欣赏

学生抢答9：奇巧之一——体积小

学生抢答10：奇巧之二——内容大

学生抢答11：奇巧之三——刀法精细

学生诵演12：船头坐三人，中峨冠而多髯者为东坡，佛印居右，鲁直居左。苏、黄共阅一手卷。东坡右手执卷端，左手抚鲁直背。

学生诵演13：鲁直左手执卷末，右手指卷，如有所语。东坡现右足，鲁直现左足，各微侧，其两膝相比者，各隐卷底衣褶中。

学生诵演14：佛印绝类弥勒，袒胸露乳，矫首昂视，神情与苏、黄不属。卧右膝，诎右臂支船，而竖其左膝，左臂挂念珠倚之——珠可历历数也。

学生诵演15：舟尾横卧一楫。楫左右舟子各一人。居右者椎髻仰面，左手倚一衡木，右手攀右趾，若啸呼状。

学生诵演16：居左者右手执蒲葵扇，左手抚炉，炉上有壶，其人视端容寂，若听茶声然。

设计意图：文言文教学的目标主要不在"懂"而在"会"，因此"教"内容也就不应该是"认知"，而应该是"体验"。学生学习成效由何而来？学生是以个体经验（经历和体验）为基础，以自己的视界、自己的认识思维来创建"现实"，学习过程是积极主动建构、创生的过程，没有个体经验的认同，任何被个体的智慧拒之门外的知识体系都是盲目的。本游戏环节让学生诵演，通过体验学习，游戏展示，无形中提升了学生的文言文学习能力。

游戏三：介绍创作　书写传奇

游戏环节：

①全体学生在组内介绍"如果我是王叔远/手工艺者……"

②学生上台展示介绍用画创作的雕刻工艺品、家里带来的工艺品。

③统计各个不同特色奖项的票数。

游戏实录：

介绍创作　书写传奇

学生创作并介绍17：大家好，我想创作的核雕作品是《庄子与惠子游于濠梁之上》。请看桃核中间，左边留着长胡须、背着手杖、举着双手、神情悠闲的人是庄子。右边紧靠庄子，微侧着身，伸出左手，像和水里的鱼儿在嬉戏的人是惠子。他左边腰上挂着一条长长的玉珮。他们的四周被水环绕，水波轻轻荡漾，水草漂浮在水面，鱼儿在水里欢快地游着，有几条跃出了水面。整个核雕洋溢着悠闲自得之意，此种生活也是我所追求和向往的。我的介绍完毕，谢谢大家！

学生创作并介绍18：大家好，我想创作的雕刻作品是《音传千里，情动万家》，它是在一块石头上雕成的，石头的中间刻着一位绾着发的仕女，她的右手轻抚着长发，左手抱着我国民族乐器之王琵琶，挥舞着长长的水袖。她的四周是雕刻着的梅花树枝，淡淡的粉色浸染，花香萦绕在一片琴海里。在这里非常感谢和我一起创作的陈钰馨同学，谢谢！

学生展示并介绍19：大家好，我介绍的工艺品是一间书房的一角，它由一面圆拱形的墙和铺了地毯的地板组成，拱形的墙壁上有一扇拱形的花纹窗户，窗框上放了一盏灯和一幅画。右侧的桌子上有一台打字机，打字机上有打印出来的纸张，打字机旁边放着火漆印章和一封信。桌子的抽屉是可以打开的，桌子的右边是一个架子，插着几本书，放着咖啡杯、酒瓶等用具。桌子的前面是一把四脚椅，椅面上蒙着格子椅垫。这件工艺品非常优秀，我很喜爱它。谢谢大家，谢谢！

设计意图：学习的过程若缺少学生心灵的参与，学习便成了一种技术性的操作，成了完全外在于自我的沉重负担，学生无法从中体验到美好和愉悦，教学的有效性、学生个体的发展便无从谈起。"过去文言文作品中对真理的主张和公共价值观永远具有现代性"，只重视教师的"教"，忙于字字落实、句句清楚，因怕学生不会，一味地灌输，而忽略学生的"学"，学生文言文能力难以得到提高。

【板书设计】

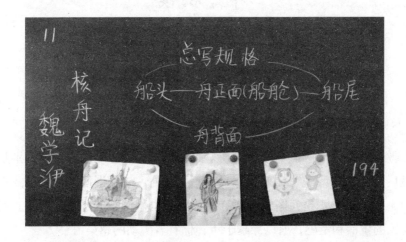

设计意图：板书是课堂学习内容的浓缩，本板书设计成"核舟"的轮廓形状，本文以"舟"为中心，采取总—分—总的结构，先整体再局部，按照空间顺序介绍"核舟"，简单明了，一目了然，方便学生抓住关键词理解文本，也有助于学生诵读记忆文本，兼顾知识性和美观性。

【教学效果分析】

"传统就是现代，语言就是文化，民族的语言就是民族的精神，语言忠实地反映了一个民族全部的历史、文化，忠实地反映了各种游戏和娱乐、各种信仰和偏见"，从学生感知文本、抢答梳理结构到学生诵演展示人物，再到学生作为桃雕微雕艺人，用"画"的形式创作雕刻艺术品，又到学生介绍各种手工艺品，投票选出特色奖项，传承弘扬"中华优秀传统文化"，学习步步为营，环环相扣，既给学生独立思考和个性解读的时间，又给学生朗诵展示和研讨交流的机会，真正实现了学习上的合作探究、竞争共赢，度过了文言文教学这"玉门关"。

群文联读

让美在"空白处生长"

——统编初中语文教材八年级下册《诗经》四首群文阅读

一、教材分析

人教版八年级下册语文教材选录了四首出自《诗经》的古诗，分别是第三单元最后一课的《诗经》二首和第三单元的课外古诗词诵读前两首《式微》和《子衿》。《诗经》是我国第一部诗歌总集，也是诗歌的源头，因为真实地记录了先民的生活和情感，所以穿越千年，仍有着生动的感染力。

这四首诗歌都有着相同的出处和艺术特色，串在一起讲解，进行群文教学设计，既可以让学生掌握《诗经》的文学常识，又可以了解《诗经》不同于后来的唐诗宋词的特点，扩展学生的文学阅历。

二、学情分析

本课的教学对象是初二下学期的学生，这是他们第一次正式接触《诗经》。对于习惯了唐诗宋词的学生来说，这种诗歌体裁、古代语言还是存在比较大的理解障碍的。所以，教学难度不宜设置太大，重点放在讲解《诗经》的文学常识、了解诗歌重章叠句的特点和"赋比兴"的艺术手法上，并初步解读诗歌，使学生能够理解诗歌所传达的内容和情感。讲解诗歌时，不必纠结于各家之说，按照一般通行的理解即可。

三、教学目标

知识与能力：学习诗歌重章叠句的形式特点，体会"赋比兴"的表现手法，在此基础上准确流利富有感情地吟诵古诗。

过程与方法：从点到面，通过对《蒹葭》的细读和深入教学，帮助学生掌握相关知识点，然后进行迁移，指导学生自主学习另外三首诗歌。

情感态度与价值观：体会诗歌中对美好情感的向往和对昏庸统治者的批判，培养和提高学生的审美情趣。

四、教学重难点

（1）掌握"重章叠句"形式特点及"赋比兴"的表现手法，在此基础上准确流利、富有感情地背诵全诗。

（2）把握"关雎""伊人""子衿"等意象。品味诗歌的语言，体会诗中人物的情感。

五、课时安排

2课时

六、教学过程

第一课时《蒹葭》

1. 课前预习

（1）通过观看微课，了解《诗经》的"赋比兴"手法和"重章叠句"。

（2）结合导学单，预习《蒹葭》。

2.《蒹葭》导学案

（1）学习目标

① 领略古诗的音乐美。

② 复习《关雎》中所学的"叠字""起兴"等艺术手法。

③ 品析《蒹葭》的情感，学会通过诵读表达诗歌的情感。

（2）课前复习与预习

① 资料链接。

《诗经》是我国第一部诗歌_____，共收入自西周初年至春秋中叶大约五百多年的诗歌_____篇。《诗经》可以分为_____、_____、_____三个部分。_____

② 结合课文底下的注释，查阅工具书，给下列字词注音、释义：

苍苍（　　）：_____伊人（　　　）：_____

方（　　）：_____溯洄（　　　）：_____

阻（　　）：＿＿＿＿＿＿　溯游（　　）：＿＿＿＿＿＿

萋萋（　　）：＿＿＿＿＿＿　晞（　　）：＿＿＿＿＿＿

湄（　　）：＿＿＿＿＿＿　跻（　　）：＿＿＿＿＿＿

坻（　　）：＿＿＿＿＿＿　采采（　　）：＿＿＿＿＿＿

涘（　　）：＿＿＿＿＿＿　右（　　）：＿＿＿＿＿＿

沚（　　）：＿＿＿＿＿＿

③结合课文底下的注释，查阅工具书，尝试自主翻译以下语句：

a. 溯游从之，宛在水中央。

b. 蒹葭采采，白露未已。

④阅读原诗，回答下面两个问题：

a. 这首诗共三章，每章开头都写蒹葭茂盛，霜露茫茫，这是《诗经》中常见的什么手法？有何作用？

答：＿＿＿＿＿＿＿＿＿＿＿＿＿＿＿＿＿＿＿＿＿＿＿＿＿＿＿＿＿

＿＿＿＿＿＿＿＿＿＿＿＿＿＿＿＿＿＿＿＿＿＿＿＿＿＿＿＿＿＿＿＿＿

＿＿＿＿＿＿＿＿＿＿＿＿＿＿＿＿＿＿＿＿＿＿＿＿＿＿＿＿＿＿＿＿＿

b.意中人的踪迹飘忽不定，你由此感受到诗歌营造了什么样的意境？请简要分析。

答：＿＿＿＿＿＿＿＿＿＿＿＿＿＿＿＿＿＿＿＿＿＿＿＿＿＿＿＿＿

＿＿＿＿＿＿＿＿＿＿＿＿＿＿＿＿＿＿＿＿＿＿＿＿＿＿＿＿＿＿＿＿＿

＿＿＿＿＿＿＿＿＿＿＿＿＿＿＿＿＿＿＿＿＿＿＿＿＿＿＿＿＿＿＿＿＿

3. 音乐导入

《诗经》是我国诗歌的古老源头，据《诗经·秦风》记载，两千五百多年的秦地，在一个长满芦苇的河畔，有一个人，唱起了一首古老的歌谣……（播放音乐）

4. 示范朗读

跟着示范朗读音频，一边小声地朗读、梳理读音和停顿，一边标注课文底下的注释。

5. 展示学习目标

这是一首描写了＿＿＿＿＿＿＿＿＿（季节）的诗。

这是一首运用了＿＿＿＿＿＿＿＿＿（写作技巧）的诗。

这是一首表达了＿＿＿＿＿＿＿＿＿（情感）的诗。

6.解诗

这是一首描写了 <u>清凉幽渺的 秋</u>（季节）的诗（图2-1-5）；

蒹葭苍苍， 白露为霜。 所谓伊人， 在水一方。 溯洄从之， 道阻且长。 溯游从之， 宛在水中央。	河边芦苇青苍苍， 秋深露水结成霜。 意中之人在何处？ 就在河水那一方。 逆着流水去找她， 道路险阻又太长。 顺着流水去找她， 仿佛在那水中央。

图2-1-5

《月令七十二候集解》中说："八月节……阴气渐重，露凝而白也。"天气渐转凉，会在清晨时分发现地面和叶子上有许多露珠，这是因夜晚水汽凝结在上面，故名"白露"。古人以四时配五行，秋属金，金色白，故以白形容秋露。进入"白露"，晚上会感到一丝丝的凉意。

这是一首主要运用了 <u>重章叠句、起兴</u>（写作技巧）的诗（图2-1-6）；

蒹葭萋萋， 白露未晞。 所谓伊人， 在水之湄。 溯洄从之， 道阻且跻。 溯游从之， 宛在水中坻。	河边芦苇密又繁， 清晨露水未曾干。 意中之人在何处？ 就在河岸那一边。 逆着流水去找她， 道路险阻攀登难。 顺着流水去找她， 仿佛就在水中滩。

图2-1-6

苍苍、萋萋、采采（描绘的场面），深秋之季，拂晓之时，芦花泛白，清露为霜。瑟瑟秋风，茂盛的芦苇丛在风中起伏。

这是一首表达了<u>热烈而急切地追寻着心上的恋人。但"伊人"可望而不可即，于是徘徊往复，心醉神迷，内心痛苦，不可言状。</u>（情感）的诗：

蒹葭采采， 白露未已。 所谓伊人， 在水之涘。 溯洄从之， 道阻且右。 溯游从之， 宛在水中沚。	河边芦苇密稠稠， 早晨露水未全收。 意中之人在何处？ 就在水边那一头。 逆着流水去找她， 道路险阻曲难求。 顺着流水去找她， 仿佛就在水中洲。

图2-1-7

茫茫秋水，清澈澄明。→凄清寂寥

为霜、未晞、未已→结霜 没干 没有完全干→焦急惆怅

一方、之湄、之涘 ⎫
长、跻、右　　　⎬ → 地点的不断变化 → 追逐的艰辛，扑朔迷离；
央、坻、沚　　　⎭　　　　　　　　　　　　美丽动人热烈向往，执着；追求，朦胧缥缈。

7. 拓展学习（一）

意象解读：

"伊人"除了恋人是否还有其他解读？

如何理解"在水一方"？

8. 拓展型学习（二）

品诗—吟诵：

所谓伊人，啊，在水之涘。

溯游从之，唉，宛在水中沚。

9. 小结

在一个清凉幽渺的深秋，茂密苍青的芦苇，晶莹透亮的露水，呈现一种凄清寂寥朦胧的意境。有一位痴情的人儿，憧憬焦急，热烈倾心，执着追求那扑朔迷离，朦胧飘忽的秋水伊人。

诗人的追寻似乎就要成功了，但终究还是水月镜花。目标的切近反而使失败显得更让人痛苦、惋惜，最让人难以接受的失败是距离成功仅一步之遥的失败。

10. 背诵本诗

要求学生背诵本诗。

第二课时《关雎》《式微》《子衿》

1. 新课导入

带领学生复习"诗六艺""重章叠句""赋比兴"等知识点，引导学生开展本节课的学习。

2. 诵读展示

请几名学生结合之前所学知识，尝试诵读《关雎》《式微》《子衿》三首诗歌。找出读的不通顺的地方，提出疑问，为下一步教学做铺垫。

3. 设置"空白"

用三行填空题，引导学生结合课文注释与批注文字，再次自读三首古诗。

这是一首描写＿＿＿＿＿＿＿＿（内容）的诗。

这是一首运用了＿＿＿＿＿＿＿＿（写作技巧）的诗。

这是一首表达了＿＿＿＿＿＿＿＿（情感）的诗。

4. 解诗

诗文及释义图2-1-8所示。

关关雎鸠，在河之洲。
窈窕淑女，君子好逑。
参差荇菜，左右流之。
窈窕淑女，寤寐求之。
求之不得，寤寐思服。
悠哉悠哉，辗转反侧。
参差荇菜，左右采之。
窈窕淑女，琴瑟友之。
参差荇菜，左右芼之。
窈窕淑女，钟鼓乐之。

雎鸠鸟关关和唱，在河心小小洲上。
那美丽贤淑的女子，是君子的好配偶。
参差不齐的荇菜，从左到右去捞它。
那美丽贤淑的女子，醒来睡去都想追求她。
追求却没法得到，白天黑夜便总思念她。
长长的思念哟，叫人翻来覆去难睡下。
参差不齐的荇菜，从左到右去采它。
那美丽贤淑的女子，奏起琴瑟来亲近她。
参差不齐的荇菜，从左到右去拔它。
那美丽贤淑的女子，敲起钟鼓来取悦她。

式微式微，胡不归？
微君之故，胡为乎中露？
式微式微，胡不归？
微君之躬，胡为乎泥中？
青青子衿，悠悠我心。
纵我不往，子宁不嗣音？
青青子佩，悠悠我思。

天黑了，天黑了，为什么还不回家？
如果不是为君主，何以还在露水中？
天黑了，天黑了，为什么还不回家？
如果不是为君主，何以还在泥浆中？
青青的是你的衣领，悠悠的是我的心境。
纵然我不曾去会你，难道你就此断音信？
青青的是你的佩带，悠悠的是我的情怀。

> 纵我不往，子宁不来？
> 挑兮达兮，在城阙兮。
> 一日不见，如三月兮！

> 纵然我不曾去会你，难道你不能主动来？
> 来来往往张眼望啊，在这高高城楼上啊。
> 一天不见你的面啊，好像已有三月长啊！

图2-1-8

5.解读主旨

结合教材注释和诗歌文后给出的解读，再次从内容、写作技巧和情感三个角度带领学生探讨诗歌。

（1）《关雎》

这是一首描写对一位美丽少女的思慕与爱恋（内容）的诗；

这是一首运用了起兴和重章叠句（写作技巧）的诗；

这是一首表达了对心上人真挚而美好的向往和追求，也伴随着爱而不得的忧伤和惆怅（情感）的诗；

（2）《式微》

这是一首描写劳役者的辛苦和怨言（内容）的诗；

这是一首运用了设问和重章叠句（写作技巧）的诗；

这是一首表达了痛苦和哀伤（情感）的诗；

（3）《子衿》

这是一首描写女子思念、等待自己的心上人（内容）的诗；

这是一首运用了心理描写和重章叠句（写作技巧）的诗；

这是一首表达了缠绵悱恻的期盼与焦急（情感）的诗；

6. 课堂小结

同学们，《诗经》中的诗，因为脱胎于民间歌唱，所以充满了重章叠句、一唱三叹的艺术特点。这是《诗经》的独特魅力所在。其承载的先民们的喜怒哀乐都是率真而热烈的，让我们即使远隔千年，仍能感受到诗歌中的生命张力。

7. 作业设计

请你结合本课所学，尝试朗诵这四首诗歌。并自选配乐，尝试配乐朗诵，录制为视频。上传到班级学习平台。

七、教学反思

自新课改以来，我们经常可以在语文教学领域中听到这样一些话语：

要重视语文的人文性、要让语文课堂有语文味等。这是大家对语文本质的思考。目前我国初中阶段的语文课本基本上都是使用文选类教材，以文学作品为基础，展开系统的语文教学。文学的本质是什么？或许历来有不同的说法，但是不可否认的是文学是"美"的，阅读文学作品的过程是一种"审美"的过程。要达成这一点共识，那我们的语文教学就不可避免地要回答一个问题，如何在教学中实现语文的"美"。

中国的古诗，从先秦民歌到唐诗宋词，基本上都是美的文学。语言美、意象美、情感美，有的还有画面和音乐的美。而古诗含蓄委婉的表达方式又给读者留下了数不清的"空白"。作为小学和高中之间的过渡阶段，初中的古诗教学的对象是有一定的学习基础的，但他们又未完全掌握古诗阅读与审美的能力。教师可以基于维果斯基的理论，去构建最近发展区，提升学生的语文能力。本文设计依据此思路，将部编版教材八年级下册中选录的《诗经》四首古诗进行联合教学，尝试古诗词的群文教学，探讨如何通过挖掘、创设古诗文本中的"空白"来实现古诗教学的美育。

用品味语言的方式让学生开展审美活动，发挥想象力，自主填补"空白"，积累审美体验；用填空的方式创设"空白"，构建课堂的框架，明确学习的目标，调动学生的参与积极性，激发他们的创造力和想象力。这就是从《蒹葭》这节课的教学中初步形成的通过文本"空白"，实现初中古诗教学的美育目标的策略。同时，教师还有很多可以进一步发挥个性和创造力的地方。例如，可以利用音乐等多媒体形式；可以组织美的、诗意的教学语言；制作的课件是美的、是有"空白"的，以达到整堂课的统一。一个"美"的古诗教学的课堂应该是师生双方都参与的。不仅是学生进行审美，教师也应该有美的体验和收获。

心系苍生，胸怀天下

——《唐诗三首》群文阅读

【单元内容解析】

（一）课时安排

统编版八年级下册第六单元选择了五篇论事说理文言文和三首唐诗，都是传统的名家名篇，这些诗文有理趣，有情趣，都表达了作者对于人的生存状态的关怀，是中华优秀传统文化中一笔可贵的精神财富。

在这一单元的授课中，讲读课《〈庄子〉二则》教学时长2课时，《〈礼记〉二则》教学时长2课时，《唐诗三首》教学时长2课时，自读课《马说》教学时长2课时。写作指导"学写故事"的实践任务与本单元课文的联想与想象、画面的描绘、人物的塑造等学习内容息息相关，教学时长2课时。本单元综合性学习"以和为贵"重在引导学生理解"和"的意义与价值，探寻"以和为贵"的真谛，弘扬"以和为贵""和而不同"的中华传统美德，可安排1课时。名著导读之《钢铁是怎样炼成的》的阅读教学，指导学生进行整本书阅读的基础上，帮助学生掌握摘抄和做笔记的读书方法，教学时长1课时。课外古诗词诵读教学时长2课时，完成本单元教学任务共需用约14课时。

（二）本单元内容结构图表（表2-1-4）

表2-1-4

		讲读课	自读课	写作指导	口语交际	名著导读
第六单元	人文素养	《庄子》二则： 1.欣赏雄奇瑰丽的想象和机智巧妙的辩论。 2.感悟庄子追求自由的人生观	《马说》： 1.体会作者怀才不遇的愤慨之情。 2.结合现实生活经历，正确认识伯乐与千里马的关系	"学写故事"：在故事中突出情趣，能给人启迪，引发读者思考	"以和为贵"：提高对"和"的认识，培养"和"的理念，弘扬中华传统美德	1.感受保尔·柯察金为理想而献身的精神、钢铁般的意志和顽强奋斗的品质。 2.培养科学精神，感受人文情怀，锻炼思维

		讲读课	自读课	写作指导	口语交际	名著导读
	人文素养	《礼记》二则：初步理解儒家"教学相长"的观念和"大同"社会的理想	—	—	—	—
		《唐诗三首》：感受诗中描绘的社会现实，体会诗人忧国忧民的情怀，培养学生心系苍生的品质，传承中华优秀文化	—	—	—	—
第六单元	语文要素	《庄子》二则：1.诵读课文，理解课文内容，积累常用文言词语和句式。2.赏析词句，体会庄子想象雄奇瑰丽的语言特色。3.体会《庄子》善于运用寓言故事说理的特色	《马说》：1.了解作者及问题特征，结合具体文句理解虚词在表情达意上的作用。2.学习托物寓意的写法	1.完整地叙述一件事，增添波澜。2.塑造形象丰满、有趣味性的人物形象。3.适当发挥想象和联想	1.了解"和"与"同"的内涵和区别。2.掌握人称变换、时空转换	学习摘抄和做笔记的方法
		《礼记》二则：1.感受文章条理清晰的说理。2.学习类比论证的方法。3.赏析文中对偶和排比的作用	—	—	—	—

续 表

		讲读课	自读课	写作指导	口语交际	名著导读
第六单元	语文要素	《唐诗三首》： 1.在朗读中展现对诗歌内容的理解，感悟诗歌的情感。 2.学会品析关键字词句、对比研读等阅读方法，提高鉴赏诗歌的能力				

【课文教学设计】

（一）课文教学内容及解析

1. 内容

本篇课文内容结构图（思维导图，图2-1-9）

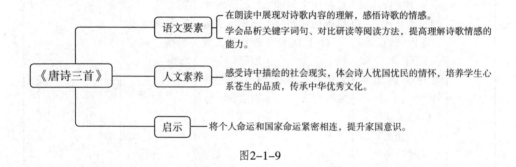

图2-1-9

2.内容解析

本单元选择的古诗文体现了古人的情趣、理趣，在阅读教学上要求学生反复朗诵，培养语感，积累常用文言词语和句式，欣赏课文中精彩的语句，同时，要学习古人论事说理和描写的技巧，体会他们的人生感悟，并从中得到思想启迪和情感陶冶。学生在本单元前三篇课文的学习过程中，积累了一些文言词语和句式，了解了古人伟大的思想和情感。通过以前的学习，学生对杜甫、白居易的基本情况和所处时代有所了解，为本篇课文的学习提供了良好基础。

本篇课文选择了杜甫的《石壕吏》《茅屋为秋风所破歌》和白居易《卖

炭翁》三首唐诗。三首诗都是故事性较强的叙事诗，诗中通过精彩的描写反映了当时的社会现实，体现了诗人忧国忧民、心系苍生、胸怀天下的高尚情怀。本课在语文要素上主要体现了在朗读中展现对诗歌内容的理解，感悟诗歌的情感；学会品析关键词句、对比研读等阅读方法，提高鉴赏诗歌的能力。人文素养方面主要是引导学生感受诗中描绘的社会现实，体会诗人忧国忧民的情怀，培养学生心系苍生的品质，传承中华优秀文化。

（二）课文学习目标及解析

1. 学习目标

（1）在朗读中展现对诗歌内容的理解，感悟诗歌的情感。

（2）学会品析关键字词句、对比研读等阅读方法，提高理解诗歌情感的能力。

（3）感受诗中描绘的社会现实，体会诗人忧国忧民的情怀，培养学生心系苍生的品质，传承中华优秀文化。

2. 目标解析

达成上述目标的效果是：

（1）掌握了学习、分析诗歌的基本技巧。

（2）能够从一定角度理解品味诗歌的情感。

（3）通过学习诗歌树立了正确的人生观、价值观，能体会诗人忧国忧民的情怀，能将个人命运与国家命运紧密相连，有心系苍生、胸怀天下的品质。

3. 素养目标（表2-1-5）

表2-1-5

内容方面	行为方面		核心素养			
	教师活动	学生活动	1	2	3	4
导	引导学生分享课前搜索的资料，带领学生进入诗歌情感的学习和探究中	学生积极发言	语言建构与运用	思维发展与提升	—	—
悟	引导学生应用品析关键词句、对比研读等阅读方法，理解诗歌的情感，感受诗人的境界和情怀	学生认真思考，小组合作学习，积极分享学习成果	语言建构与运用	思维发展与提升	审美鉴赏与创造	文化传承与理解

续 表

内容方面	行为方面		核心素养			
	教师活动	学生活动	1	2	3	4
练	鼓励学生根据个人对诗歌内容、作者情怀等的理解，进行选择和创造	学生进行个性化创造，踊跃分享	语言建构与运用	思维发展与提升	审美鉴赏与创造	文化传承与理解
改	情感迁移，引导学生对古往今来具有同类情感的诗句、人物名言进行朗读，对人物事迹进行简要概括和分享	学生踊跃举手，展示内容	语言建构与运用	思维发展与提升	审美鉴赏与创造	文化传承与理解

（三）教学重点、难点

重点：感受诗中描绘的社会现实，体会诗人忧国忧民的情怀，培养学生心系苍生的品质，传承中华优秀文化。

难点：学会品析关键字词句、对比研读等阅读方法，提高理解诗歌情感的能力。

（四）教学问题诊断分析

问题1：古诗中有难理解的字词，学生对古诗的内容存在疑问，不利于理解诗歌的内容。

应对策略：提前布置预习作业，引导学生借助课下注释和工具书，以自主思考、小组合作或与教师讨论等形式梳理翻译，读懂诗歌内容。

问题2：学生对于诗人忧国忧民的情感有初步的认识，但是对于诗人伟大的情怀和境界理解得不够深入。

应对策略：给学生提供一些分析诗歌情感的方法，为其搭建分析情感的平台；通过群文阅读的方式，帮助学生深入理解诗人伟大的情怀和境界。

（五）教学过程

1.学习目标

（1）在朗读中展现对诗歌内容的理解，感悟诗歌的情感。

（2）学会品析关键字词句、对比研读等阅读方法，提高鉴赏诗歌的能力。

（3）感受诗中描绘的社会现实，体会诗人忧国忧民的情怀，培养学生心系苍生的品质，传承中华优秀文化。

2. 课前学习任务单

（1）利用互联网查找"穷年忧黎元，叹息肠内热""惟歌生民病，愿得天子知"两句诗歌的意思和表达的情感。

（2）预习诗歌内容，解决字词、翻译上的疑难。从《唐诗三首》中挑选出最喜欢的内容进行个人或小组合作朗读，做好朗诵准备。

（3）调动知识储备或利用网络资源，收集忧国忧民、心系百姓的人物事迹或名人名言。

3. 课堂教学实践

5月18日是"国际博物馆日"，杜甫草堂博物馆和白居易纪念馆联合举办了一系列的特色活动，现在邀请同学们一起参与。

（1）导：联想与结构

热身活动：博物馆的两块石头上刻着杜甫的"穷年忧黎元，叹息肠内热"和白居易的"惟歌生民病，愿得天子知"两句诗，有没有同学知道是什么意思？

预设："穷年忧黎元，叹息肠内热"是杜甫《自京赴奉先县咏怀五百字》中的两句诗，意思是一年到头都为百姓的疾苦忧虑，嘴上叹息不已，心中焦急不安；白居易在《寄唐生》中写"惟歌生民病，愿得天子知"，意思是只写人民的疾苦，希望使天子知道。这两位都是伟大的现实主义诗人，他们都能心系苍生，胸怀天下。今天就让我们学习《唐诗三首》，感受作者高尚的情怀！

（2）悟：活动与体验

① 朗读诗歌，初悟情感

活动一：经典咏流传

请挑战者从《唐诗三首》中挑选出最喜欢的内容进行朗读。

挑战要求：朗读的内容可以是句子也可以是段落，可个人或小组合作展示。表现优异小组将获得一枚勋章。

② 掌握方法，研读情感

活动二：情怀传千古

请挑战者以小组为单位，在《唐诗三首》中任意选择一首诗歌，分析诗人所表达的情感。表现优异小组将获得一枚勋章。

方法指导：分析诗歌情感时可赏析关键字词句，如抓住关键字词、关注特殊的句子（议论、抒情句，矛盾句）等。

a. 分析《石壕吏》情感

我们尝试抓住诗中的三个"夜"字分析。

"有吏夜捉人"中的"夜"一是反映官府"捉人"之急,"捉人"之事常有,也许白天百姓躲藏或反抗无法捉到;二是体现"捉人"手段毒狠,趁黑夜突然袭击。用"捉人"而非"征兵",可见诗人的揭露与批判之意。

"老妪力虽衰,请从吏夜归。"中的"夜"反映老妇连夜赶去,也许是为了掩护老翁的逃跑,也有为了应唐军之急。"请"字有甘心情愿、挺身而出、主动承担之意。老妇人如此悲壮之举体现了诗人对百姓的同情。

"夜久语声绝,如闻泣幽咽。"中的"夜"反映夜深已静,但人心难静。用"泣"(有泪无声)而不用"哭"(有泪有声),可见声音不大;"幽咽"形容低微、断续的哭声,时隐时现,绵延不绝,百姓们敢怒而不敢言,这哭声可能来自一家也可能村里许多家庭都遭受到了同样的悲惨经历。整首诗中,诗人不发议论,不动声色,却处处显露出诗人对战争的控诉和对苦难人民的深切同情。

b. 分析《卖炭翁》情感

《卖炭翁》中,有一个句子因为前后矛盾而成为千古名句:可怜身上衣正单,心忧炭贱愿天寒。

这是一句心理描写,用极度反常、扭曲的心理,真实地反映出卖炭翁的悲惨境遇,表达了作者对当时民不聊生、官府强取豪夺的社会现实进行揭露和批判,表达了对底层劳动人民悲惨遭遇的深切同情。

c. 分析《茅屋为秋风所破歌》情感

"归来倚杖自叹息"中诗人为何叹息?叹天公毁屋无情,叹自己,更叹百姓疾苦。

"自经丧乱少睡眠,长夜沾湿何由彻!"诗人为何"少睡眠"?因为想到战乱频繁、残破不堪的国家,因为"少睡眠"。

"安得广厦千万间,大庇天下寒士俱欢颜!风雨不动安如山。呜呼!何时眼前突兀见此屋,吾庐独破受冻死亦足!"借助"广厦""风雨不动安如山"等具体、鲜明的形象,诗人由自己的苦难联想到要为天下寒士谋取温饱,体现出一种忧国忧民的高尚情操和饱览民生疾苦、体察人间冷暖的济世情怀,以及推己及人的大境界、大胸怀。

我们通过以上的方法把握了三首诗歌的情感。接下来我们先读读有关这方面情感的两段文字。

材料一：

作家庞进概括悲悯情怀："疮痍在目的忧愤感，飞蛾扑火的壮烈感，钢刀剜心的痛彻感。"悲悯情怀是指对外界、对他人、对生命有种怜悯的情怀。悲：指慈悲，对人间的苦难有一种博大的爱的眼光；悯：指同情，是对人间疾苦以感同身受来看待。悲悯是设身处地，触景生情，推己及人，心有戚戚然。

材料二：

或谓子美诗意宁苦身以利人，乐天诗意推身利以利人，二者较之，少陵为难。然老杜饥寒而悯人饥寒者也，白氏饱暖而悯人饥寒者也，忧劳者易生于善虑，安乐者易（多）失于不思，乐天疑（宜）优。或又谓白氏之官稍达，而少陵尤卑，子美之语在前，而长庆在后，达者宜急，卑者可缓也，前者唱导，后者和之耳。同合而论，则老杜之仁心盖（差）贤矣。

——黄彻《䂬溪诗话》

请同学们结合《唐诗三首》和白居易《新制布裘》这四首诗歌，谈谈你对这两段话的理解。

白居易《新制布裘》（节选）

丈夫贵兼济，岂独善一身。

安得万里裘，盖裹周四垠。

稳暖皆如我，天下无寒人。

白居易的妻子给他做了一件新的布裘，他穿上倍感舒适温暖才写下此诗，愿天下无寒人。

对材料一的理解：悲悯情怀是指对外界、对他人、对生命有种怜悯的情怀。杜甫和白居易基于这一种情怀，所以能够敏感地看到战争和不合理的"宫市制度"给底层百姓带来的无尽苦痛，杜甫和白居易心有大爱，对人间疾苦以感同身受来看待，能设身处地，推己及人，为百姓忧愁悲伤，两位诗人用诗歌来表达对战争抑或是制度上的批判和控诉，对底层百姓的深切同情，充分体现了诗人的悲悯情怀。

对材料二的理解：白居易"稳暖皆如我"，在自己穿暖后能想到天下百姓，"推身利以利人"，这里是"有我"存在。而杜甫在自身处境艰难的情况下没有计较个人的利益，而是能够将自己的命运与广大劳苦人民的命运紧紧相连，为天下百姓着想，"位卑未敢忘忧国""己未立而欲立人，己未达而欲达人"，这是一种"无我"的境界，是何等壮烈、何等博大的胸襟！

北宋哲学家张载有这样一句名言："为天地立心，为生民立命，为往圣继绝学，为万世开太平。"林则徐说："苟利国家生死以，岂因祸福避趋之。"

（3）练：本质与变式

活动三：做风雅之士

通过刚刚的学习，有没有哪些诗句让你感受特别深刻。古人常常会将这类型的句子书写在纸扇上随身携带，以此明志，寄托他们的各种情感情怀。现在博物馆为游客准备了许多空白的扇子，我们也趁此机会学习古人做个风雅之士，制作一把属于自己独一无二的纸扇子吧。

请大家从《唐诗三首》中挑选你最喜欢的诗句书写在扇子上。制作要求：①可适当添加图画；②使用楷体或行楷字书写。表现优异者将为小组获得一枚勋章。

统计各小组获得勋章的结果，可于课后用勋章兑换小礼品。

（4）改：迁移与运用

活动四：精神薪火传

博物馆设置了一块"精神薪火相传"展板，想展示古往今来如同杜甫和白居易一样心系苍生、胸怀天下的仁人志士的诗句、名言或者事迹，请你为他们提供一些素材。表现优异者将为小组获得一枚勋章。

屈原："长太息以掩涕兮，哀民生之多艰。"

范仲淹："先天下之忧而忧，后天下之乐而乐。"

陆游："王师北定中原日，家祭无忘告乃翁。"

巴金："生命在于付出，……我愿每个人都有住房，每张口都有饱饭，每个心都得到温暖。"

事迹示例：湖北省武汉市金银潭医院是最早接诊新冠患者的定点医院，收治病人全部为重症和危重症患者。院长张定宇隐瞒自己患渐冻症的病情，在病情日益严重的情况之下一直坚守在抗疫一线。他说："能帮助到别人，觉得很幸福！"他步履蹒跚与时间赛跑，只想为患者多赢一秒，在国家和百姓需要的时候挺身而出！这种心系苍生、胸怀天下的伟大人格使我们感动，张定宇院长是新时代一道耀眼的亮光！

袁隆平、钟南山、抗疫人员……

小结：英雄从未走远，精神薪火相传。在任何一个时代，国家和个人的命运都是紧密相连的，山河破碎，承受痛楚的是每一国民；只有国家强大，才能有百姓的尊严和幸福。希望同学们传承优秀的传统文化和精神，也能像先贤一样，心系苍生，胸怀天下，以天下为己任，继往圣之绝学，开万世之太平！

4. 板书设计

心系苍生，胸怀天下

——《唐诗三首》群文阅读

夜、泣、幽咽、叹息   悲悯情怀

衣正单，愿天寒   "有我"

安得广厦千万间，大庇天下寒士俱欢颜   "无我" }境界

5. 布置作业

（1）基础作业

① 背诵《唐诗三首》

② 结合本节课的内容，以"心系苍生，胸怀天下"为主题写一段感悟，并将其拍摄成小视频，上传至班级群交流学习。

（2）拓展作业（二选一）

① 以小组为单位，任选本课其中一首诗歌，发挥想象，增加一些细节，改写成一则小故事。

② 推荐阅读《叶嘉莹说杜甫诗》《白居易诗选》。

（六）教学反思与改进

我认为这次的群文阅读课对教师和学生而言都是极具挑战性的。首先，本节课需要将《石壕吏》《茅屋为秋风所破歌》《卖炭翁》三首诗歌进行群文整合阅读，一节课需要学习三首诗歌，课程容量大、难度高；其次，本节课是信息技术2.0的推进，需要操控平板电脑，师生对此技术仍处于摸索的阶段，对师生的要求较高。但是一节课下来，课堂活动顺利展开，师生的配合度较好，信息技术有效地服务于教学，实在是一件不容易的事情！

本节课的设计有大单元意识，注重深度学习的"选择情境素材的链接策略"，设置了参与博物馆活动的学习情境，调动了学生的学习热情，学生课堂参与度高；教学设计以"明珠课堂"导—悟—练—改的模式为基准，围绕发展学生的核心素养，设置了经典咏流传、情怀传千古、做风雅之士、精神薪火传四个学习任务，学生在富有挑战性的学习任务中外显思维，在学习的过程中深度互动，体现了深度学习的策略。四个学习任务均设置评价量表，能及时了解

学生的学习情况，能根据生情进行作业的分层设计，作业能结合时代的发展的特点，具有亮点。本节课改进之处：①本节课作为《唐诗三首》的第二课时，学生在诗歌朗读的展示部分应该与第一课时不同，教师在朗读的节奏、语气语调、情感等方面可以进行指导。②在把握诗歌的情感环节，可以利用"知人论世"的方法，帮助学生深入理解诗歌的情感；在分析中华民族"无我"精神时，可以插入视频，更直观、更震撼地感受这一伟大情怀。③如何利用信息技术更好地服务于语文课堂，除了常用的拍照上传、学生抢答等功能外，是否还能再挖掘一些新的功能，可以继续研究。

细品山水游迹，抒写人生情志

——《三峡》《小石潭记》《始得西山宴游记》群文阅读

【单元内容解析】

柳宗元《小石潭记》选自统编教材八年级下册第三单元第10课。本单元所选课文皆为古代诗文名篇，旨在引领学生了解古人的思想、情趣，感受古人的智慧，并能够进行自我的体会表达，从而陶冶情感胸怀，增强对中华优秀传统文化的体认以及民族自豪感和自信心。从语文知识能力训练的角度，学习这个单元，学生需要继续学会借助注释和工具书大致读懂课文，并继续诵读成诵，落实对文言词汇的积累，学会写读后感。

学生经历过半个初中文言文的学习，已经掌握了一定的文言文阅读能力，基本能够通读全文，大概把握文章内容。本单元是学生在已有知识、能力的基础上的进一步学习、深化，要求学生在课堂教学中运用已学的文言文阅读技巧，继续积累文言词汇，以深入了解不同类型的"记"，体味作者独特的体验，并能表达自己独到的见解。

因此，为了提升学生综合语文素养，教师有必要通过群文阅读，帮助学生从"篇"到"类"，从"个人"到"群体"，用整合的眼光去理解中国古代文人的人生志趣，体会中国传统文化中的山水情结。

本课将用课内已学《三峡》《小石潭记》和《始得西山宴游记》进行比读，帮助学生领会古代山水游记的传承发展，了解其特点，以读写结合的方式，领悟文人志士的人生志趣，观照自己的成长。

【教学设计】

（一）活动教学内容及解析

1. 核心素养结构图（思维导图，图2-1-10）

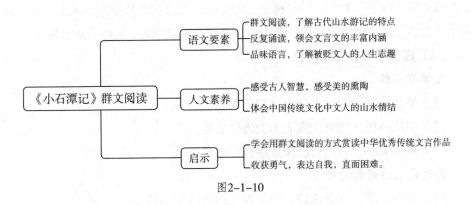

图2-1-10

2. 内容解析

柳宗元作为"唐宋八大家"之一为学生熟悉，但极少有学生知道柳宗元也被称为"山水游记之祖"。这得益于他被贬湖南永州时所创作的《永州八记》，即《始得西山宴游记》《钴鉧潭记》《钴鉧潭西小丘记》《小石潭记》《袁家渴记》《石渠记》《石涧记》《小石城山记》。唐顺宗年间，柳宗元因"永贞革新"失败，被贬为"永州司马"，在被贬路上更是遭遇"一贬再贬"，住无定所，到任后母亲也随之病逝。一如司马迁《报任安书》所写："盖文王拘，而演《周易》；仲尼厄，而作《春秋》；屈原放逐，乃赋《离骚》……"一个人在经历巨大痛苦后，将一切寄托文字中，而成就一番事业。柳宗元又何尝不是呢？柳宗元的文字不仅仅是清冷，他的情感不仅仅是郁闷不解。我们有必要让学生看到作者以精巧的语言刻画山水之美，借此排遣自己的苦闷，追求精神的寄托，使得山水游记成为一个独立的体裁。读懂古代山水游记，从《小石潭记》开始，借助《永州八记》展开，能够帮助学生对柳宗元和古代山水游记有更全面的认知。

根据王荣生《文言文教学教什么》，文言文教学要做到因质定教、因学定教、因材定教、因文定教。因此，在对《小石潭记》的处理上，教师要紧抓本单元的语文要素和人文要素的要求，根据古代山水游记的特点是写景和表意的结合，除了通过整体阅读感知，积累文言词汇，赏析文意之外，还要从文言字词的品味中把握文章所言之"志"，所载之"道"，要教会学生读出古人"炼字"的精妙。

因此，本课将借助已学课文郦道元《三峡》，和柳宗元作品进行比较阅读，让学生归纳出古代山水游记的特点，其后通过品析《小石潭记》《始得西山宴游记》两文的"炼字"妙处，结合柳宗元的生平，充分理解柳宗元的人生志趣，继而让学生学会表达阅读后的独特感受，在遇到人生之困时，能够有所启发。

（二）课文学习目标及解析

1. 学习目标

（1）整合梳理，归纳古代山水游记的特点。

（2）阅读品析，理解文人志士的人生志趣。

（3）感悟关联，表达自己阅读后独特感受。

2. 达成上述目标的效果

（1）联系已学，整合比较，归纳古代山水游记的特点。

（2）借助支架，速读文章，品析文章，同伴共学共赏共评。

（3）借助微课，拓展了解，能够表达自己的所感体会。

3. 素养目标（表2-1-6）

表2-1-6

内容方面	教学行为		核心素养			
	教师活动	学生活动	1	2	3	4
导	从本单元写作任务导入	学生明确单元写作要求，记录写作不足，明确本课学习任务	语言建构与运用	思维发展与提升	—	—
悟	引导学生通过在标题中"加字"和在文章中"选字"的方式，归纳了解古代山水游记的特点	以个人反复速读和同伴互学助学的方式进行"加字""选字"，借此归纳、了解古代山水游记的特点	语言建构与运用	思维发展与提升	审美鉴赏与创造	文化传承与理解

续 表

内容方面	教学行为		核心素养			
	教师活动	学生活动	1	2	3	4
练	知识迁移,组内合作助读,完成《始得西山宴游记》的阅读,根据要求"选字"品析	学生自主阅读《始得西山宴游记》,有必要时同伴互助。"选字"品析文意	语言建构与运用	思维发展与提升	审美鉴赏与创造	文化传承与理解
改	布置写作任务。评价学生当堂习作	自由创作,进行分享	语言建构与运用	思维发展与提升	审美鉴赏与创造	文化传承与理解

(三) 教学重点、难点

重点:

① 写出切合实际需要的广告词。

② 能够较为全面地欣赏评价广告词。

难点: 在大量的背景资料浏览速读中筛选出关键信息,归纳广告词的创作方法并进行创作。

(四) 教学过程 (表2-1-7)

表2-1-7

教学环节	教学过程		
	教师活动		学生活动
导:联想与结构	同学们,本单元的写作任务是读后感,我们的《小石潭记》读后感的问题在于内容重点不突出,"感"的部分不足。今天,我们就来解决这两个问题。读懂山水游记,表达阅读感受(屏显)。根据《小石潭记》探究五的助读材料,我们可以得知,柳宗元的山水游记上承郦道元《水经注》的成就,又有突破性发展,因此,柳宗元被称为"山水游记之祖"。古人讲究"炼字",我们借此展开群文阅读		明确教材中单元写作要求:学写读后感。认真听教师点评并记录要点:内容介绍空泛,阅读感受少。
	设计意图	通过链接本单元写作要求,借助课文助读资料,自然引出群文读写任务。帮助学生形成大单元意识和读写意识,养成关注教材、及时归纳的习惯	
	信息手段	借用粤教翔云数字教材中的数字教材显示单元写作要求,通过PPT展示本课任务目标	

续 表

	教师活动	学生活动
悟：活动 与体验	活动一：快速阅读回顾《三峡》和《小石潭记》，如果要在《三峡___》《小石潭记___》题目后添加一个字，你会选择填入哪个字呢？请根据课文内容，说说你的理由。 示例：《三峡记》《小石潭游记》。 小结：山水游记要素——游踪。 活动二：同桌互助，在《三峡》《小石潭记》文中各选出一个字，既能体现内容，又能概括作者心境。派代表上台圈画并展示小组智慧。 示例1：《三峡》——趣。 《小石潭记》——清。 示例2：《三峡》——绝。 《小石潭记》——空。 小结：山水游记要素——景观和个人情趣	1.快速阅读，独立思考，尝试选词填入题目中，并分享理由。 2.小组合作，通过选出一个既能体现作者心境的词，以此加深对文章内容和作者情趣的认识。派代表进行展示
	设计 意图	学习古人"炼字"，通过"添字""选字"读出古代山水游记的要素特点，学习归纳	
	信息 手段	利用数字教材画笔功能在屏幕中进行圈画"选字"	

	教师活动	学生活动
用：本质 与变式	阅读任务： 1.小组合作，阅读《始得西山宴游记》，感知大意。 2.从文中选出一个字，体现选文内容和作者心境，你会选哪个呢？请说说你的理由。 示例："怪""特"。 助读延伸：播放由历史老师录制的柳宗元微课视频。 升华认识：柳宗元的孤独是一种生命思考形式，以此获得人生前行的力量。 课堂阅读小结：我们在写读后感时，要针对内容中最能凸显作者心境的部分进行分析，结合对作者的认识，加深理解，从而有感而发	1.通读全文，独立完成任务，必要时可求助同学、教师。 2.观看历史老师录制的微课视频，加深对柳宗元的认识
	设计 意图	通过类文拓展阅读，巩固通过"炼字"读懂山水游记的方法。借助历史老师的微课视频，丰富课堂资源，激发学生的学习兴趣，加深学生对柳宗元的认识	
	信息 手段	利用数字教材资源进行课外选文的展示，根据实际需要使用画笔。运用录制的微课视频资源进行助读	

续 表

	教师活动	学生活动
改：迁移与应用	写作任务：当你在小石潭偶遇柳宗元，你会和他说什么呢？请试着写出你的感悟，50～80字。 作业布置：根据课上读出的柳宗元山水游记的特点，结合你对柳宗元的认识和感悟，联系自身实际，串写一篇不少于400字的读后感	学生尝试动笔并进行当堂分享
	设计意图	通过情境创设，让学生抒发自己的感悟，读写、讲练结合，落实本课教学目标
	信息手段	利用平台布置作业，分享优秀作品

【板书设计】

细品山水游记，抒写人生情志

——《小石潭记》群文阅读

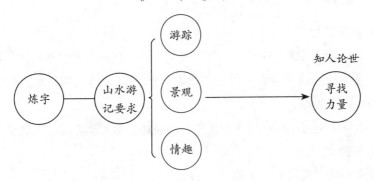

"三探"姥姥识人性，见微知著阅"红楼"

——以《刘姥姥进大观园》为例，探索在长篇小说中做人物专题研究的方法

【单元内容解析】

名著中的经典章节对学生的影响无疑是巨大的，但学生阅读古典小说，对人物的认知也很容易停留在经典章节中，如严监生灭灯的吝啬、武松打虎的勇猛、黛玉葬花的善感、宝钗扑蝶的心机，缺乏对人物的全书观。

本课的目标是教会学生从经典来，到全书去，再回经典中，带着全书观去看经典章节的经典人物，希望能够矫正学生对经典章节中经典人物的刻板印象。

《刘姥姥进大观园》是部编版九年级上册第六单元的一篇课文，节选自古典名著《红楼梦》，学生只学习这个片段，很容易进入刘姥姥卑微、通过讨好来谋取利益的定式当中，这样我们需要通过本课，引导学生在整本书中去认识人物。

具体来说，就是通过转换叙事角度、换位思考，在经典章节（课文）中初探刘姥姥人物性格；回到全书，通过检索、筛选与人物有关的情节，再探刘姥姥人物性格；带着人物性格的全书观，重新回到经典章节（课文）中，全新的探究刘姥姥的言行举止，以期形成对刘姥姥客观、全面、深入的专题研究。

只有全面理解了刘姥姥，才能去尝试理解其生活疾苦，去发现生活中小人物背后的无奈和人性的美。这也是传统文化通过名著给予我们的宝贵精神财富。

【教学设计】

（一）教学目标

（1）学生理解刘姥姥的"丑"与"美"，尝试在整本书中做人物专题研究。

（2）学生通过信息搜索、筛选、小组合作探究、辩论等活动步步深入研究人物，提升思维能力。

（3）激发学生阅读、研究《红楼梦》的兴趣，学生能体谅、关怀底层人民。

（二）重难点

带着全书观再探经典，于细节中品出"丑"背后的"美"。

（三）课前准备

课前准备也是一节课的重要组成部分，笔者让学生课前阅读《红楼梦》中有关刘姥姥的章节，除三进荣国府外，也要关注到林黛玉等对刘姥姥的评价，为上课做准备的同时，也培养学生针对研究对象搜集材料的能力。

（四）教学过程

这篇课文的教学过程主要分为五个环节：快问快答，激趣引题；转换角度，性格初探；辩论探讨，全书再探；重回经典，性格三探；主题延展，生成评价。具体教学过程见表2-1-8。

表2-1-8

一、快问快答，激趣引题 同学们，我们从来不打无准备之仗，昨天大家寻踪觅迹，梳理了刘姥姥在全书中的所有情节，那现在我们来快问快答（抢答）刘姥姥之历史大揭秘。 1.刘姥姥的女婿叫什么名字？ 2.刘姥姥和贾府是什么关系？ 3.刘姥姥一进荣国府托了谁的关系？ 4.刘姥姥二进荣国府带了什么？讲了什么故事？ 这次刘姥姥不仅走进了荣国府，还走进了核心区域——大观园，那又发生了什么故事呢？ （板书题目）	用简单、有趣的问题，通过抢答的方式活跃气氛，检查预习情况，普及刘姥姥的人物背景。（3分钟）
二、转换角度，性格初探 （一）跳读课文，整体感知 1.正字音。 2.学生带着问题以自己喜欢的方式快速读课文，筛选出有效信息，阅读中思考问题： 文中这出喜剧谁是导演？谁是主演？谁是群演加观众？ 主演演了几场戏？分别是什么？请用"刘姥姥_____笑"来命名，如"刘姥姥逗笑""刘姥姥看笑""刘姥姥释笑"。 （二）小组活动合作探究 假如你就是刘姥姥，请用第一人称试着描摹每一场戏中你的心理活动。 （三）小组代表上台展示 1.刘姥姥逗笑：刘姥姥在鸳鸯嘱咐自己餐前作诗时心里在想什么？刘姥姥用四楞象牙镶金筷子夹鸽子蛋时在想什么？ 2.刘姥姥看笑：刘姥姥看到大家各具形态的笑时自己又在想什么？ 3.刘姥姥释笑：刘姥姥在最后与凤姐、鸳鸯聊天时心里在想什么？	带着问题去阅读，用导演、演员这样的身份去引导学生概括人物关系，用半命题、小标题来将主要情节对号入座，为转换角度，揣摩人物心理做准备。（5分钟） 通过语言、动作揣摩人物心理，通过换位思考，再现人物心理，通过描摹事件进程中人物心理的发展，尝试走进人物的内心世界。（7分钟）
三、辩论探讨，全书再探 问题：有人说刘姥姥是为了获取利益而丑化自己供人取乐的小丑，你认同这一观点吗？为什么？ （开放性题目，学生自由选择立场展开辩论） 结合预习中全书对刘姥姥的描写，关注"母蝗虫"这一外号和"携蝗大嚼"这一说法，注意文本中后来为刘姥姥救巧姐下的伏笔，教师可提示判词、取名、争佛手中暗含的深意。 学生辩论时，教师根据学生辩论内容，在黑板形成思维导图	在第三环节的基础上，拓展到整本书对刘姥姥的描写，通过辩论的形式，增加学生的参与度。在这一过程中，引导学生学会拣选综合资料去深入把握人物内心，展开人物专题研究。体味《红楼梦》"草蛇灰线，伏脉千里"的写作特点激发阅读兴趣。（12分钟）

续表

四、重回经典，性格三探 带着对刘姥姥的全面认识，再次回到经典选段，同桌讨论，赏读第二环节，在揣摩刘姥姥心理时大家觉得刘姥姥讨好献丑的句子有没有新的看法。 学生赏析刘姥姥的语言，单独读、分组读、齐读，结合刘姥姥一进荣国府背后的艰辛，三进荣国府的善良重情义，读出语言背后的人物性格。 预设："老刘老刘，食量大如牛；吃个老母猪，不抬头！" "别的罢了，我只爱你们家这行事！怪道说，'礼出大家'。"	带着全书观，再回选段，学生更容易体谅、理解刘姥姥的举止。 通过赏读结合，让学生领悟到刘姥姥献丑背后个人的无奈、个性魅力和人性的美。（8分钟）
五、主题延展，生成评价 1.请谈谈自己身边有没有刘姥姥这样的有些世故但善良、努力生活的小人物？ 2.感谢同学们这堂课的积极投入，公布各小组总分。 结束语齐读：说不尽的《红楼梦》，没有绝对的善与恶、对与错，恰如我们寻常生活；道不完的刘姥姥，有小市民的逢与迎、狡与黠以及守本、分有大义的庄户生活	将换位思考引申到生活中，理解生活疾苦，去发现生活中小人物背后的无奈和人性的美。生成课堂评价。（5分钟）
作业：用课上学到的方法，尝试对喜欢的名著人物做专题研究（如读"晴雯撕扇"—全书搜索探究—再读"晴雯撕扇"，再如，读"严监生临死灭灯芯"—全书搜索研究—再读"严监生临死灭灯芯"），相信大家一定会对人物、人物在经典片段中的言行有更深入的理解	学以致用，激发学生阅读名著、做名著人物专题研究的兴趣

（五）板书设计

学生辩论时，教师依据辩论内容生成思维导图（随时调整、删减）

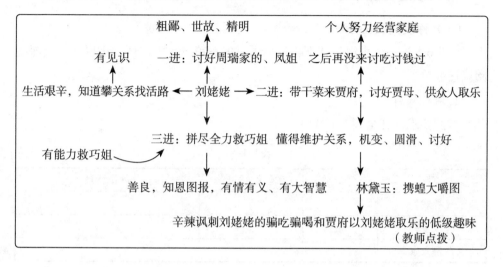

近乡情更怯

——统编初中语文教材"乡土情怀"小说群文阅读

一、学习任务

（1）阅读莫言小说《大风》，在把握文章内容的基础上，学会从人物、情节、环境等角度品读人物。

（2）多角度探究《大风》的主题。

（3）结合已学的《社戏》《故乡》《蒲柳人家》，深度理解"乡土情怀"小说的特点。

二、课时安排

本次"乡土情怀"小说群阅读课程共安排三课时。

第一课时：小组合作完成学习资源任务。

第二～三课时：课堂活动。

三、学习资源

(一)深度阅读任务单

学生6人为一个小组,课下再读已学过的三篇"乡土情怀"小说,完成深度阅读任务单。

1.温故知新

按照要求,补全表2-1-9。

表2-1-9

篇目	作者	创作时间	创作背景
《社戏》			
《故乡》			
《蒲柳人家》			

2.深度阅读

按照要求,补全表2-1-10。

表2-1-10

"乡土情怀"阅读任务卡片
篇目:
主题归纳
写法梳理
深读发现及感悟

3. 深度对话

重读"乡土情怀"小说，你一定产生了新的感受或认识。学校将举办论坛，要求"乡土情怀"小说研究专家与同学们对话，在论坛上，你准备提出一个什么问题？

问题：＿＿＿＿＿＿＿＿＿＿＿＿＿＿＿＿＿＿＿＿

＿＿＿＿＿＿＿＿＿＿＿＿＿＿＿＿＿＿＿＿＿＿＿＿

＿＿＿＿＿＿＿＿＿＿＿＿＿＿＿＿＿＿＿＿＿＿＿＿

＿＿＿＿＿＿＿＿＿＿＿＿＿＿＿＿＿＿＿＿＿＿＿＿

＿＿＿＿＿＿＿＿＿＿＿＿＿＿＿＿＿＿＿＿＿＿＿＿

＿＿＿＿＿＿＿＿＿＿＿＿＿＿＿＿＿＿＿＿＿＿＿＿

＿＿＿＿＿＿＿＿＿＿＿＿＿＿＿＿＿＿＿＿＿＿＿＿

（二）课堂阅读

借助助读资料，了解莫言的人生经历。

1. 助读资料：人物简介

莫言，本名管谟业，1955年2月17日出生于山东高密，中国当代著名作家。80年代中期以乡土作品崛起，充满着"怀乡"以及"怨乡"的复杂情感，被归类为"寻根文学"作家。

2000年，莫言的《红高粱》入选《亚洲周刊》评选的"20世纪中文小说100强"。2005年莫言的《檀香刑》全票入围茅盾文学奖初选。2011年莫言凭借作品《蛙》获得茅盾文学奖。2012年莫言获得诺贝尔文学奖。获奖理由是：通过幻觉现实主义将民间故事、历史与当代社会融合在一起。

2019年7月30日，被秘鲁天主教大学授予荣誉博士学位。

2. 助读资料：莫言笔名的由来

莫言原名管谟业。莫言对笔名的由来解释如下：

（1）本名是管谟业，中间的"谟"，左右两部分拆开来，便是莫言二字。

（2）经常乱说话，给父母亲带来很多麻烦，所以自己取名莫言，就是希望少说话。

（3）一名作家如果老说话，就没有精力来写好小说。作家就应该少说话，用笔来说出自己想说的话。

3. 助读资料：主要代表作品

（1）长篇小说见表2-1-11。

表2-1-11

代表作品	创作时间	代表作品	创作时间	代表作品	创作时间
《红高粱家族》	1987年	《天堂蒜薹之歌》	1988年	《十三步》	1988年
《酒国》	1993年	《食草家族》	1993年	《丰乳肥臀》	1995年
《红树林》	1999年	《檀香刑》	2001年	《四十一炮》	2003年
《生死疲劳》	2006年	《蛙》	2009年	—	—

（2）中篇小说见表2-1-12。

表2-1-12

代表作品	创作时间	代表作品	创作时间	代表作品	创作时间
《透明的红萝卜》《球状闪电》《金发婴儿》《爆炸》《秋水》	1985年	《欢乐》《红蝗》	1987年	《怀抱鲜花的女人》《白棉花》《红耳朵》《战友重逢》	1991年
		《幽默与趣味》《模式与原形》《梦境与杂种》	1992年		
《筑路》	1986年	《你的行为使我恐惧》	1989年	《父亲在民夫连里》	1990年
《牛》《三十年前的一场长跑比赛》《长安大道上的骑驴美人》	1998年	《藏宝图》《师傅越来越幽默》《我们的七叔》《野骡子》《司令的女人》	1999年	《扫帚星》	2001年
				《变》	2009年

（3）短篇小说集：《白狗秋千架》《与大师约会》。

4. 助读资料：荣誉时刻

（1）1981年5月，莫言的小说《春夜雨霏霏》发表在河北保定的文学双月刊《莲池》上，成为莫言公开发表的第一篇小说。

（2）1985年初，莫言在《中国作家》杂志发表《透明的红萝卜》而一举成名。同年，冯牧在北京华侨大厦主持莫言创作研讨会，汪曾祺、史铁生、李陀、雷达、曾镇南都高度评价了《透明的红萝卜》。

（3）1986年，莫言在解放军艺术学院文学系毕业。同年在《人民文学》杂志发表中篇小说《红高粱》引起文坛极大轰动。1988年2月，由《红高粱》改编的同名电影在柏林电影节获得金熊奖，成为首部获得国际A类电影节最高荣誉的中国电影。

（4）2006年，莫言获得日本福冈亚洲文化奖，成为继巴金之后，第二个获得该奖的中国作家。

（5）2008年，莫言凭借《生死疲劳》获得红楼梦奖以及美国纽曼华语文学奖。

（6）2011年，莫言获得韩国万海文学奖，成为首个获得该奖的中国作家，并且凭借《蛙》获得茅盾文学奖。

（7）2012年10月11日，瑞典文学院宣布中国作家莫言获得2012年诺贝尔文学奖。

（8）2016年12月，当选中国作家协会第九届全国委员会副主席。

（9）2017年11月，莫言获香港浸会大学荣誉文学博士学位。

（10）2019年6月12日，英国牛津大学摄政公园学院授予中国作家莫言荣誉院士称号，并宣布成立以莫言命名的国际写作中心。

（11）2019年7月30日，莫言在秘鲁首都利马被秘鲁天主教大学授予荣誉博士学位。

（三）课堂活动

1. 导入

教师提前录制配乐版《大风》的朗读音频，同步播放绘本画面，学生边欣赏绘本，边听文章朗读。

2. 读懂文本

《大风》给我们讲述了一个怎样的故事？

明确：爷爷带"我"去割草——"我"和爷爷遭遇大风——"我"跟着爷爷与大风搏斗。

3. 深度阅读文本《大风》

（1）读细文本

①莫言讲的故事里都有谁？

明确：人物——爷爷+我。

② 除此之外，还有什么？

明确：家乡风情——草+风。

（2）读透文本——深度解读，与作者对话

① 文章的叙述视角是什么？对小说叙事有什么好处？

明确：以"我"为叙事视角，"我"是线索人物，文章以我的所见所闻来组织材料，增强真实感；通过"我"在大风来临前后的言行衬托爷爷的形象；表现祖孙情深，爷爷对"我"关心疼爱，"我"对爷爷敬爱依赖。

② 深度理解爷爷这个人。（"我"眼中和读者眼中）

明确：

"我"眼中的爷爷：＿＿＿＿＿＿＿＿＿＿＿＿＿＿＿＿＿＿＿。

我们眼中的爷爷：＿＿＿＿＿＿＿＿＿＿＿＿＿＿＿＿＿＿＿。

点拨：（思考角度——关注细节、人物身份）

细节：爷爷的哼唱的歌子、爷爷的眼泪。

人物身份："我"的爷爷、庄稼人。

③ 小说有时会通过描写其他事物来表现人物或主题。从文中找出描写了大风降临前的情形，请简要赏析。

示例：

河堤下的庄稼叶子忽然动了起来，但没有声音。——（视觉　听觉）

河里也有平滑的波浪涌起，同样没有声音。——（视觉　听觉）

很高很远的地方似乎传来了世上没有的声音——（听觉）

天地之间变成紫色——（视觉）

还有扑鼻的干草气息、野蒿子的苦味和野菊花幽幽的香气。——（嗅觉）

④ 主题思考：

由学生根据自我阅读体验，自主发掘与主旨有关的内容或者细节。

预设：

a. 爷爷明知有大风还带我去割草，此行的目的仅仅是为了割草而已吗？

b. "爷爷的脸木木的，一点表情也没有"这句话在文中多次出现，有何用意？

c. 爷爷是否赞成孙子的建议丢掉车，为什么？

d. 文末最后的"那棵草"有何作用？

明确：

a. 爷爷明知道飓风即将来临，还是带我去割草，并用他无言的行动潜移默化地教育了我：面对困难要勇往直前。

b. 爷爷的表情虽然是木木的，但内心始终是坚定不移的，无论是大风前还是大风中还是大风后。

c. 不赞成。爷爷在恶劣的飓风面前永不言弃的精神品质。

d. 这是一根普通的草，但是，它其实是一种顽强的、极具生命力的象征，象征着对困难的不屈服、不畏惧；也是一种稻草留传下来的精神"标本"。这根稻草也在之后指引着莫言在人生道路上突破一个个关卡。

4. 深度理解"乡土情怀"（表2-1-13）

表2-1-13

能力要求	深度思考
畅谈"乡土"印象	莫言曾说过：一个作家必须创造出一块属于自己的乡土、文学的乡土。读完了莫言的《大风》，回读《社戏》《故乡》《蒲柳人家》，你发现作者的写作对象都是故乡的土地，那么，作家将自己的写作视野关注于乡土，他们笔下的"故乡的土地"有何特点？
品析"乡土"人情	作者们都是透过乡音乡景来抒写"乡土情怀"的，请分别在每篇文章中，选择一例，试分析
体会"乡土情怀"	"乡土情怀"小说给我们表现了一众美好的事物，饱含着作者的深意，请分析作者想要表达的深意是什么？

· 明确（表2-1-14）：

表2-1-14

能力要求	深度思考
畅谈"乡土"印象	《社戏》：文中的人、事、物和情撩拨着人们对故乡的沉沉相思，洋溢着乡民们人性中的纯真善良、朴实无华以及美好的人际关系、美好的生活情趣，以至让成年后的鲁迅回忆起来倍感亲切与温情。 《故乡》：故乡与童年的最初记忆具有同样的意义和存在，童年是美丽而纯洁的。 《蒲柳人家》：塑造了一批中国农民的栩栩如生的形象，以及他们在运河滩这块有着光荣革命传统的土地上英勇斗争的事迹
品析"乡土"人情	示例1： 两岸的豆麦和河底的水草所散发出来的清香，夹杂在水气中扑面的吹来，月色便朦胧在这水气里。淡黑的起伏的连山，仿佛是踊跃的铁的兽脊似的，都远远地向船尾跑去了，但我还以为船慢。

能力要求	深度思考
品析 "乡土" 人情	品析：作者把孩子那种急切的欢快的充满期盼的心寄托在身边的景物上，很自然地描写出来。事件与心理的交替描写，叙事与状物的自然贴合，给人一种舒适感。 示例2： 深蓝的天空中挂着一轮金黄的圆月，下面是海边的沙地，都种着一望无际的碧绿的西瓜。其间有一个十一二岁的少年，项带银圈，手捏一柄钢叉，向一匹猹尽力地刺去。那猹却将身一扭，反从他的胯下逃走了。 品析：那是一个充满朝气的故乡，天空很蓝，月亮很圆，西瓜很绿，人很有活力、很勤快。
体会 "乡土情怀"	阅读了多篇课内外的 "乡土情怀" 小说，发现作者（中国人）有着最厚重的乡土情怀，他们总是对从小时起就生活过的土地有着天然的亲近或是复杂的感情，总是能在外的时候想起家乡的食物、景物或是人，正因为这块土地上记载着我们童年的回忆与羁绊，我们才会在某时某地突然忆起，这就是作者的 "乡土情怀"，透过这乡土，表现了作者对这块土地与人民的深厚感情，有祝福、有对未来的憧憬和期待

5. 深度感悟（表2-1-15）

表2-1-15

任务	班级开展 "乡土情怀" 小说专题报告会活动，请按要求完成任务
1	假如你是小组代表，需要发言，请就自己对某一作家的某篇作文的理解，写一篇发言稿的提纲
2	结合班级 "乡土情怀" 小说专题报告会的学习内容，以思维导图的形式来梳理《社戏》《故乡》《蒲柳人家》《大风》四篇文章

6. 深度评价——课堂观察量表

根据同小组同学的表现，填写课堂观察量表2-1-16。

表2-1-16

组成	要点	意见
合作程度	参与行为：组员参与本节课学习活动程度如何？	
	观点获取：组员对本课的理解和认识是否帮助到你？	
	社会调节：组员在本课的学习中扮演何种角色？	

组成	要点	意见
问题 解决	任务解决：他是否解决了本节课中的学习任务？	
	知识建立：他是否将本节课中的知识活学活用到作业中？	

7. 作业

结合课堂拟写的发言稿提纲，完成发言稿的写作任务。

第二节　走进生活，演绎中国精神

扎根大地，向阳而生

——走近"诗圣"杜甫诗歌专题综合性活动

【设计思路】

古代诗歌是中华优秀传统文化的重要载体。近年有三份文件《完善中华优秀传统文化教育指导纲要》《关于实施中华优秀传统文化传承发展工程的意见》《中华优秀传统文化进中小学课程教材指南》从国家层面就学习传承中华优秀传统文化作出具体要求。

如何增强学生对中华优秀传统文化的理解力？《义务教育语文课程标准（2022年版）》从"课程理念"上要求"体现从生活实际出发，创设丰富多样的学习情境，设计富有挑战性的学习任务"。新课标注重考察在复杂多变多元的情境中解决问题。考查学生对古诗词的"知识"建构能力，学生在日常生活情境、文学体验情境、跨学科学习情境中，应对语言运用情境的能力。在教学中，教师要摒弃"翻烧饼"背默式的"机械性记忆"，使学生知其然也知其所以然。初中语文教材编入6首杜甫诗歌。"唐朝诗圣有杜甫，能知百姓苦中苦"，学习杜甫诗歌，了解盛唐诗歌的特点，诵读古诗词，了解杜甫的家国情怀，可以启发学生认识中华优秀传统文化的历史价值和现实意义。

基于以上因素，我们开展了"扎根大地，向阳而生"——走近"诗圣"杜甫诗歌专题综合性学习活动。

【学习目标】

(一) 语言目标

（1）反复诵读，能够背诵并默写中小学教材中编入的杜甫诗歌。

（2）通过理解诗歌内容，了解盛唐诗歌特点，在品味中感悟诗人的情感。

(二) 思维目标

（1）分析、比较并归纳李白、杜甫诗歌的特点，学会归纳、概括，提升思维能力。

（2）通过课本剧展演、制作唐诗图册等任务，帮助学生理解诗歌，发展创造力。

(三) 价值目标

（1）感受唐诗的魅力，体会杜甫关注社会、心怀天下、以诗言志的博大胸襟。

（2）通过了解盛唐诗歌，汲取人生智慧，丰富生活经验，观照生命成长。

【总情境】

学校蝶湾文学社举办"书乡"诗歌节，在部编教材、自我补充诗歌的基础上，制作《扎根大地，向阳而生——走近"诗圣"杜甫》专题综合性学习读本，既能让学生了解大诗人杜甫，又能在唐诗的学习过程中领略盛唐诗歌的风采。让我们开动脑筋，积极参与，完成任务吧。

【学习资源】

(一) 核心资源

小学：《春夜喜雨》《江畔独步寻花》《绝句》（两个黄鹂鸣翠柳）（迟日江山丽）

七上：《江南逢李龟年》，七下：《望岳》

八上：《春望》，八下：《石壕吏》《茅屋为秋风所破歌》

九上：《月夜忆舍弟》

(二) 推荐资源

英国BBC纪录片《杜甫：中国最伟大的诗人》

(三) 助读资源

《杜甫传》（冯至著，人民文学出版社）

《唐诗三百首》（蘅唐退士选，人民教育出版社，杜甫部分）

《杜甫诗选》（谢思炜评注，人民文学出版社）

【课段实施】

本次专题综合性学习分两个课段。

（一）第一学段

（1）介绍·知诗：向不了解杜甫的同学介绍杜甫。

（2）荐诗·诵诗：向组委会推荐杜甫的一首诗歌。

（3）解诗·讲诗：向电台栏目讲解一首杜甫的诗。

（二）第二学段

（1）探究："杜甫的眼泪为谁而流"。

（2）比较："李杜"，赞心中的"诗圣"。

（3）展演：书法、朗诵、课本剧作品。

（4）总结：编排杜诗读本，评优表彰。

（三）具体实施

1. 第一学段

任务一：

介绍·知诗：向不了解杜甫的同学介绍杜甫

诗歌节筹备阶段，大家发现诗人杜甫一生历经坎坷与磨难。请你为颠沛流离的杜甫制作一份个人简历，让更多人了解杜甫。你的介绍会张贴在教室里供大家阅读，优秀的作品将编入杜诗读本。

提示：

（1）借助网络、工具书，以小组为单位查找、整合资料。

（2）可跨学科绘制杜甫的足迹图、名片等，多种形式介绍。

（3）关注杜甫一生的主要经历。

作品展示预设：

（1）百度版杜甫简介。

点评：这份作业的亮点是利用网络查阅资料很全面，不足是缺少自己的创意。

（2）杜甫个人名片。

点评：这张名片用表格的形式，让我们清楚地知道了杜甫的方方面面。

（3）人生五阶段足迹图：学生画中国地图，标注杜甫曾经的足迹。

点评：这份作业属于跟着唐代大诗人去旅游的特色路线，杜甫的人生阶段清晰明了，给人惊喜。

（4）创作时间轴。

点评：这份作业的亮点是查阅《杜甫诗选》，呈现清晰的时间轴，让我们快速了解杜甫的作品创作历程。

小结：不读杜甫诗，就不能了解盛唐。学生通过查阅资料，动手制作有形的读书卡片，边读诗边清晰地理清杜甫一生的经历，对后面了解杜甫的诗作、创作风格有很好的铺垫作用。同时，文史不分家，跨学科学习，融历史、地理知识，学生多方位了解了杜甫颠沛流离的一生。

任务二：

荐诗·诵诗：向组委会推荐杜甫的一首诗歌

诗歌节开幕后，同学们纷纷向组委会推荐杜甫的诗歌。请你也推荐一首诗并附上推荐语，制作成读书卡片，有条件的同学可以录制推荐视频，在班级"悦吐纳"微信群分享发布学习成果。

要求：

（1）精选一首杜甫的诗歌，熟读成诵。

（2）了解诗歌的创作背景，说出自己的推荐理由。

（3）对自己喜欢的一联诗句，做赏析。

（4）卡片、视频开头先介绍自己的班级、姓名、推荐的诗名。

示例：

画 鹰

杜 甫

素练风霜起，苍鹰画作殊。

拟身思狡兔，侧目似愁胡。

绦镟光堪摘，轩楹势可呼。

何当击凡鸟，毛血洒平芜。

推荐理由：

唐代的题画诗多正面赞美画艺之精，几乎可以乱假成真。《画鹰》是唐代诗人杜甫早年创作的一首题画诗。

诗人以细腻传神的笔触，再现了画鹰图：诗人笔下的画鹰，如写真鹰，注重姿态、神态的刻画。由"似愁胡"的眼神带来冷峻陌生、令人畏惧的感觉，使人肃然起敬。而鹰"拟身""可呼"的姿态，展现了一种紧张，充满怒气，蓄积大势，随时准备迸发。诗的结尾句"何当击凡鸟，毛血洒平芜"，把画鹰写作真鹰，点明象征之意。这样的雄鹰早该放飞搏击凡鸟，血战除庸。这种蓄势待发的姿态，其实象征着此时的诗人杜甫内心搏动，正充满青春的幻想，热血沸腾，大有作为的志向。

这首诗寓意深远，是题画诗的杰作，是诗人杜甫年轻时大有作为的远大志向的精彩呈现。所以，我向诗歌节推荐这首《画鹰》。

推荐诗歌：《绝句》（两个黄鹂鸣翠柳）、《绝句》（迟日江山丽）、《春夜喜雨》《江畔独步寻花》《江南逢李龟年》《望岳》《春望》《月夜忆舍弟》。

展示：学生的纸质版、视频版作品。点评：本环节回归教材，以新课标推荐的小学、初中背诵篇目为依托，在积累诵读、温习旧知的过程中，对这些脍炙人口的名篇进行梳理，建立自己的语言资料库，在具体的语言情境中学以致用。组委会共收到纸质作品27份、视频作品22份，对愿意出境的十三四岁的初中生来说，真的特别不容易，特别感动。教师对学生上交的作品进行二次评价，如张颖的作品，第一次推荐理由不够充分，版面设计欠美观，她听从老师的建议，第二次改进后完善很多。刘梦珂的作品图文并茂，内容翔实，美感十足，一开始就深深地打动了老师和同学。

任务三：

解诗·讲诗：向电台栏目讲解一首杜甫的诗

珠海电视台开设"我是珠海讲诗人"栏目，学校趁此次诗歌节选拔优秀人才。请以杜甫在不同时期、不同风格、不同主题的诗作为例，为同学们讲解一首诗，以小组为单位派代表去电视台讲诗。

提示：

（1）可以将杜甫的诗歌归类，如亲情、友情、家国情等主题，再进行分析。

（2）感受诗歌所描绘的社会现实，体会诗人的情怀。

知识卡片：

盛唐：是后世对唐王朝的赞颂之词。文学上的盛唐指的是从开元元年到天宝十四年（713—755年），史学上盛唐指的是从永徽元年到天宝十二年（650—753年）。《新唐书》记载："观夫开元之治也，则横制六合，骏奔百蛮；及天宝之乱也，天子不能守两都，诸侯不能安九牧。"这一时期代表诗人诗作有：《黄鹤楼》（崔颢）、《使至塞上》（王维）、《望洞庭湖赠张丞相》（孟浩然）、《题破山寺禅院》（常建）、《送友人》（李白）、《春望》《石壕吏》和《茅屋为秋风所破歌》（杜甫）。

　　安史之乱：安史之乱是唐代于755年12月16日至763年2月17日所发生的一场政治叛乱，是唐由盛而衰的转折点，也造成唐代藩镇割据。由于发起叛唐者乃是安禄山与史思明二人为主，故事件被冠以安史之名。又由于其爆发于唐玄宗天宝年间，也称"天宝之乱"。安史之乱历时七年零二个月，虽然乱事最终得以平定，可是对中国后世政治、经济、社会、文化、对外关系的发展均产生极为深远而巨大的影响。司马光《资治通鉴》："（安史之乱爆发之后）由是祸乱继起，兵革不息，民坠涂炭，无所控诉，凡二百余年。"

　　学生作品展示：

　　亲情：《登岳阳楼》《登高》　　爱情：《月夜》

　　友情：《春日忆李白》　　邻里情：《又呈吴郎》

　　家国情：《石壕吏》《茅屋为秋风所破歌》

　　评价：本环节将课内课外相结合，通过让学生整理杜甫各个时期的代表作全方位了解杜甫，体会其忧国忧民的情怀和博大胸襟。去电视台当讲诗人活动，激发了学生赏析诗歌的兴趣，学生愿意挑战，积极分享。曾诚第一次网络摘抄多，第二次深入理解诗歌后，精简文字，融入自己的理解，讲解顺畅，赢得同学们的点赞。吴曼仪第一次提交了《又呈吴郎》一诗的讲解草稿构思，多方查阅资料，对杜甫诗歌进行探究后，有自己独立的思考，讲解很出彩。

　　2. 第二课段

　　任务一：

　　探究·演讲："杜甫的眼泪为谁而流"

　　男儿有泪不轻弹。在诗歌节各项活动开展中，有同学对悲情愁苦一辈子的杜甫表示不喜欢。那么，诗人杜甫的眼里为什么常含泪水？请结合《月夜》《闻官军收河南河北》《登岳阳楼》《蜀相》四首诗歌，以"杜甫的眼泪为谁而流"写一篇演讲稿，探究杜甫被称为"诗圣"的原因，在班级演讲。

　　要求：

　　（1）结合写作背景，知人论世，探究杜甫被称为"诗圣"的原因。

　　（2）有理有据地说服那些不喜欢杜甫的同学进而让他们喜欢杜甫。

（3）注意演讲稿的写法，运用一定的演讲技巧。

（4）推荐评委团队，评选最佳演讲稿、最佳演讲大咖。

知识卡片：

现实主义作品的创作特点：一是用真实的细节反映社会生活，使读者（观众）如入其境。二是对现实的生活素材进行选择、提炼、概括出典型的形象，深刻揭示生活的本质特征。三是通过对现实生活客观具体的描写，从作品的场面和情节中自然地体现出作者的思想倾向和爱憎感情（表2-2-1）。

表2-2-1

评价项目	评价要点	权重	得分
思想	紧扣主题，观点鲜明，见解独到，内容充实	20	
印象	着装朴素，举止端庄，自然得体，风度翩翩	20	
语言	表达规范，文从字顺，吐字清晰，声音洪亮	20	
形象	精神饱满，运用肢体语言等来完美表达	20	
效果	有感染力、吸引力、号召力，能与听众感情相吻合	20	

任务二：

比较·辩论：比较"李杜"，赞心中的"诗圣"

唐代诗人中最耀眼的两颗星当属李白和杜甫。萝卜白菜各有所爱，在诗歌节中，不少同学就两位诗人谁更伟大的问题展开了激烈的辩论。请寻找角度，就李白、杜甫做一个比较，有理有据地表明自己的观点。

提示：

（1）可找两位诗人的生活年代、个性特点、诗作风格、诗歌成就等角度。

（2）可以找李白、杜甫的同题材诗作来比较，看他们的诗作风格。

（3）本次诗歌节主题为"扎根大地，向阳而生"，请为多大诗人杜甫代言。

探究成果展示：

（1）寓居之作：《静夜思》（李白）PK《月夜》（杜甫）。

（2）途径白帝城之作：《白帝》（杜甫）PK《早发白帝城》（李白）。

（3）总评：杜甫诗歌被称为"诗史"，杜甫被称为"诗圣"的原因。

（4）杜甫对后世的影响及当代"杜甫们"。

点评：这个活动，以"李白、杜甫两位诗人谁更伟大"辩论为圆心，扩展与这一问题有关的知识，让学生了解"诗圣"的忧国忧民情怀和博大胸襟。

班级贺子恒同学是一个李白迷，平时专门研究李白，这次转为研究杜甫，一份《"偶像"与"粉丝"》的文章新鲜出炉，让人眼前一亮。唐敏熙同学酷爱阅读，博览群书，但关注古诗词不多，这次活动热情参与，同学们对她的期待很高，她收获满满。

任务三：

展演·总结：书法、朗诵、课本剧作品

诗歌节遴选优秀书法、绘画、朗诵、课本剧、设计作品进行展示，请你发挥所长，用自己的方式，对这位伟大的现实主义诗人杜甫表达敬意。

要求：

（1）书法作品：用正楷字，写一首关于杜甫的诗歌的书法作品。

（2）课本剧：成立6～8人小组，选择《石壕吏》或《茅屋为秋风所破歌》，充分发挥想象，增加一些细节，改写成一则小故事后，编排成课本剧后展演。

（3）封面设计：为《扎根大地，向阳而生——走近"诗圣"杜甫》专题综合性学习图册制作腰封，设计封面。（提示：腰封可以适当运用比喻、对偶、排比等修辞，可以从杜甫其人、其时代、诗歌内容等方面综合考虑）

成果展示：

编排杜诗读本，整本唐诗专辑成果视频展示。

（1）评优表彰优秀作品拍照留念。

（2）撰写新闻稿，运用多媒体发布学习成果。

（3）学生谈活动收获，教师小结。

点评：这项分层设计任务，针对班级学生的特点、特长，保证了每一个学生都参与，发挥所长，激发了学生的设计兴趣，激活了学生的表演爱好。

【整体评价】

本次学习的核心任务是参加"书乡"诗歌节，学习杜甫的诗歌，设计一本杜诗读本，整体完成活动任务。通过这次专题学习，学生与诗人杜甫亲密接触，梳理、整合，补充了课内课外的杜甫诗歌，了解了其人其诗其风格，对杜甫这一爱国人士、伟大诗人、坚强男儿多了一份敬意。教师指导学生涵咏、体会诗歌的情感表达，理解诗歌，学校对学生的作品进行二次评价，鼓励学生有自己独特的理解，诗歌教学落到了实处。这次结合了演讲、辩论等开展的综合性阅读学习活动，取得了预期的效果。

【活动反思】

"教，是为了不教"，学生掌握了方法，好比得到了一把打开知识宝库的金钥匙，可以终身受用。在中华优秀传统文化主题教学研讨过程中，教师要尊重学生的个体差异，在学生心底播下一颗精神的种子，激发学生的潜能，值得推广。

诗歌综合性阅读学习活动要致力于语文学科核心素养的提高、听说读写的整合；要开展跨学科学习，走出校园与社会，与生活建立紧密的联系，让语文走出校园，走进社会，与生活建立紧密联系，为此，教师要深研新课标，变革观念，勇于实践。

千古风雅，大美诗词

——"古诗苑漫步"综合性学习活动设计

一、设计依据

语文综合性学习是语文课程中一种相对独立的教学形态，与传统的阅读教学、写作教学、口语交际教学等教学形态并立。在教材中，"相对独立"体现为独立安排的内容序列和独立设置的教学板块；在教学中，"相对独立"体现为它有独立的教学目标、教学时间和教学方式。本次"古诗苑漫步"综合性学习活动的设计依据有以下三个方面的内容。

（一）课程标准

2011版《义务教育语文课程标准》从识字与写字、阅读、写作、口语交际、综合性学习四个部分界定课程目标与内容，其中第四学段（7~9年级）"综合性学习"的课程目标有四点：①自主组织文学活动，在办刊、演出、讨论等活动过程中，体验合作与成功的喜悦。②能提出学习和生活中感兴趣的问题，共同讨论，选出研究主题，制订简单的研究计划；能从书刊或其他媒体中获取有关资料，讨论分析问题，独立或合作写出简单的研究报告。③关心学校、本地区和国内外大事，就共同关注的热点问题，搜集资料，调查访问，相互讨论，能用文字、图表、图画、照片等展示学习成果。④掌握查找资料、引用资料的基本方法，分清原始资料与间接资料的主要差别，学会注明所援引资料的出处。

2022版《义务教育语文课程标准》将课程目标调整为识字与写字、阅读与鉴赏、表达与交流、梳理与探究四个部分，其中新增的"梳理与探究"与2011版"综合性学习"有着千丝万缕的联系。"综合性学习"目标的1和3合并成为"梳理与探究"目标的第3点，"综合性学习"目标的2和4合并成为"梳理与探究"目标的第4点，而"梳理与探究"目标的1、2点是新增设的，其中目标1点是，按照一定的标准，分类整理学过的字词句篇等语言材料，梳理、反思自己语文学习的经验，努力提高语言文字运用能力，增强表达效果。目标的2点是，学习跨媒介阅读与运用，体会不同媒介的表达特点，根据需要选用合适的媒介呈现探究结果。

两版课程标准都强调了综合性学习的三大特点：整合性、实践性、语文性。2022新课标首次将整理学习资料、梳理学习经验以及跨媒介表达等内容写入课标，呼应了新时代学生学习的新需求，也为教师设计综合性学习活动提出了新挑战。

（二）统编教材

统编语文教材每册的综合性学习内容均分属三个序列："传统文化"序列，围绕传统文化中的一个关键词展开活动，使学生认识中华文化的丰厚博大，从中汲取民族文化智慧；"语文生活"序列，让语文学习化身为一次次精彩的语文活动，引导学生在活动中体会语言文字的魅力；"语文综合实践"序列，以非连续性文本的阅读为核心，指导学生综合处理各类文本，从中获取并筛选关键信息，综合运用语文能力分析问题、解决问题。

"古诗苑漫步"属于八年级下册综合性学习中的"语文生活"序列，通过诵古诗、品古诗、辑古诗三个活动，旨在帮助学生从多个角度体会古诗之美。

（三）学情分析

对于八年级学生来说，刚开始集中学习文言诗文，还远远谈不上系统学习，在整个初中阶段，文言诗文学习的主要任务都是强化语感、丰富积累，在此基础上适当梳理总结，使学生获得一些理性认识。因此，"古诗苑漫步"综合性学习目标不宜过难、过深，要体现出差异性和趣味性，使学生在语言文字运用的实践中，体会中国传统诗词文化的魅力。

二、活动目标

（1）以个性化的方式，展示自己对古诗词的理解。

（2）在积累、感悟、运用古诗词中，提高审美水平。

（3）感受诗词文化的魅力，激发学习诗词的热情。

三、活动过程

（一）活动准备

任务一：小组合作完成

尽可能多地搜集含有汉字数字的古诗词，准备挑战"飞花令——古诗词中的π"小组PK赛。

任务二：个人独立完成（二选一）

（1）选择一首自己喜欢的古诗词，声情并茂地朗诵或吟唱，可以配乐、配图，录制成视频。

（2）根据诗歌意境，选一首自己喜欢的古诗词，选择合适的字体进行书写（硬笔、毛笔皆可），并写一写选择这种字体的原因和书写感受。

设计意图：①搜集、整理古诗词语料，激发学习、积累古诗词的热情。②以"诵"促赏，在诵读中体会诗词情感；以"写"促赏，把书法创作与古诗理解相结合，把学科能力与艺术审美相结合，把学科素养与艺术审美相结合，培养审美情趣。

学习支架1：朗诵与吟唱（表2-2-2）

表2-2-2

形式	朗诵	吟唱	
共性	感情真挚、吐字清晰、节奏分明		
个性	用普通话，字正腔圆、带有情韵地朗读，既可表现声音抑扬顿挫之美，可传达情感信息，更能感染人	古唱： 郭沫若称其"接近于唱，也可以说是无乐谱的自由唱。"可用方言方音，没准谱，无定调，口耳相传，个性化色彩浓郁，形式风格多样化	今唱： 1.用今人为古诗谱的曲子。 2.用一些现成的曲谱与古诗词"联姻"，这种方法便捷好用，饶有趣味，更适合学生尝试

续 表

形式	朗诵	吟唱	
共性	感情真挚、吐字清晰、节奏分明		
学习资源	《岁月回响—2021重阳诗会》（央视） 经典朗诵视频集锦（优酷）	南怀瑾吟诵《清明》（哔哩哔哩） 臧克家吟诵《忆中州》（哔哩哔哩） 郦波吟诵《蒹葭》（优酷视频——河北卫视《读书》栏目）	1.邓丽君的《在水一方》，王菲的《水调歌头·明月几时有》。 2.李叔同的《送别》（"长亭外，古道边……"）配的就是一首外国曲子

学习支架2：汉字字体演变（表2-2-3）

表2-2-3

字体	朝代	特点	示例
甲骨文	商周时期	刻在龟甲或兽骨上。字形图画性较强，字体也不固定。由于是刀刻，字形线条比较纤细	
金文	商周时期	铸刻在铜器上。字形线条粗壮，早期象形性还很明显，西周之后，字形逐渐规整和美观	
小篆	战国时期秦国文字，秦统一六国后得到推行	字形结构稳定，线条圆转，粗细一致，象形意味已不太明显。现在常用于印章	
隶书	形成于战国晚期，通行于两汉	将篆书圆转的线条改为直笔或方笔，象形意味已完全消失，笔画简化，书写方便，汉字的点、横、撇、捺等基本笔画已经形成	
楷书	汉末产生。南北朝之后，楷书成为占统治地位的字体，一直通行至今	楷书字形方正，笔画规整平直，比隶书更加便于书写和认读	
草书	汉朝产生	结构简省、笔画连绵	

续 表

字体	朝代	特点	示例
行书	东汉末年	介于楷书、草书之间的一种字体，行书笔势没有草书那样潦草，也不像楷书那样端正	虎

活动准备阶段评价量表，见表2-2-4。

表2-2-4

任务	朗诵吟唱			书法配诗		
评价角度	节奏韵律	情感表达	整体效果	字体选择	书法创作	布局构思
学生自评						
组内互评						
组外监督						
教师评价						
评价等级：A——优秀；B——良好；C——合格；D——不合格。						

（二）活动实践

活动1："飞花令——古诗词中的π"小组PK赛

"飞花令"是指挑战者在规定时间内，完整说出一联含有约定关键字的诗句，说出的诗句不能与已经说过的诗句重复。

活动规则：

圆周率π是无限不循环小数，比赛时，各小组轮流说出圆周率π相对应的诗句，比如：π=3.14159265323……分别对应带有三、一、四、一、五、九……的诗句，回答不上或者超时表示挑战失败，剩余小组继续挑战，直至最后一小组，获得"飞花令"优胜小组。

活动2：自成曲调亦有情

古诗词可以朗诵，也可以吟唱，自成曲调亦有情。各小组根据成员准备阶段作品的完成情况，推选一成员代表小组进行现场古诗词朗诵或吟唱活动。

1.朗诵诗词

（1）学生活动：小组成员认真领会意境，揣摩语言，把握节奏，为选定的古诗词配上喜爱的乐曲作为背景音乐，声情并茂地朗诵。

（2）评价保存：一名同学朗诵时，其他小组担任评委，从读音吐字、节奏韵律、情感表现、整体效果四个角度根据评价量表进行评价。所有朗诵展示都全程进行录像，并通过二维码转换的方式保存下来（表2-2-5）。

表2-2-5

活动实践阶段评价量表——朗诵			
评价角度	A（10～9分）	B（8～7分）	C（6～5分）	D（4分及以下）
读音吐字	吐字清晰，字正腔圆，声音响亮	读音无误，声音响亮	读音基本准确，声音不够清楚响亮	读音有误，声音比较清楚
节奏韵律	准确把握古诗词节奏，正确运用重音、停连、节奏等技巧，朗读速度适中，抑扬顿挫	能够运用重音、停连等技巧，速度适中	朗读速度过快或者过慢，能有意识地使用朗读技巧	未使用朗读技巧，重音、停连等把握不当
情感表现	准确把握诗词内涵，声情并茂，朗诵富有韵味和表现力，能够很好地表达该诗歌的主题和内涵，具有感染力	准确把握诗词情感基调，具有感染力	诗词情感内涵表现不够，主题把握不出错	错误理解了诗词情感内涵
整体效果	精神饱满，体态大方，选择了恰当地配乐或适当地动作、表情，符合诗词的氛围，做到全程脱稿，呈现流利，能与观众产生共鸣	体态大方，朗诵流畅，与观众有眼神交流	朗诵基本能做到脱稿，较为流利	未做到脱稿，不够流畅

2. 和诗以歌

著名的央视节目《经典咏流传》中将中华经典诗词转化为优美的歌曲，用现代的唱法和曲调来演绎传统经典。我们的诗篇也可以尝试配上音韵转化为动听的旋律。

（1）学生活动：结合本组成员在活动准备中吟唱作品的完成情况，挑选合适吟唱的古诗进行改编或者学习模仿经典名曲，推选代表在班级进行现场展示。

（2）评价保存：一名同学吟唱时，其他小组担任评委，从曲调选择、情感把握、现场效果三个角度根据评价量表进行评价。所有朗诵展示全程录像，也通过二维码转换的方式保存下来（表2-2-6）。

表2-2-6

活动实践阶段评价量表——吟唱		
评价角度	A（10～8分）	B（7～5分）	C（4分及以下）
曲调选择	根据诗词情感基调，选择恰当的曲调，具有古典韵味，原创曲调额外加分	符合诗词的情感基调，曲调流行元素较多	曲调选择随意，不符合诗词意境
情感把握	吟唱者能够把握诗词的情感内涵，展现音韵美，平仄分明，抑扬顿挫，有恰当的肢体动作和面部表情	吟唱者对诗词情感的展现不到位，但音韵展现较为动听	吟唱者无法展现诗词的情感，准备不充分
现场效果	在现场演绎时，能够认真、完整、流畅地呈现作品，把控好时间，富有感染力，体态大方，可以适当配合乐器	呈现认真，完成作品，不够流畅，但体态相对大方	无法完整地呈现作品，体态拘谨

活动3：笔走龙蛇书古意

今天的中国人，能够诵读2500多年前的古诗词，有赖于汉字的传承。汉字经历了五千多年的发展，一步步走向成熟和普及，不同的字形又有不同的特点。学生在了解汉字字形特点的基础上，根据诗歌意境选择恰当的字体进行书写。

（1）学生活动：小组根据成员"书法配诗"作品的完成情况，推选一名同学进行现场分享，讲一讲选择这种字体的原因和书写感受。

（2）评价辑录：其他小组担任评委，从字体选择、书法创作、情感构思三个角度根据评价量表进行评价。所有学生"书法配诗"作品辑录成册，按照朝代先后顺序排列，请学生起一个新颖别致的名字，并设计封面（表2-2-7）。

表2-2-7

活动实践阶段评价量表——书法配诗		
评价角度	A（10～8分）	B（7～5分）	C（4分及以下）
字体选择	熟悉各类字体的特点，基于作品的内容和情感，选择适当字体	没有明显的字体特点，大致符合诗词内涵	随意选择字体，不符合诗词内涵
书法创作	能够结合对字体的理解，将诗词用书法形式呈现，美观大方，规制合理	书法作品美观大方	书写随意不认真

续 表

活动实践阶段评价量表——书法配诗			
评价角度	A（10～8分）	B（7～5分）	C（4分及以下）
情感构思	展示环节，能够结合作品内涵，阐释选择该字体的原因和写作感受，仪态大方，有感染力	基本把握作品内涵，能够进行介绍说明	声音不响亮，介绍不到位

（三）活动作业（二选一）

（1）结合自己的生活体验，根据诗词格律学习支架和创作卡片提示，创作一首古诗词。

（2）古诗词"周边"——为你喜欢的一首诗词，手工制作一种文创产品（如书签、明信片、笔筒、扇子、收纳盒……）

设计意图：①在咬文嚼字中，感受诗词的韵律美。②运用古典诗词的元素，拓展思维，进行有创意的实践活动。

学习支架：诗词格律（表2-2-8）

表2-2-8

古诗词创作卡片	班级：	姓名：		
体裁	五言绝句（　　） 七言绝句（　　） 五言律诗（　　） 七言律诗（　　） 词（　　　　） 词牌名：_____			
主题	思乡怀人（　　） 咏物言志（　　） 咏史怀古（　　） 山水田园（　　） 其他：_____			
格律				
作品				

借你一双慧眼，展示珠海之魅

——统编初中语文教材 "身边的文化遗产" 综合性学习活动设计

一、活动教学内容及解析

（一）内容：活动核心素养结构图（图2-2-1）

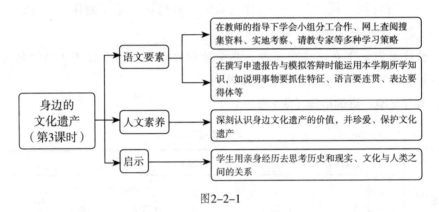

图2-2-1

（二）内容解析

统编教材八年级上册第六单元综合性学习 "身边的文化遗产" 设置了 "文化遗产推荐与评选" "实地考察，搜集资料，撰写申请报告" "班级召开模拟答辩会" 三个环节，本课重点展示最后一个环节。

学生已经分别在第一单元进行了口语交际 "讲述" 训练、第三单元进行了写作 "学习描写景物" 训练、第四单元进行了写作 "语言要连贯" 训练、第五单元进行了写作 "说明事物要抓住特征" 训练、第六单元进行了写作 "表达要得体" 训练等，本节课是学生在第一、二课时（了解文化遗产的定义、分类、面临的问题、保护措施、保护的意义，认识身边的文化遗产）的基础上综合运用这些知识的体现。

另外，本节课主要由学生组织，参与文化遗产模拟答辩会，通过 "跨学科学习" 拓展型学习任务群的方式，来达到以文化人的目的，发展学生的核心素养。

二、课文学习目标及解析

（一）学习目标

（1）学生在小组合作的前提下，能围绕一个项目自信、积极地展示成果，回答评委提问。

（2）展示的内容能充分体现本学期所学知识，如说明事物要抓住特征等。

（3）能利用合适的语言提示和眼神交流吸引听众的注意力。

（4）能说出并写下自己聆听后的感受，与其他同学分享。

（5）深刻认识身边文化遗产的价值，并珍爱、保护文化遗产。

（二）目标解析

达成上述目标的效果是：

（1）学生明确自己在小组内的身份、任务，利用网络、实地考察、请教专家等多种学习策略对信息进行提炼、归纳、总结。

（2）在教师的指导下明确任务，按要求调整、修改、预演，最终完成报告、项目展示、答辩。

（3）通过同学的活动展示与自己的写作，增强珍爱与保护文化遗产的意识。

（三）素养目标（表2-2-9）

表2-2-9

内容方面	教学行为		核心素养			
	老师行为	学生行为	1	2	3	4
导	1.从第一、二课时学习的关于文化遗产的知识引入，通过图片回顾小组的分工合作、教师指导的情况，吸引学生的兴趣，从而展开本节课的学习。 2.介绍展示小组陈述的五大板块	学生明确展示组展示的板块		思维发展与提升	审美鉴赏与创造	

续 表

内容方面	教学行为		核心素养			
	老师行为	学生行为	1	2	3	4
悟	教师在四个答辩小组答辩后随时总结	学生主持模拟答辩会，包括展示组展示、评委提问、统分员统分等环节	语言建构与运用	思维发展与提升	审美鉴赏与创造	文化传承与理解
用	教师对全部活动内容进行总结	由学生发言，评说自己最喜欢的小组。根据评分给展示组排名并颁奖	语言建构与运用	思维发展与提升	审美鉴赏与创造	文化传承与理解
改	布置以"我与文化遗产"为话题的片段练习或作文	学生通过写作，加深对文化遗产保护的认识和思考	语言建构与运用	思维发展与提升	审美鉴赏与创造	文化传承与理解

三、教学重点、难点

(一)重点

（1）在教师的指导下学生能充分展示多种学习策略的运用，如小组分工合作、网上查阅搜集资料、实地考察、请教专家等。

（2）在教师的指导下，学生在撰写的申遗报告中、模拟答辩、分享感受时能体现本学期所学知识，如说明事物要抓住特征、语言要连贯、表达要得体等。

（3）深刻认识身边文化遗产的价值，并珍爱、保护文化遗产。

(二)难点

（1）在教师的指导下，学生在撰写的申遗报告中、模拟答辩、分享感受时能体现本学期所学知识，如说明事物要抓住特征、语言要连贯、表达要得体等。

（2）深刻认识身边文化遗产的价值，并珍爱、保护文化遗产。

四、教学问题诊断分析

问题1：学生撰写的模拟申遗报告和展示答辩的准备欠缺。

应对策略：教师明确指出问题所在，指导学生进行有针对性的修改、排练。

问题2：学生评委的提问没有针对性或深度不够。

应对策略：要求学生评委通过查阅资料充分了解每项申遗项目，学生草拟问题，教师给予修改意见。

问题3：非展示组学生注意力不够集中，未有强烈的参与感。

应对策略：给每个学生下发学习任务单和设置互动环节、发言环节，督促每个学生全程参与。

五、教学过程

（第三课时）

（一）课前学习任务

（1）展示组制作模拟申遗项目答辩PPT，完成《文园中学2021年珠海优秀文化遗产模拟申请报告》。

（2）非展示组特别是学生评委查阅、熟悉展示组所选择的模拟申遗项目，草拟问题。

（3）学生主持人撰写主持词、统分员熟悉统分规则、计时员做好提醒的牌子。

（4）全体学生了解评价规则、答辩流程。

（二）教学资料准备

展示组的《文园中学2021年珠海优秀文化遗产模拟申请报告》《文园中学2021年珠海优秀文化遗产模拟答辩评价表》《文园中学2021年珠海优秀文化遗产模拟答辩会学习任务单》、奖状奖品。

（三）课堂教学实践

1. **导：联想与结构**

同学们，两周前我们学习了关于文化遗产的知识，课后在教师的指导下进行了小组分工合作，选定了最感兴趣的珠海文化遗产，并进行了实地考察、资料搜集整理、制作申遗报告等一系列活动。我们从若干个小组中，挑选了最具代表性的四个小组参加文园中学2021年珠海优秀文化遗产模拟答辩大会，这些同学将从项目概述、人文与历史价值、保护现状及面临的问题、拟采取的保护措施、申遗的意义五个方面进行展示，他们会为我们带来怎样的精彩呢？大家拭目以待。另外，每个小组答辩时，同学们要认真聆听，并选出你最喜欢的小组并说出理由，写在本节课的学习任务单上。

话不多说，下面有请主持人常天昊登场。

2. 悟：活动与体验

（1）主持人宣布评分规则、答辩流程。

① 评分规则

A. 答辩总分为100分，评委分别从五个方面进行评分，每个方面20分。这五个方面分别是：报告撰写合理规范、成果展示准确完整、重点突出，表达清晰流畅、有感染力，成果展示有亮点（创意），答辩发挥出色。

B. 展示组需在6分钟内完成模拟申遗项目的展示，5分30秒由记分员黄牌提醒，6分钟红牌提醒，超时酌情扣分。

C. 评分按去掉一个最高分和一个最低分，所得平均分为选手的最后得分。

D. 本次模拟答辩根据综合得分，评出最佳风采奖、最佳创意奖、最佳展示奖、最佳文案奖，并颁发奖状。

② 模拟答辩流程：答辩代表陈述→答辩评委提问→评委打分→同学发言、教师点评→统计分数、评选优秀小组、颁奖。

③ 课后收集同学们的学习任务单，评选出最受欢迎小组（表2-2-10）。

表2-2-10

小组	模拟申遗项目
①张家扬组（陶俊希、杨健麟、尹睿童）	接霞庄
②黄靖媛组（周璀伊、胡清雯、容晓晴、吴雨桐、蔡淳曦）	客家咸茶
③廖芷萱组（李恺潞、杜与洋、谭浩然）	斗门古街
④梁琼组（毛明哲、王瑞哲、梅曦瑞）	斗门水上婚嫁

（2）以上小组的学生按表格顺序进行展示，并回答答辩评委提问。

（3）评委团按规则打分，由统分员进行统分；教师在第一、三组答辩后进行小结；其他学生完成学习任务单。

3. 用：本质与变式

（1）小组展示：

张家扬组：全部成员上台讲解。

黄靖媛组：黄靖媛、周璀伊、胡清雯讲解，其他组员制作咸茶并分发给大家品尝。

廖芷萱组：由组长一人展示，其他组员做后勤。

梁琼组：组长一人讲解，其他三人演示新郎上头仪式。

（2）小组全部展示完毕，由学生发言，说说自己最喜欢的小组。

（3）教师对以上活动进行总结。

接霞庄里有三巨头，好吃景美历史厚。

家扬组开场不怯场，条理清楚语言溜。

有幸品尝客家咸茶，制作吸睛滋味绝。

靖媛组展示有创新，表演表达不脱节。

斗门古街的骑楼美，岭南侨乡特征显，

芷萱组资料整理全，答辩完美亮功底。

水上婚嫁引人好奇，民俗文化要铭记。

梁琼组形式很多样，详略得当有亮点。

陈述的理由有高下，认真聆听勤思考。

同学发言为何精彩，运用所学是王道。

（4）统分组根据分数排名，奖状纸制作员制作好奖状，并进行颁奖。（如时间不够可课后进行）

4. 改：迁移与应用

教师课堂总结：

通过今天的课程，相信同学们不仅知道了如何运用本学期所学知识、如抓住特征说明事物、语言连贯、表达要得体等完成综合性学习，而且对文化遗产有了更多的了解和关注，也希望同学们在今后的生活中，能够自觉保护与传承我们优秀的文化遗产。

5. 板书设计

身边的文化遗产

综合运用所学知识　用心保护文化遗产

6. 布置作业

（1）（必做）认真完成学习任务单。

（2）以"我与文化遗产"为话题，自拟题目，谈谈你对文化遗产保护的认识和思考：

（必做）写一段话，300字左右，写在作文本上。

（选做）写一篇作文，不少于500字，写在作文本上。

（四）评：教学反思　成效评价

八年级上第六单元的"身边的文化遗产"专题，活动准备一个月，活动展示用三个课时完成。第一节课学习关于文化遗产的知识，激起学生的兴趣，鼓励每个学生利用假期去寻找珠海最美的文化遗产，以文字的形式推荐给大家，可以有照片、有采访等。收上来的作业很让人惊喜，几乎每个学生都认真对待了这项作业，有些学生不仅写了要求的三百字，有些学生还配有精美的照片、充分发挥了绘画能力给文字配上的插图。第二个课时我就将优秀的作业展示给学生，并且总结归纳了全体学生所选的文化遗产名目，并再次布置任务：自由组队（4~6人）完成文化遗产的申请报告，最终形成八组八个项目，分别是三灶鹤舞、苏兆征故居、斗门水上婚嫁、梅溪牌坊、会同村、接霞庄、斗门古街、客家咸茶。我及时下发申请报告的模板，并且告知具体操作的内容，如小组如何分工合作、实地考察注意什么、注重资料搜集与整理不能仅限于网络，相关的研究文献书籍也很重要等。在学生操作过程中我能及时解决学生的问题。等学生组队上交申遗报告，我邀请了四位同事共同选出四个小组参加第三个课时的展示。第三课时就是最终的展示内容，斗门水上婚嫁、接霞庄、斗门古街、客家咸茶四组脱颖而出，进行了模拟答辩会。接霞庄组集体上台以相声的形式介绍自己的项目；客家咸茶组现场制作咸茶请大家喝；斗门古街组虽然只派了组长上台，但她严密的逻辑与良好的表达能力征服了大家；斗门水上婚嫁组既有婚礼仪式的展示，又有视频的播放，形式多样，让大家对这项民俗有了更深的了解。每组陈述完后还参与了由师生共同组成的答辩评委的提问。评委从报告撰写合理规范，成果展示准确完整、重点突出，表达清晰流畅、有感染力，成果展示有亮点（创意），答辩发挥出色五个方面进行打分（每一项20分，共100分）。当然其他非展示的同学也不闲着没事干，他们手里有一张学习任务单，需要认真聆听才能选出自己最喜欢的小组并说出理由。活动由学生主持，还有统分员、记分员。所以在第三个课时中，每个学生各司其职，始终体现了学生的主体作用。当然教师要发挥主导作用，及时对每一组或学生发言进行点评，提醒学生综合性学习不只是热闹的活动，更重要的是要落实我们所学的知识，如说明事物要抓住特征、表达要连贯、语言要得体等，更好地落实听、说、写三个维度的目标，也达到让学生真正地珍爱优秀文化遗产的效果。当然这个教学设计在落实的时候还有不足之处，如我唯独没有在第三组展示之后及时点评，虽然在最后全部总结处有提到第三组的精彩，但显得教师的反馈不及时；再就是颁奖环节放在课堂上导致了课堂时间延长。这些都是需要在今后的教学过程中反思改进的。

附：

2021年珠海优秀文化遗产模拟申请报告

项目名称
一、项目概述
包括遗产类别（物质或非物质文化遗产）、所在地、基本情况介绍
二、人文、历史价值
三、保护现状及面临的问题
四、拟采取的保护措施
五、申遗的意义

2021年珠海优秀文化遗产模拟答辩评价表

模拟申遗项目	
评价内容	打分
报告撰写合理规范（20分）	
成果展示准确完整、重点突出（20分）	
表达清晰流畅、有感染力（20分）	
成果展示有亮点（创意）（20分）	
答辩发挥出色（20分）	
总分（100分）	

2021年珠海优秀文化遗产模拟答辩会学习任务单

小组	模拟申遗项目
1.张家扬组（陶俊希、杨健麟、尹睿童）	接霞庄
2.黄靖媛组（周璀伊、胡清雯、容晓晴、吴雨桐、蔡淳曦）	客家咸茶
3.廖芷萱组（李恺潞、杜与洋、谭浩然）	斗门古街
4.梁琼组（毛明哲、王瑞哲、梅曦瑞）	斗门水上婚嫁
你最喜欢_____组展示的_____项目，理由是： 	

款款灯笼情，浓浓中国味

一、活动教学内容及解析

（一）内容：活动核心素养结构图（图2-2-2）

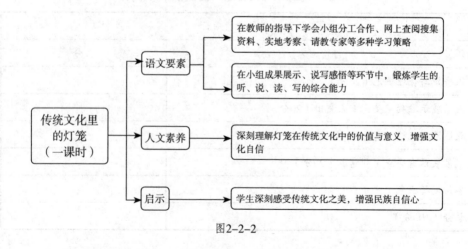

图2-2-2

（二）内容解析

八年级下册第一单元的四篇课文（《社戏》《回延安》《安塞腰鼓》《灯笼》）为我们展示了一幅幅民俗风情画卷。而学习了吴伯箫的《灯笼》，我们知道了灯笼承载着传统文化；灯笼与村民生活不可分离；灯笼是乡村艺术的重要构成与文化符号；灯笼装点了乡村的节日；灯笼具有深厚的历史文化积淀，是民族文化的重要组成部分。

为了让学生更深入、系统地了解灯笼，因此教师设计了一次关于灯笼的综合性学习。

王荣生教授主编的《语文综合性学习教什么》中强调，语文是有门槛、有边界的。因此语文的综合性活动不能搞成劳动课或其他课，而是应该将焦点放在阅读、写作和口语交际上。再加之八上第一单元的单元目标之一是"理解民俗的价值和意义"，因此这次关于灯笼的综合性学习限定在"传统文化里的灯笼"，活动的设计都指向语文学科，旨在锻炼学生的听、说、读、写能力。

二、课文学习目标及解析

（一）学习目标

（1）学生在小组合作的前提下，能围绕主题自信、积极地展示成果。

（2）展示的内容能充分运用初中语文所学知识，如说明事物要抓住特征、语言要连贯、表达要得体等。

（3）展示的学生能利用合适的语言提示和眼神交流吸引观众的注意力。

（4）非展示的学生能说出并写下自己聆听后的感受，与同学分享。

（5）学生深刻理解灯笼在传统文化中的价值与意义，增强文化自信。

（二）目标解析

达成上述目标的效果是：

（1）学生明确自己在小组内的身份、任务，利用网络、实地考察、请教专家等多种学习策略对信息进行提炼、归纳、总结。

（2）在教师的指导下明确任务，按要求调整、修改、预演，最终完成成果展示。

（3）通过展示与写作，感受传统文化之美，增强文化自信。

(三) 素养目标 (表2-2-11)

表2-2-11

内容方面	教学行为		核心素养			
	老师行为	学生行为	1	2	3	4
导	1.从吴伯箫的《灯笼》一课引入"传统文化里的灯笼"这一主题,通过图片回顾小组的分工合作、教师指导的情况,吸引学生的兴趣,从而展开本节课的学习。 2.介绍展示的四个小组	学生明确展示组展示的内容		思维发展与提升	审美鉴赏与创造	
悟	教师在小组展示后随时总结	展示组展示,其他同学可提问或说说自己的感受	语言建构与运用	思维发展与提升	审美鉴赏与创造	文化传承与理解
用	教师对全部活动内容进行总结	学生就今天关于"传统文化里的灯笼"的学习内容,思考1分钟后,说说感悟	语言建构与运用	思维发展与提升	审美鉴赏与创造	文化传承与理解
改	布置以"传统文化里的灯笼或其他物品"为话题的小练笔	学生通过写作,加深对传统文化的认识和思考	语言建构与运用	思维发展与提升	审美鉴赏与创造	文化传承与理解

三、教学重点、难点

(一) 重点

(1) 在教师的指导下,学生能充分展示多种学习策略的运用:小组分工合作、网上查阅搜集资料、实地考察、请教专家等。

(2) 在教师的指导下,学生在展示等环节能充分运用初中语文所学知识,如说明事物要抓住特征、语言要连贯、表达要得体等。

（3）帮助学生深刻理解灯笼在传统文化中的价值与意义，增强文化自信。

（二）难点

（1）在教师的指导下，学生在展示等环节能充分运用初中语文所学知识，如说明事物要抓住特征、语言要连贯、表达要得体等。

（2）帮助学生深刻理解灯笼在传统文化中的价值与意义，增强文化自信。

四、教学问题诊断分析

问题1：学生对问题挖掘深度不够，导致展示内容重复或提问没有针对性。

应对策略：教师明确指出问题所在，指导学生有效利用网络资源（甚至是论文）进行有针对性的修改、预设，突出展示内容的特点。

问题2：非展示学生注意力不够集中，没有强烈的参与感。

应对策略：给每个学生下发学习任务单和设置互动环节，督促每个学生全程参与。

五、教学过程

（1课时）

（一）课前学习任务

（1）抽签分小组，共4个小组，每组12人。任务如下（表2-2-12）：

① 寻找生活中的灯笼（说明灯笼出现的场合、样式、颜色、材质、用途、文化意义）。

② 寻找历史中的灯笼（起源、分类、文化意义）。

③. 寻找文学中的灯笼（按灯笼的文化意义分类）。

④ 寻找非遗文化中的灯笼（发展历史、特点、文化意义）。

（2）每个小组选出一名小组长。全体组员都要搜集材料（越全越好），组长负责整理归纳、PPT制作、讲解等任务。

（3）准备时间：一个星期。

表2-2-12

活动前的准备			
小组名称			
活动目的			
分工	负责人	任务	途径
预设困难			
预设活动效果			

（4）强调事项：

①人人平等、人人参与。

②认真完成有个人与小组的加分。

③组员之间、学生与教师之间及时沟通交流。

④非上台展示的同学做好提问准备。

（二）教学资料准备

"传统文化里的灯笼"综合性学习活动任务单

（三）课堂教学实践

1.导：联想与结构

同学们，第一单元的四篇课文（《社戏》《回延安》《安塞腰鼓》《灯笼》）为我们展示了一幅幅民俗风情画卷，特别是吴伯箫的《灯笼》，让我们知道了灯笼承载着传统文化。其实，在我们日常生活中、在历史长河里、在文学作品中、在非遗文化里随处可见灯笼的身影。

经过一个星期的分工合作，同学们分别从这四个角度对灯笼进行了深入的了解与挖掘，最终成果如何呢？下面有请小组代表上来展示成果，后进行互动环节；非展示的同学认真倾听，并做好笔记，积极提问，认真完成本节课的学习任务单。

2. 悟：活动与体验

第一小组展示：生活中的灯笼

关键词：喜庆、热闹

（1）雪容融

出现场合：2022年北京冬残奥会。

样式：传统椭圆形灯笼样式，红色，顶部覆盖雪花。

用途：冬残奥会吉祥物。

文化意义：是欢乐喜庆节日气氛和"瑞雪兆丰年"美好寓意的完美结合，表达了共同参与、共同努力、共同享有的办奥理念。

（2）志愿者灯笼

出现场合：2022年北京冬奥会闭幕式。

样式：偏立方体，红色，带镂空设计。

用途：国际奥林匹克运动员委员会委员给6名志愿者代表送上红灯笼。

文化意义：表达感谢之意。

（3）元宵节灯笼

出现场合：2022年元宵节文园中学校内。

样式：五花八门，红色为主，兼有其他颜色，不少是红包做成的，也有用宣纸糊成的长方体灯笼，有画有诗句，有些挂有灯谜。

用途：庆祝元宵节。

文化意义：庆祝传统佳节，寄托人们美好的祝愿。

（4）开国大典灯笼

出现场合：1949年天安门开国大典。

样式：传统椭圆形灯笼样式，红色，高2.4米，直径2.6米，重约80千克，灯笼上下部贴有金黄色的如意云纹，底部配有黄色灯穗。

用途：装饰天安门，庆祝新中国的诞生。

文化意义：庆祝重要时刻。

（5）婚庆灯笼。

出现场合：新房。

样式：传统椭圆形灯笼样式，红色，纸质镂空型。

用途：装饰新房。

文化意义：喜庆，祝福新人婚姻生活幸福美满。

（6）街区装饰灯笼

出现场合：普通街道、景区等。

样式：传统椭圆形或圆柱形灯笼样式，红色较多。

用途：装饰街道、景区。

文化意义：包含美好祝愿，或体现传统文化，渲染热闹气氛。

小结： 日常生活中灯笼的文化意义

①庆祝重要时刻，如建国、冬残奥会、结婚等。

②表达感谢之意。

③庆祝传统佳节，寄托人们美好的祝愿。

④体现传统文化，渲染热闹氛围。

互动环节： 师生提问或点评

第二小组展示：历史中的灯笼

关键词：悠久、繁多

（1）灯笼的起源

纸糊灯笼最早出现在东汉。据《中国民俗辞典》记载，东汉明帝提倡佛教，于上元夜在宫廷、寺院"燃灯表佛"，令士族庶民一律挂灯。此后，这种佛教礼仪便演变成民间盛大节日。汉明帝下旨在每年的正月十五夜，家家户户悬灯礼佛。

以照明用具而言的灯笼，则最早始于战国，《楚辞·招魂》中："兰膏明烛，华镫错些。""镫"古同"灯"；以蜡烛燃灯而言，则文字记载最早见于南朝宋刘义庆《世说新语》中"何不炳烛乎？"

据《旧唐书》载："景龙四年（710年），上元夜帝与皇后微行观灯……是夜放宫女数千人看灯。"元宵节赏灯一直延续至今。

（2）灯笼的分类

从种类上，灯笼有宫灯、纱灯、吊灯等（前两者最为著名）。

从造型上，灯笼有人物、山水、花鸟、龙凤、鱼虫等不同的种类，除此之外还有专供人们赏玩的走马灯。

中国的灯笼综合了绘画艺术、剪纸、纸扎、刺缝等工艺，利用竹、木、藤、麦秆、兽角、金属、绫绢等材料制作而成。

①宫灯

宫灯，又称宫廷花灯，是中国灯笼中富有特色的手工艺品之一。其制作工艺复杂，一般先以细木为骨架，做成八角、六角或四角形，然后在骨架之间镶以绢纱和玻璃，外绘各种图案，一般形制较大，悬挂在厅堂梁上。由于长期为宫廷所用，除去照明外，宫灯还要配上精细复杂的装饰。

②纱灯

纱灯，即用薄纱糊成的灯笼。

纱灯古时大都用竹制灯架，蜡烛照明；现多用钢丝制作灯架，电灯泡照明。能画善诗的文人雅士觉得灯笼的制作简单，灯面单调，没有遐想和品味的余地。相传宋代著名画家米芾曾于绢纱上作画，创造了不是圆形且能通过光线映射灯内花鸟人物神态的纱灯。

纱灯大致分为三类：一类用楠木制作的"纱灯"，这种纱灯成正方形，四面绷上纱绢，在纱绢上绘以各种人物图画。纱灯可装可拆，保存方便，能反复使用。二是仿北京的宫灯，这是一种用紫檀木制作的六角形雕花"彩灯"。三是家家户户门前悬挂的木制"方框灯"。这种灯年年使用，年年裱糊，可在灯面上题诗作画。

③新娘灯

新娘灯代表婚礼喜庆。

④竹篾灯

竹篾灯告示这是丧葬场合。

⑤伞灯（字姓灯）

因"灯"与"丁"语音相同，伞灯意味着人丁兴旺。所以，过去每家都有字姓灯，悬挂在屋檐下和客厅中。灯的一面是姓氏，另一面是祖先曾经担任过的官名，如"谢"姓，其祖上曾为太子少保，"郑"姓，其祖上曾为是延平郡王等。

⑥吉祥灯

吉祥灯的一面是姓氏或神的名字，另一面是八仙（吕洞宾、何仙姑等）、福禄寿三星等吉祥图案。

⑦官灯

官灯上所绘的字和图，与一般灯相同，不过底是黑色，字是金色，只有得到皇帝御赐，才能悬挂这种灯笼。

小结：灯笼的文化意义

①佛教庆典装饰。

②庆祝传统节日（春节、元宵节）。

③庆祝婚礼。

④祭奠逝世的人。

⑤表明人物身份、地位。

⑥寄托美好祝福、希望。

互动环节：师生提问或点评

第三小组展示：文学中的灯笼

关键词：神话、象征

（1）具有神话色彩的灯笼

①传说有一只迷路人间的神鸟被猎人射死。天帝震怒，下令让天兵于正月十五日把人间的人畜财产通通烧死。

天帝的女儿心地善良，偷偷将这个消息告诉了人们。有个老人家想出个法子，在正月十四到十六日这三天，每户人家都在家里张灯结彩，点响爆竹，燃放烟火，让天帝误以为人们都被烧死了。后来天帝果然上当。为了纪念这次成功，从此每到正月十五，家家户户都悬挂灯笼，放烟火来纪念这个日子。

②传说姜子牙封完神后，自己却没有什么司职，只在某位神仙出游时，他给打替班。大年三十众神都归位，姜子牙却没有地方可去，百姓见他可怜，就在高杆头点一盏灯，让他在灯下蹲上一夜。久而久之，人们就形成了点灯笼的习俗。

③（清）《聊斋志异》中的《卷三·犬灯》《卷四·双灯》：灯成精，幻化成人的故事。

（2）庆祝节日的灯笼

①（唐）李商隐《观灯乐行》："月色灯山满帝都，香车宝盖隘通衢（qú）。"

②（宋）辛弃疾《青玉案·元夕》："众里寻他千百度，蓦然回首，那人却在灯火阑珊处。"

③（明）张岱《陶庵（ān）梦忆》中的《卷六·绍兴灯景》《卷八·龙山放灯》：分别描写了绍兴的灯景、讲龙山的挂灯以及游人如织观灯的故事。

④（清）吴敬梓《儒林外史》：第2回讲薛家集上的乡绅讨论春节举办龙灯会的事情。

⑤（元末明初）施耐庵《水浒传》：第72回宋江、李逵等人在元夜到东京赏灯，"转过马行街来，家家门前扎缚灯棚，赛悬灯火，照耀如同白日，正是楼台上下火照火，车马往来人看人。"

（3）表达个人情感的灯笼

①邯郸驿里逢冬至，抱膝灯前影伴身。（思念家乡）

——（唐）白居易《邯郸冬至夜思家》

②桃李春风一杯酒，江湖夜雨十年灯。（思念朋友）

——（宋）黄庭坚《寄黄几复》

③醉里挑灯看剑，梦回吹角连营。（希望在战场杀敌）

——（宋）辛弃疾《破阵子·为陈同甫赋壮词以寄之》

④三更灯火五更鸡，正是男儿读书时。（劝人勤奋学习）

——（唐）颜真卿《劝学诗》

⑤半盏屠苏犹未举，灯前小草写桃符。（过节心情愉快）

——（宋）陆游《除夜雪》

（4）象征身份地位的灯笼

①（清）吴敬梓《儒林外史》：如第22回牛玉圃在去拜访万雪斋的船上挂上"两淮公务"的灯笼。

②张艺谋电影《大红灯笼高高挂》：改编自苏童的小说《妻妾成群》，电影以大红灯笼为线索，讲述了民国年间一个大户人家的几房姨太太争风吃醋，并引发一系列悲剧的故事。电影里的灯笼不仅代表着传统封建礼教对女性的束缚，也暗含着陈府中女人的地位和旧时代女性对男性的依附现实，即"老爷去哪个屋，哪个屋就可以点灯"，从侧面展现了影片对中国传统封建礼教的严厉控诉。

（5）象征人性美的灯笼

①（宋）朱熹《朱子语类》："且如此灯，乃本性也，未有不光明也。气质不同，便如灯笼用厚纸糊，灯便不甚明；用薄纸糊，灯便明似纸厚者；用纱糊，其灯又明矣；撤去笼则灯之全体著见。"朱熹用灯笼比喻提出积极向善的

153

人性美的观点。

②当代作家陈力娇的长篇小说《红灯笼》：讲述了东北小城一对普通夫妇对兵工事业从憧憬、误解、猜疑和拒绝，到遇见枪械工程师的女儿李兰君，才从迷茫和绝望中觉醒过来，最后完成自我救赎并归于大爱。李兰君如同红灯笼一样，是具有英雄气质的女性，散发无穷魅力，是真善美的化身。

小结：文学中的灯笼的文化意义

①具有神话色彩。

②庆祝节日。

③表达个人情感。

④象征身份地位。

⑤象征人性美。

互动环节：师生提问或点评

第四小组展示：非遗文化中的灯笼

关键词：智慧、传承

（1）"汴京灯笼张"

①历史

在河南开封，张家世代做灯，1901年，慈禧回京路过开封，河南巡抚松寿为慈禧建行宫，张弘奉命率家人工匠为慈禧的行宫做灯，慈禧入住大加赞赏。清史载："行宫陈设壮丽，俨然有内廷气象，甚为满意。"张弘一鸣惊人，汴梁人称张弘为"汴京灯笼张"。从此，此名成了张家的金字招牌。

②特点

汴京灯笼张种类较多，从清代至今，传承下来了无骨灯、有骨灯、彩扎灯、走马灯、万眼罗灯、木版年画灯、造型灯等十几个品种，其中造型灯又分七大类。

"汴京灯笼张"涵盖了彩灯中的大部分种类，且地域特色明显，如木版年画灯，它突出朱仙镇木版年画的特点，以粗圆的线条、大红大绿的颜色描绘彩灯，吉祥喜庆，深受民众喜爱。此外，"汴京灯笼张"的第七代传人还在原有种类的基础上，汲取传统木雕、砖雕的艺术营养，拓展了灯面题材，给人耳目一新的感觉，推动了彩灯艺术的发展。

（2）苏奇灯笼

①历史

苏奇灯笼，发源于河南安阳县苏奇村，身怀印花布和纸扎工艺的民间艺人苏三德综合前人的智慧，把木版年画、灯彩的工艺和自身的技艺结合起来，制作出一种一尺见方、小巧玲珑且印有小型装饰性年画的纸灯笼。

②特点

苏奇灯笼最有名的是灯笼上的绘画，其题材多种多样，以表现老百姓喜闻乐见、耳熟能详的历史人物和神话传说、吉祥文字、戏曲文化、花鸟鱼虫为主，如"古城会""桃园三结义""华容道"等。

（3）硖石灯彩

①历史

硖石灯彩主要流传于浙江省海宁市硖石镇，早在唐僖宗乾符年间（874—879年），硖石灯彩即已誉满江南。它是中国浙江著名的传统民间工艺美术，又是海宁三大文化（灯文化、潮文化、名人文化）之一，以针刺工艺独树一帜，堪称"江南一绝"，誉满海内外。

②特点

硖石灯彩工艺独特，其制作主要以拗、扎、结、裱、刻、画、针、糊"八字技法"见长，尤以针刺花纹精巧细美取胜，制作精巧，细腻秀丽，玲珑剔透，经千百年的锤炼，成为集声、光、电、建筑、书、篆、画等多种艺术于一体的传统手工艺品。

（4）西兴灯笼

①历史

西兴灯笼始于南宋，当时宫廷所用灯笼均出自浙江西兴。此地是两浙门户、浙东运河之头，人文荟萃，商业发达，又因官吏、客商过往频繁，投宿者晚间需照明用具，所以西兴灯笼业特盛。编制灯笼成为西兴妇女的一门手艺和家庭副业。西兴灯笼销往省内外。西兴本地的灯笼师傅经常到外地开灯笼店，受到当地百姓喜爱。

②特点

西兴灯笼是一种具有上千年历史的传统手工艺品，以竹子（淡竹、杠竹）做灯身，用桃花纸覆盖，制作精良，工艺复杂，要求甚高，故别处无法仿制，为西兴特有，具有很高的历史价值和艺术价值。

小结：非遗文化中的灯笼的文化意义

①灯笼作为传统文化的重要组成部分，具有极强的文化承载意义。

②凝聚了中国千百年来劳动人民的智慧。

③大大增强了我们的民族认同感。

④是我们增强文化自信的重要载体。

互动环节：师生提问或点评

3. 用：本质与变式

（1）教师对以上活动进行总结：

①生活中的灯笼——喜庆、热闹。

②历史中的灯笼——悠久、繁多。

③文学中的灯笼——神话、象征。

④非遗文化中的灯笼——智慧、传承。

（2）由学生发言，说说自己感触最深的地方。

4. 改：迁移与应用

（1）课堂总结

通过今天的课程，相信同学们不仅锻炼了自己的听、说、读、写能力，而且对传统文化中的灯笼有了深刻的认识，希望同学们不断地从我国优秀的传统文化中汲取养分，做一个积极自信的中国人。

（2）布置作业（二选一）

① 就今天关于"传统文化里的灯笼"的学习内容，你有什么感受，请写300字左右的感悟。

② 除了灯笼之外，饺子、中国结、舞狮等也具有浓厚的中国传统文化内涵，请你用今天所学，选其中一个进行阐述，300字左右。

（四）板书设计

款款灯笼情，浓浓中国味

——"传统文化里的灯笼"综合性学习

生活中的灯笼——喜庆、热闹

历史中的灯笼——悠久、繁多

文学中的灯笼——神话、象征

非遗文化中的灯笼——智慧、传承

附：

"传统文化里的灯笼"综合性学习之任务单

小组	特点（可从小组展示或内容方面写）
生活中的灯笼	
历史中的灯笼	
文学中的灯笼	
文学中的灯笼	

你感触最深的地方是：_____

_____

_____

_____

_____

_____

_____

请擦亮我们"诚信"的金字招牌

——《人无信不立》综合性学习活动

【设计说明】

　　"信"，即诚信，是中华民族的传统美德之一，也是社会主义核心价值观之一。在古人眼中，"信"是立身之本、交友之道、经商之魂、为政之要；在现代社会，诚信是公民的第二张身份证。无论古今，诚信应该成为个人必有的精神品质。弘扬传统文化，传承民族精神，是语文课程育人价值的体现。

　　"人无信不立"是统编教材八年级上册的综合性学习活动之一，本篇教学设计是在疫情情境下，以互联网平台为依托，以情境式任务为驱动，以评价贯穿始终来开展综合性学习活动，活动成果包括公众号推文、调查问卷、分析报告和演讲稿。

教学设计第一课时主要活动是"搜集和展示",第二课时是"调查和分析",第三课时是"写作和演讲"。

【教学总目标】

1. 搜集、整理有关诚信的成语、名言、故事,并根据搜集资料撰写研究报告。

2. 学习用问卷调查法来收集、统计和分析原始资料,总结结论,撰写调查报告,尝试进行初步的课题研究。

3. 了解演讲稿的写作要求,并能根据资料,围绕诚信完成一篇演讲稿,并尝试演讲。

【教师准备】

1. 熟悉教材要求,搜集相关资料,提出参考小主题和内容:引经据典话诚信,各国诚信漫谈,"空中课堂"立诚信,漫画新闻议诚信,班级演讲说诚信等。

2. 提前两周让学生自由分组,自行选择或确立小主题。

3. 提供相关网站、参考书籍和活动方式。

4. 确立评价方式和标准。

【活动过程】

1. 确立主题:指导学生阅读本次学习的内容,确定三个主要聚焦点:引经据典话诚信,"空中课堂"立诚信和班级演讲说诚信。

2. 方案设计:组成小组,确立各项活动方案,进行小组分工,充分发挥个人特长。

①资料组:组长为许琳芝、朱雅淇、苏乐怡、易海珍

关于成语的读书卡:易海珍　　　　关于名言的读书卡:朱雅淇

关于名人故事的手抄报:苏乐怡　　关于各国诚信漫谈的手抄报:许琳芝

②问卷组:组长为田静、李俊龙、邢垚、王亚丽、卢佳灵、林锐岚

调查网课的现状:李俊龙　　　　　针对家长的问卷设计:林锐岚

针对学生的问卷设计、讨论:全组　调查报告的分析和撰写:田静

③演讲组：组长为王雅婷、曾琪、林泳秀

3. 自主探究：用网络搜索、文献查阅、访谈、调查等方式收集和分析前期资料。

4. 问题探讨：把自己的问题整理好，和老师、小组成员一起讨论。

5. 撰写并展示成果：读书卡、手抄报、研究报告、调查报告、演讲，组长作为代表展示小组成果，并用PPT做活动纪实。

第一课时　引经据典话诚信

教学目标：

搜集、整理有关诚信的成语、名言、故事，根据搜集的资料写作研究小论文。

情境驱动：

恭喜你，成为班级公众号的编辑！本期主题是"诚信文化"，请搜集有关诚信的成语典故、名言警句、名人故事等资料后发布到公众号，方便读者阅读和评论；公众号的一个读者向我们发私信：我想知道现在中国是如何建设诚信体系的，诚信是中华民族的传统美德，那么外国就不重视了吗？请在搜集各国诚信文化资料的基础上，写一篇小论文回复他。

设计意图：此过程需对资料进行浏览、辨析和选择，可提高学生的信息处理能力，能引导学生用精读、略读等方式来阅读资料，还能掌握摘抄、分类等资料采集方法以及公众号的编辑、排版等技能。教师也可引导学生学习小论文写作的知识。公众号的留言功能可给学生以反馈，促使学生主动发现和解决问题。

准备过程：

（1）小组分工：确立文字组和图画组。

（2）搜集、整理资料，如将资料划分为观点类和事例类，又进一步划分为"交友之信""经商之信""国家之信"等。

（3）资料共享，问题探讨：将搜集和分类好的资料发布到公众号，借助工具书研读一些文言文材料，确定收入的资料标准；配图应与内容相关，做到图文并茂；设立的版块包括"诚信成语知多少""诚信名言我来对""诚信名人故事多"等。

（4）问题探讨："信"的内涵包括什么？诚信对个人、社会和国家有怎样的重要意义？国外对诚信体系的建设有什么值得我们借鉴的？中国对诚信体系的建设有哪些举措？组员分享自己的观点，教师适时引导学生学习小论文的写作知识：提出观点—分析观点—总结结论—参考文献。

（5）形成成果：①班级公众号的文章；②诚信读书卡、手抄报，方便展示和识记；③"各国诚信漫谈"的研究小论文。

教学过程：

（1）导入：大家能猜猜以下两个字是什么字吗（图2-2-3）？

大，人也。一，地也。会意。　　　诚也。从人从言。会意。

图2-2-3

明确：用小篆字体导入，明确"信"是中华民族传统文化之一。儒家认为"信"是"无常"之一，也是君子必备的品格之一。从古至今，仁人志士对"信"有不同的解读，也用自己的行动践行了"信"。下面请小组展示他们搜集和整理的关于"信"的资料和故事。

（2）活动一：小组合作说"信"

请各小组之后代表展示课前积累关于诚信的成语、名言和名人故事等。

要求：

①以读书卡、手抄报的形式展示，图文并茂。

②朗诵并带读成语、名言，介绍名人故事，声音洪亮。

小组1：关于"信"的小故事

"交友之信"：李苦禅是我国当代著名画家，他为人爽直，凡答应给人作画，从不食言。有一次，有位老朋友请他作一幅画，李苦禅因有事在身，未能及时完成。不久，当他接到老友病故的讣告后，面有愧色，即趋作画，画了幅"百莲图"，并郑重其事题上老友的名字，盖上印章，随即携至后院，将画烧毁。事后，他对儿子说："今后再有老友要画，及时催我，不可失信啊！"

"商业之信"：清代乾隆年间，南昌城有一点心店店主名叫李沙庚，最初，他以货真价实赢得顾客满门。但其赚钱后便掺杂使假，对顾客也怠慢起来，生意日渐冷落。一日，书画名家郑板桥来店进餐，李沙庚惊喜万分，恭请题写店名。郑板桥挥毫题定"李沙庚点心店"六字，墨宝苍劲有力，引来众人观看，但还是无人进餐。原来"心"字少写了一点，李沙庚请求补写一点。但郑板桥却说："没有错啊，你以前生意兴隆，是因为有了这一点，而今生意清淡，正因为少了这一点。"李沙庚感悟，才知道经营人生的重要。从此以后，痛改前非，又一次赢得了人心，赢得了市场。

"国家之信"：商鞅任秦孝公之相，欲为新法。为了取信于民，商鞅立三丈之木于国都市南门，招募百姓有能把此木搬到北门的，给予十金。百姓对这种做法感到奇怪，没人敢搬这块木头的。然后，商鞅又布告国人，能搬者给予五十金。有个大胆的人终于扛走了这块木头，商鞅马上就给了他五十金，以表明诚信不欺。这一立木取信的做法终于使老百姓确信新法是可信的，从而使新法得以顺利地推行实施。

小组2：关于"信"的名言

用名言填空抢答的形式进行：

言必信，_____。

三杯吐然诺，_____。

吾日三省吾身：_____？_____？_____？

小组3：现代诚信人物故事

赵一鸣：烈士后人践行"红色之诺"20余载，帮助40余名贫困学子圆梦。

唐先义：耄耋老兵守护烈士陵园，义务宣讲50余载。

（3）活动二：研究小论文——各国诚信漫谈。

"信"的内涵包括什么？诚信对个人、社会和国家有怎样的重要意义？国外对诚信体系的建设有什么值得我们借鉴的？中国对诚信体系的建设有哪些举措？组员分享自己的观点，教师适时引导学生学习小论文的写作知识：提出观点—分析观点—总结结论—参考文献。

（4）活动三：课堂小辩论

有人认为"信"在今天已经过时了，坚持诚信的人往往得不到什么好处，你的看法是什么？请选择一方进行辩论，每一方4个代表。

正方："信"已经过时了。

反方："信"没有过时。

小组展示评价标准（表2-2-13）：

表2-2-13

小组展示的整体性评价	
小组合作（5分）	全员参与，分工合理，配合组长布置的任务
课件制作（5分）	与主题相符，图文并茂，重点突出，图片不影响观看
最终成果展示（10分）	呈现不同类的观点；不仅是列举，而且对观点进行了分析；选择恰当的形式表现；能用多媒体、思维导图或表格等来展示
口头表达（10分）	观点突出，语言组织顺畅，没有很多停顿；与听众进行互动、提问、眼神交流；能吸引听众，给听众留下深刻印象
小组倾听（5分）	尊重他人，认真倾听他组发言；积极互动，回答问题；遵守纪律

第二课时　"空中课堂"立诚信

教学目标：

（1）制订调查计划，针对调查对象设计有效的问卷。

（2）适时引导学生学习问卷、访谈等调查方法和调查报告的写作方法。

（3）学生多角度分析调查结果，提出行之有效的建议。

（4）关注身边的热点，培养探究精神。

情境驱动：

当前，我们珠海市"空中课堂"开展得如火如荼，据《羊城晚报》2020年3月9日报道，珠海市"空中课堂"的上课峰值已达210万，粉丝遍布大江南北。在屏幕那端，缺乏教师的督促和学校规则的约束，诚信在这时就显得特别重要，学校想知道学生在"空中课堂"学习期间的诚信状况，希望你就此进行调查、提出建议。

准备过程：

（1）小组制订调查计划并分工（表2-2-14）

表2-2-14

调查对象	珠海市湾仔中学初一至初三年级学生，一共回收488份问卷
调查目的	了解"空中课堂"学习期间的诚信现状，探究背后的成因，提出在"空中课堂"学习期间建立诚信的对策
调查方法	主要是问卷调查，辅以线上访谈
问卷设计、发放和统计	问卷题型为选择题、评分题和问答题，通过问卷星平台发放和统计
调查报告撰写	根据调查和访谈结果来撰写

（2）问卷设计：根据学生的具体学习情境、家庭状况、学校教学和社会状况等来设计问卷和选项，并要求学生对个人和社会的诚信状况评分。

（3）问卷发放和统计，问题探讨：学生在"空中课堂"学习期间的诚信现状怎样？原因是什么？家长、学校、社会对学生的诚信状况有怎样的影响？应该怎样有效引导学生建立诚信？

（4）撰写调查报告。

教学过程：

（1）导入

当前，我们珠海市"空中课堂"开展得如火如荼，据《羊城晚报》2020年3月9日报道，"空中课堂"的上课峰值已达210万，粉丝遍布大江南北。在屏幕那端，缺乏老师的督促和学校规则的约束，诚信在这时就显得特别重要，问卷组的同学就"如何在空中课堂学习中建立诚信"这个问题进行了设计，发放并统计分析了问卷，看看他们的结论如何？

（2）活动一：展示调查报告——如何在"空中课堂"中建立诚信？

小组代表展示"如何在'空中课堂'学习中建立诚信"的问卷调查结果。

要求：①尽量把过程展示清楚；②声音洪亮，讲述有条理。

课堂实录：

生1：从以上6题的结果来看，大多数学生的诚信状况是良好的，但仍存在以下问题：

① 60%的学生认为自己做到了诚信；

② 缺乏教师监管的课堂的确会存在学生不自律的情况；

③ 10%左右的学生诚信状况堪忧；

④ "空中课堂"学习期间的作弊现象可能很难得到制止或控制。

生2：从第7～11题的结果来看，学校或社会对诚信的教育或宣传仍有待改进，父母的不诚信行为会对孩子产生一定程度的影响。10%的父母是在慢慢失去孩子的信任，而且有可能已经影响到了孩子的诚信度。

生3：对于导致学生做出不诚信行为的原因从主要到次要的排列是：个人＞父母＞社会＞学校＞其他。

生4：第12～13题是我们花了最多心思讨论的问题，从内部因素和外部因素分别对原因及对策进行了分析和探讨，这是两个相对应的题目（表2-2-15）。

表2-2-15

影响因素/对策	原因	对策
个人	缺乏诚信意识，认为诚信不重要，认为诚信会让自己的利益受到损失；能力有限，对学习缺乏兴趣	做到自律，约束自己的不诚信行为；认清现实，努力拼搏，找到学习的动力
家庭	受父母的影响，父母没有做好表率，父母不重视子女的诚信教育	父母加强监管，控制好电子产品的使用；做好表率；从根源上认清并纠正孩子的不诚信行为
学校	学校的诚信教育不深入、不系统，教师没有给学生树立好正确的诚信观；班级的诚信风气不好等	老师多进行有效的诚信教育，开展有关诚信的主题班会、实践活动等；从学习动力和学习兴趣方面引导学生。营造良好的诚信氛围；学校建立信用评价制度
社会	社会环境多重视利益而忽略诚信；受到不良诚信行为的影响，缺乏良好的社会风气；社会信用体系没有健全，法律制度不完善	建立健全的法律制度和诚信体系，惩罚诚信缺失的人，树立诚信的榜样；营造良好的诚信氛围，形成良好的社会风气

生5：对社会和个人的诚信度评价趋向于中等或中偏上，对社会的诚信评价低于个人评价，说明社会的诚信度还有待加强。

（3）活动二：总结及作业

美国富兰克林说过：诚实和勤勉应该成为你永久的伴侣。我们虽处于特殊的"空中课堂"学习时期，多了一些自由，也多了一些诱惑，但我们不应该少一分诚信，少一分自律。只有这样，我们才能面对当前和未来的挑战！

作业：

①问问你的父母或采访教师等长辈，听听他们对诚信的理解。

要求：A.提问三个问题，问题设置环环相扣；B.采访时态度温和，热情对待采访者；C.可以采用电话或文字采访的方式。

②联系身边或社会上一些不讲诚信的案例，如考试作弊、借钱不还、制售假冒伪劣商品等，想想：诚信缺失会带来什么不良影响？并写下你的看法，100字左右。

评估标准：

（1）是否参与了问卷的设计并发表自己的看法。

（2）从问卷发表到调查报告撰写的整个过程都能做到积极参与、合作、提出有建设性的意见。

（3）能从调查数据中看出主要问题，把数据转换成文字表达；能根据问题思考深层原因，在展示时用准确的语言来介绍调查结果。

第三课时　班级演讲立诚信

教学目标：

引导学生关注社会问题，发表观点；学习演讲稿写作的相关知识和演讲的技巧；通过观看精彩的演讲来改善自己的演讲，提高语言能力和交往能力；学会评价演讲。

情境驱动：

以上调查结果是否能给你一些启发？学校将要举办一场演讲比赛，主题是"人无信不立"，请你联系自己的生活体验，写一篇演讲稿并参加演讲比赛。

准备过程：

（1）确定主题：话题太宽泛，学生无从下手，因此前期的采访和调查非常重要，教师可提供一些小话题，如你看到过哪些不诚信的现象，如考试作弊、借钱不还、制售假冒伪劣商品等？诚信缺失会带来什么不良的影响？

（2）搜集资料：阅读有关诚信的文章和书籍等，观看相关的新闻、漫画、公益广告并写下自己的感受。

（3）问题研讨，开始写作

①组内分享搜集的资料，发表对小话题的观点和感受。

②讨论写作遇到的问题：什么是演讲？演讲和作文的区别是什么？怎么提炼自己的观点？怎样用故事或例子来支撑自己的观点？开头怎样吸引人？怎样让听众跟我产生共鸣？等等。

③阅读有名的演讲稿，师生对各种演讲的资料挑选后发现孙绍振先生的《演讲稿的写作》的帮助最大，小组一起学习，开始写作初稿，教师根据具体问题进行指导。

（4）观看精彩演讲，尝试演讲：观看马丁·路德·金的演讲视频、《超级演说家》和《主持人大赛》等部分演讲视频，结合教材总结一些演讲的技巧，再次修改演讲稿，标注演讲时要注意的轻重、停连、体态语等。

（5）尝试演讲：组内进行演讲，成员提出建议，后准备班内演讲、互评和自评。

展示过程：

（1）活动一：谈谈演讲稿写作

小组一起学习《演讲稿的写作》。

总结演讲稿的要点（图2-2-4）：

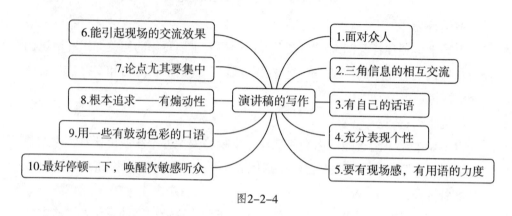

图2-2-4

（2）活动二：说说演讲技巧

观看《2019主持人大赛》邹韵"走出去"演讲视频，说说可以学到哪些演讲技巧。

明确：要有现场感，恰当用体态语和道具，要有一个快速吸引听众的开头，中间要有一些故事或例子来支持观点，用停顿引起次敏感听众的注意，要有个性（邹韵是国际台的主持人）；论点要集中……

（3）活动三：试试即兴演讲

根据四幅关于诚信的漫画，准备30秒的即兴演讲。

要求：①准备3分钟，可写关键词提醒；②运用演讲技巧，引起听众的注意。

（4）活动四：评评演讲效果

生1：我的演讲题目是《习惯≠正常》。同学们有没有这样的经历？你为了这场考试紧锣密鼓筹备了一周，恨不得把每一个考点都烙印在脑子里，考试时一抬头却看见前面的同学正在眉来眼去，悄悄打手势，你没有惊动老师，手上动作不曾停歇。成绩出来那一天，却看见那两个同学的名次压你一头，你心中生出一股无处安放的愤懑。

坏的行为得不到他人的批判是一个原因，但也并不全是。我们得过且过的行为本身就是一种无声的纵容。换句话说，那些沉默的人们正是这场闹剧的帮凶……

生2：我的演讲题目是《"信"家族"选美"大赛》。今天我们举行一场选美大赛，一起来看最美的"信"是什么？

什么是信用啊？"言必信，行必果"，信用；"过中不至，则是无信"，信用；"一言九鼎，一诺千金"，这也还是信用。所以说，信用在人与人交往间不可或缺。想想陈太丘，和朋友约好十二点，结果不守信用，放了鸽子，换你是元方，会不会也说一句"非人哉"？

二号佳丽——诚信。"信义兄弟"孙东林在哥哥孙水林出车祸去世后，还坚持把工资发给农民工。吴玉兰，一位乌鲁木齐市某社区的74岁的贫苦老人。9年来，她以拾荒、卖废品的方式还清了去世丈夫和儿子留下的5万元欠款。他们的行为谱写了一曲感人至深的诚信之歌。

……

做一个讲信用，一诺千金的人！做一个讲诚信，不满口谎言的人！做一个有信仰并为之奋斗，但不迷信的人！这样的人，才最美！

（以上为摘选）

评估标准（表2-2-16）：

表2-2-16

自评	你觉得自己的演讲怎么样？	
	吸引听众的注意力了吗？	
	自己的观点表达清楚了吗？	
	演讲之前的计划实现了吗？	
互评	表达技巧	是否吸引了听众（如你）的注意和引起了共鸣？
		中间是否有故事或例子来支撑观点？
		有无现场感和用语的力度？
		论点是否集中？有无自己的话语和个性？
	发音要求	是否用停顿或重音强调了重点、表达了感情？
	体态语	是否与听众进行目光交流？有无恰当的手势？

人无信不立，业无信不兴，国无信则衰。希望大家可以把诚信镌刻于心底，更成为诚信的倡导者和实践者，课后同学们也试着写一篇演讲稿，用我们的语言和声音去影响更多人。

作业：围绕"人无信不立"这个主题，试着写一篇演讲稿，并在家人面前演讲，让家人试着评价。

【教学反思】

统编教材虽提供了活动方式，线下教学中综合性学习仍未得到重视，多数学生对其兴趣不高，教师对活动的情境设计、过程干预和结果评估很难落到实处。线上教学中，便利的互联网、庞大的资料库、丰富的学习资源等正好提供了巨大的机会。基于任务驱动，学生设计方案、搜集资料、主动思考、合作探究、写作表达，能切实提高语言能力和思维能力，从长远看也能推动线下学习。本次综合性学习基本上达到了教学目标，训练了学生的信息搜索能力和用问卷调查法来收集、统计和分析原始资料，总结结论写出调查报告的能力；学习了演讲稿的写作并进行了演讲；同时提升了学生运用问卷星等新技术学习的能力，过程中也锻炼了学生的表达能力和合作能力。

需要改进的是评价部分。在"引经据典话诚信"中，活动仅止于收集和阅读关于诚信的信息，用手抄报和读书卡片的形式展示出来（其中运用的认知策略：收集、整理、组织和巩固信息），学生不知道应该做到何种程度，我们可以从这些方面改进：设计一个贯穿始终的驱动性问题，就诚信问题进行深入的辩论，或者设计更为具体的评价量规。在"空中课堂立诚信"中，学生的问题是不知道问卷的具体设置，问卷缺乏针对性，不知根据不同对象和情境设置问题，教师引导后能很快分类、推理原因、提出证据；问卷出来之后，只能简单复述图表结果，对于图表呈现出的问题及原因没有深入理解，在抽象、分析问题、写调查报告方面存在障碍。这些都需要教师进行个性化的指导，我们完全可以提供一份调查报告的评价量规给学生，让学生明确学习方向，以评价促进学习，实现学生素养的真正提高。

珠海"北山大院"综合研学活动

——基于中华优秀文化传承的中学语文研学活动项目式学习设计

北山大院是珠海市的重点保护文物单位之一，历史悠久，规模宏大，保留了许多传统文化艺术。本次北山大院综合研学活动，采用项目式学习方式，让学生通过确定研学主题、探究项目任务、实地调查等环节，达到深度学习，体现课堂知识学习与课外实践相结合的原则，提升学生的语文实践能力。

一、项目背景

北山大院坐落于南屏乐镇北山村，有杨氏大宗祠、保遐杨公祠、澄川杨公祠、秋崖祠等约7座古建筑，入选省级文物保护单位。杨氏大宗祠建于清代道光八年，三进院落四合院式布局，建筑面积2520平方米，占地面积8838平方米，规模宏大，气宇恢宏。这些晚清时期古祠堂建筑与多种文化互碰交融，在闹市中自成一方远离喧嚣的祥和净土，塑造出独具岭南特色的城市花园。这里有珠海"红色三杰"之一的杨匏安陈列馆，它全面呈现了华南地区马克思主义思想传播先驱的丰功伟绩。这里还有北山太极会馆、清憺桐庐古琴馆、停云书房、北山精舍、澄川美术馆等，融汇了建筑、美术、人文、历史等文化元素，渗透着中国传统文化，凝聚着古人的智慧。围绕北山大院开展语文研学活动，符合新课标背景下倡导的引导学生将语文学习与生活、社会发展相联系，在真实情境中运用语文知识和方法解决实际问题的理念。

二、基于项目式学习的语文研学活动设计

本次活动以北山大院为研究对象，基于项目式学习的语文研学活动概括为以下几步：主题确定、小组讨论、活动准备、制作手册、实地调查、总结评价。

（一）活动过程设计

1. 给定地点，确定主题

北山大院是珠海市省级重点文物之一，也是人文景观的重要游览地。本次研学活动以"探寻北山大院的美"为主题，为珠海电视台《地方传统文化》栏目设计宣传片，介绍北山大院的人文、建筑、历史等，把北山大院的美介绍给更多的人。

2. 小组讨论，确定子项目

主题确定好后，学生先查阅北山大院的相关资料，列出自己较感兴趣的景点，提出关于北山大院各景点的探究任务。综合考虑北山大院的特点、语文课程标准、考察时间，在教师的指导下，最终确定了以下5个研学点；将学生分为5个小组，分别为名人故事组、建筑美学组、诗词楹联组、艺术荟萃组、美食文化组。每组确定1名小组长，学生根据自己感兴趣的任务自由组合。

北山大院各研学点项目任务及对应课程内容与核心素养，见表2-2-17。

表2-2-17

主题	探寻北山大院的美			
	研学点名称	项目任务	对应课程内容	对应核心素养
子项目	杨氏大宗祠	搜集有关历史名人的故事，汇编成故事集	七年级下册写作训练：写出人物的精神	文化自信
	澄川美术馆	1.绘制澄川美术馆的游览图。 2.观察澄川美术馆的特点，抓住外部和内部的建筑布局与结构，有条理地介绍它的建筑美	八年级上册写作训练：说明事物要抓住特征	语言运用与文化自信
	北山大院	1.搜集北山大院的诗词、楹联、题字文章等，体会中国语言文字的魅力。 2.学会欣赏汉字的各类书法体式。 3.尝试为北山大院的某处题写楹联	七年级下册综合性学习：我的语文生活	思维能力与审美创造
	北山艺术中心	1.记录太极、中国画、书法讲座的知识。 2.分析以上非物质文化遗产的价值	八年级上册综合性学习：身边的文化遗产	文化自信

续　表

主题	探寻北山大院的美			
	研学点名称	项目任务	对应课程内容	对应核心素养
子项目	雍和堂传统文化交流馆	1.探寻北山的美食，拍摄其制作过程并配解说词。 2.为《舌尖上的中国》推荐一个视频作品。	七年级下册综合性学习：我的语文生活	语言运用与审美创造

3. 活动准备及注意事项

学生选择节假日一天集中考察。本次研学需要准备研学调查表、笔记本、相机（或手机）。学生在文化景点参观研学，需要注意公共秩序，不大声喧哗，讲究卫生等。

4. 制作研学手册

研学小组在各自确定的研学点进行资料收集，将研学资料进行汇总，制作好研学手册；在实地调查过程中，做好内容记录，将见闻、思考记录在《北山大院综合研学活动手册》上。

5. 小组实地调查

以研学小组为单位，全员参与研学体验，通过参观、观察、调研等方式参与研学活动，记录研学体验中获得的资料；在真实情境下探究问题、完成活动项目任务；做好记录。教师观察并记录学生的表现，监督并推进项目的研究，提供一些帮助，并全程做好安全保障工作。

"探寻北山大院的美"小组内部任务分工，见表2-2-18。

表2-2-18

小组		第　组	采访地点：
负责人	人数	个人任务	要求
XXX	1	资料搜集员：上网搜集相关资料，记录现场观察到的事物、听到的故事	上网搜集相关资料，在游览之前发放给组员了解参观地点的基本情况
XXX	1	绘图员：绘制游览图	参观完成后，手绘游览图，路线清晰，标识明确
XXX	1	摄影师：拍摄参观照片（实地实物照片+小组成员采访学习照）	实地实物照片拍摄要讲究角度（清晰有美感），小组成员采访学习照（学习进行时的照片，不要摆拍）

续 表

小组		第　　组	采访地点:
负责人	人数	个人任务	要求
XXX	2	内容编辑: 按照小组任务完成内容编辑	按照小组任务项目表, 参看学过的课程内容, 结合小组的参观实践体验, 整理并编辑内容
XXX	2	课件制作: 按照小组任务完成课件制作	把资料搜集、绘图、摄影、内容编辑的各项成果制作成PPT, 在班级内部交流观看

6. 活动总结、评价交流

研学活动后, 小组成员在一起进行总结、交流、展示。展示的方式有: 调研小论文、故事汇编、宣传海报、宣传视频等。活动后, 教师组织对学生研学活动进行多元化评价, 将过程性评价和终结性评价相结合, 用评价引导学生在语文学习过程中学会认知和思考。

北山大院综合研学活动评价量表 (自我评价), 见表2-2-19。

表2-2-19

	评价内容	自我评价		
出行前	我了解研学活动的意义并期待参与这次活动	可以走出去, 丰富课堂所学内容; 可以从语文的视角, 深入了解北山大院; 在游中学, 兴趣更高; 增强自身调研学习能力		
	我主动收集了这些信息并准备	查阅北山大院的相关资料; 提前了解各研学点的相关资料; 针对研学点的调研任务, 有自己独立的思考; 查阅教材相关课程内容; 查找出行当天天气情况, 准备出行必备物品		
出行前	认真听教师讲解	☆☆☆☆☆ (你选几颗星?)		
	积极参与行前项目小组讨论	☆☆☆☆☆ (你选几颗星?)		
	参与制作研学手册	☆☆☆☆☆ (你选几颗星?)		
出行中	评价目标	水平1	水平2	水平3
	收集资料, 抓住事物特点, 抓住资料中的核心素材, 选取新颖的视角, 能对人和事给出有见地的评价	收集资料, 抓住事物主要特点	抓住搜集资料中的核心素材, 有条理地描述事物特色, 能讲述有关人物的历史事件或故事	有自己鉴赏事物的角度和观点, 对人和事的价值能给出有见地的评价

续表

	评价内容	自我评价
出行后	获得所需资料	☆☆☆☆☆（你选几颗星？）
	资料整理情况	☆☆☆☆☆（你选几颗星？）
	研学活动的收获	☆☆☆☆☆（你选几颗星？）
	活动成果和作品的展示、交流	☆☆☆☆☆（你选几颗星？）

（二）活动项目作业汇报展示

1. 杨匏安小传

XX中学初三X班第5小组

学习红色故事，传承红色精神。让我们走进红色世界，了解珠海"红色三杰"之一的杨匏安。

杨匏安是最先把马克思主义传播到中国的先驱者之一，曾有北李南杨之说。"一枚硬币"的故事让我们体会到，清廉节俭是杨匏安贯穿一生的美好品质，他亦是以此要求自己的子女。杨匏安艰苦朴素、埋头革命，深受群众爱戴敬仰。一心扑在工作上的杨匏安，由于长期超负荷工作，他的身体状况逐步下降，但他却一刻也不愿停下他的工作。

杨匏安的母亲陈智认定他参加的工作是正义的事业，倾力支持，在革命遭到挫折的时候也义无反顾。她利用自己年老不太引人注意的条件，接待和掩护过大批革命同志，被称为"革命母亲"。他的庶母关秀英勤劳善良，从普通家庭妇女成长为一位无产阶级的坚强战士。在白色恐怖的日子里，她经常为党中央机关送信、放哨，或到工厂散发传单。他的妻子吴佩琪在生活十分艰难的情况下，以勤劳的双手替人加工肥皂、打零工，帮补家计。他的家是党的重要活动场所。他身居高位时两袖清风，身处逆境时又贫贱不移，树立了良好的家风，可谓"宁死不低头，清白家风照后人"。不仅仅是杨匏安有为中国革命献身的精神，他的家庭成员都具有这些品质。

传递革命精神，不忘家国情怀。杨匏安一生清正廉洁，知行合一，却因叛徒告密，锒铛入狱。在狱中，他多次拒绝高官贿赂，蒋介石多次劝降都遭到杨匏安的严词拒绝。他为了勉励难友保持革命气节，甚至写下了五言绝句《示难友》："从兹分手别，对视莫潸然。"面对自己孩子捡到的两枚银圆，他并没有收下，而是告诉孩子这是国家的财务一分一毛都不能要。就算是国家财务发下的三百大洋，杨匏安也只是留下小部分来维持生活，剩下的充当军费。

杨匏安在物质、精神等方面自觉修炼、一尘不染的清廉之心，给党员干部进行自我教育、增强党性修养，提高拒腐防变提供了生动鲜活的教材。杨匏安对真理正义的矢志追求，对革命事业的忘我牺牲精神和公忠不可忘的家国情怀，永远值得我们学习。红色故事凝聚奋斗力量，杨匏安烈士的事迹为广大党员干部"忠诚干净担当"树立了榜样践行了自己的初心和使命。

2. 书法与楹联研学报告

XX中学初三X班第3组

文字是人们沟通的桥梁，在文字一步步地发展过程中，许多不同形式、不同形状的文字渐渐进入人们的视野，并记录流传了下来。中国书法有着两千多年的历史，自秦始皇统一后，就开始了书法历史。我们在珠海北山大院的古朴中寻找到了中国汉字的秘密。

在艺术中心布满宣纸的房间里，贴满了学生写的书法。浓黑的笔墨让原本染上岁月痕迹的字显得更有韵味。中国书法是在中国文化里产生、发展起来的，汉字是中国文化的基本要素之一。文字传承着中华民族的精神，延续着上下五千年的文明。文字的种类也有很多不只我们平时看到的草书、行书、楷书。最早的汉字是甲骨文，后来演变成金文。到了西周晚期，汉字的发展演变成大篆，大篆的字体结构开始趋于整齐，线条简洁生动，逐渐离开了线条化的原始状态。后来汉字逐渐变成字体结构均衡对称、整体稳定的隶书。从这可以看出我国在文字方面有了质的飞跃。隶书之后又演变为字体方正、字迹清晰的楷书。

中国书法历经多次演变都可以看出古代人民的智慧，文字流传至今成为文化的瑰宝。希望我们可以尊重文字并去传承发扬中国文字。

楹联是我国特有的文学遗产之一，其起源于五代时期，盛行于明朝。北山大院到处都有楹联。当看到北山大院大门两旁的楹联"华堂来紫燕，乔木倚青云"，虽然天公不作美但我们还是能感受到，像是在一个风光明媚、天高气朗的春天，高树挺拔，华堂里飞来了紫燕，带来了春天，温暖的气息。楹联的魅力就在于此啊，无论身在何处都能让人联想到它的意境，让人身临其境一般。通过查阅资料，我们又得到更深层次理解：紫燕，一般可以指贤才。青云，指道德高尚、权威的人，也就是华堂常常聚集了一些高官显贵以及名人雅士，就像是《陋室铭》所言："谈笑有鸿儒，往来无白丁。"

由此可见，我国在文字方面的历史悠久，形式多样。身为新时代的青年，我们应该尊重、学习、传承、发扬，让源远流长的汉字文化散发出时代之光。

3.澄川美术馆研学报告

XX中学初三X班第5组

1865年，澄川杨公祠堂建成。坐南向北，总面宽26.3米，总进深43.6米，建筑面积1146.68平方米的建筑，是杨氏后人为了祭祀先人杨澄川所建的家祠。后更名为现在的澄川美术馆。

进入门厅，放眼望去，整个建筑体现古今融合的特色。大门既具有现代化的玻璃门，也保留了古代象征着主人身份地位的门槛。木雕门上虽有些残缺，但丝毫掩盖不了其精湛的技艺所散发的魅力。新与旧、传统与现代、窗明几净与木门琅根，存在于同一个空间里。越过门槛进入内部，往左便可以看到古时祭祀所用的各类用品，增添了一丝别样的风味。

步入中堂，抬头仰望，头顶玻璃构成的三角顶，是一个向中国传统建筑工艺榫卯致敬的设计。榫卯是一种充满中国智慧的传统工艺，又有人说榫卯是我国传统工艺的灵魂：一阴一阳，一盈一亏，互补共生，缺一不可。老祖宗的智慧让人不由得感叹敬佩。馆内的改造使充满历史痕迹的建筑现代化，亦对中国传统建筑起到保护作用。地板保留了在改建前的斑驳地砖，可见宗祠过去的痕迹。穿过石拱门，来到馆内的尽头：四根坚实厚重的柱子深扎大地，既有中轴对称之美，又兼顾稳定性，撑起整个建筑。

澄川艺术馆不仅使现代与古代建筑交汇融合，还留有许多古建筑的精妙构件。

大门屋檐是悬山的结构：总共有五脊二坡，其中五脊是一条正脊和四条垂脊，二坡分别在屋顶的前后两个面，并且屋顶两侧突出于山墙。檩木出梢，悬挑出延，不仅美得如同"有馆翼然居于北山者"，而且形成于山墙外的出沿，有防止雨水侵蚀墙身的作用。门堂顶两侧的梁间挤着两座"驼峰"，不显臃肿，反而装饰了空荡的房梁。这驼峰叫作柁墩，作为梁上垫木，用来承托上面的梁头。柁墩是古建筑中一个相对独立的构件，也是装饰的重点。古代，人们非常讲究宜居。居所在保证质量安全的前提下，要对建筑进行装饰。从里到外、从上到下、从点到面都要装饰和美化，充满美好寓意，给人以视觉享受。大到房梁、立柱要装饰，小到不起眼的柁墩也要装饰，可见古人不放过任何一个可以装饰的细节，造就古建筑的和谐。

游览澄川艺术馆，古今建筑特色交融贯通，在影影绰绰间，令人如临历史与现代交错的中转空间，流连忘返。

4. 身边的文化遗产研学报告

XX中学初三4班第6组

走进北山大院，首先映入眼帘的是用行书写的"艺术中心"的牌坊。跨进门槛，眼前是六个雕刻在屏风上的人物。持扇子的在屏中挥舞着，握剑的在屏中飞刺着，扛着月牙铲的在屏中戳、拍、撩、劈着，仿佛要从屏风中跳出来。

倘若让我说总印象，我觉得艺术中心里的书法是最能体现文化价值的艺术；其次是瓷器。往大院走去，只要你站在冷饮店前的空地处，无论看向哪个角落，眼前总是一副清新的图画。为达到这个目的，大院的建筑者们讲究亭台楼阁的设计，讲究吊挂题字的配合，讲究花草树木的映衬，讲究近景远景的层次。

"一笔万代、北山正楷"八字楷书开启了我们探索西厢之路。提笔者绝不浪费任何一点空间，目光所及，琳琅满目，身心浸没在书香气息中：不是挂着的题字，就是刚落笔墨未干的宣纸；不是挂在墙上的奖项，就是刚提笔滴墨的毛笔；不是名位作者的纂章，就是刚浸完毛笔而染黑的笔洗。

向东厢走去，引人注目的是墙上那潇洒如在广阔草原上奔驰的骏马的行草书法。作者右手提笔蘸墨，屏息凝神，想好内容后，迅速落下第一笔。毛笔像被赋予了生命，作者的毛笔随手在宣纸上舞动，潇洒又自然，豪情壮志从这洒脱的文字中展现出来。这就是行草的魅力吗？我想就是了，它不像楷书，讲究规整。行草写时行笔增速，像不被缰绳所控制、自由自在随风奔跑的野马。一张又一张的行草覆盖在彼此之上，一天又一天渐渐变厚，一代又一代传承下去，文化价值也就因此而提高了。如果说草书横不平竖不直，是大步跑，那行草则是在路上行云流水地极速飞驰。

在这幅清新的画中，往画的核心探去，"蔭遠（荫远）学堂"，散发着文化艺术与知识的光芒。教师提笔在桌上示范，学生在一旁领会教师写的每一笔精髓意蕴，游客也被吸引住而驻足痴望。跨进学堂的门槛，毛笔、毛笔架、墨水都在告诉我它们将要传承的文化。书法是中国艺术的象征，每一个字的美感、每一个字的内涵、每一个字的情感、每一个字的意趣，作者想要表达出来是多么的不易。

在画的左侧，"翡翠阁"一牌坊显得格外高雅，也许与瓷器的相遇也需要一种缘分。当你见到它时，立刻会为它所震撼，所吸引，所痴迷。而它的魅力，岂是你的眼睛所能全览的啊！中华五千年的历史吹散了恩恩怨怨，沉淀了儿女情长，忘却了悲欢离合。瓷器上仍旧不褪光彩，熠熠生辉，光彩照人，赏心悦目。这就是瓷器的永恒魅力！

我们在形态各异而各具风情意境的书法中领悟：文人墨客题字题句时心中的情感；我们在清墨淡笔而具国风特色的中国画里品味，书画作家渲染勾勒，将对家国抑或山水等融于画作中的情感；我们在青瓷玉器中感叹，烧陶瓷者制胚烧瓷，在素瓷上点缀勾画时的情感。我们应该练习其艺术手法，学习其文化精神，让中国传统文化大放光彩。

三、小结

采用项目式学习对北山大院进行调研，基于真实情境，激发学生探究兴趣，让学生在生活中学习语文；以学生为主体，从任务设计到实地调研，学生全程参与，突出学生主体地位，践行自主、合作、探究的学习模式，提升了学生的思维品质、观察能力、写作能力等；研学点探究任务设计符合学生认知规律，实现了新课标"选择专题，开展学习与研究"的要求，达到了深度学习的目的。

第三章

独立小桥风满袖

——穿越经典，见字如面；赓续精神血脉，传承文化基因

第一节 "一眼千年":中华文化灿若繁星

节日里的随想

在唐诗中感受佳节烟火

在大唐近三百年的历史长河中,文人墨客灿若星辰,书写了唐诗的辉煌篇章,也描摹了一个时代波澜壮阔和气象万千。穿梭在唐诗中,我也感受到了其中佳节的烟火气息。

"海上生明月,天涯共此时。"张九龄在《望月怀古》中这样写道,不仅表达了他对相隔万里的妻子的思念,也展现出一派无限广阔壮丽的动人景象,是关于中秋节的一首名诗。同样描写中秋的名诗,如:

李白在《月下独酌四首·其一》里面写下了这样两句话,"花间一壶酒,独酌无相亲。举杯邀明月,对影成三人。"描写的就是他在中秋时,自己一人借酒消愁的故事。还记得余光中老师在那首《寻李白》中写道:"酒入豪肠,七分酿成月光,余下的三分啸成剑气,绣口一吐就半个盛唐。"李白,是诗中之仙,更是酒中之仙,正是因为有酒,李白多了一份洒脱与浪漫。他时而酣畅淋漓地呼告着"将进酒,杯莫停",时而豪情满怀地抒发"人生得意须尽欢,莫使金樽空对月"。李白与酒为伴,傲然飘逸,也让我们窥见了盛唐不一样的烟火气。

还有一个节日在人们的思想观念中占据着举足轻重的地位,它就是春节,是一年之中最重要的节日。甚至开创了"贞观之治"的皇帝——唐太宗李世民也为此写下了一首《守岁》,其中有这么一句:"共欢新故岁,迎送一宵中。"能让王公贵族道:一同庆祝,它的重要性又何须多言呢?宋代的王安石在《元日》中写道"爆竹声中一岁除,春风送暖入屠苏。"直接表明了在唐宋时期，人们过春节的重要活动之一就是放烟花爆竹，借此吓走那个名唤"年"的怪物。除夕日，人们还会"守岁"，也就是在除夕晚上不睡觉，家人团聚，欢歌笑语，共同迎接新的一年。

除此之外，唐朝还有许多与节日有关的诗，如杜牧的《清明》中："借问酒家何处有，牧童遥指杏花村。"在元宵节，也就是上元节，节日中呈现"游伎皆秾李，行歌尽落梅。"就连京城也会将宵禁制度取消，正所谓"金吾不禁夜，玉漏莫相催。"人们赏花灯，观表演，一派美好祥和的场景……

在大唐盛世中，人们过的节日大都是早就存在于唐朝之前了，但唐朝人却能将它们予以创新，把这些节日过出属于他们繁盛的风味——丰富多彩的烟火味。

春联里的传承

总角之年，言笑晏晏。我无意惊鸿一瞥，瞥见在书房中被邻居围着的手握毛笔的姥爷，只见黑色的墨迹在春联纸上舞动着，缕缕墨香蔓延开来，与爆竹味氤氲在空气中，勾起了我对书法的兴趣。

待姥爷写完春联，我指着姥爷手上的毛笔说："姥爷我想学这个。""好好好，姥爷教你。"姥爷脸上像乐开了花一样，他这么多子孙中，我是第一个想学毛笔字的。

刚开始我的书法学习之旅，姥爷只让我持着毛笔画圈，姥爷总说："画圆可没你想得那么简单。"我在心里抱怨，画圆不是有手就行吗？直到我执起笔才知道，画好一个圆是有多难！要让这个圆有型，还要完美闭合很考验控笔技术。我刚开始画的圆真是四不像，姥爷还总在旁边看我笑话。经过我不断地练习，画的圆终于有点圆的样子了。

画好一个圆只是第一步，学会了如何控笔之后是最漫长的一步——写字。写字从最基础的笔画开始。一横一竖，一撇一捺，姥爷都手把手地教我，逆锋起笔，提起悬针，许许多多的手法弄得我眼花缭乱，很不耐烦。在那个爱玩的年纪，同龄的小孩都在玩耍，而我却被姥爷"逼"着在书房中，沉下那颗贪玩的心，一遍一遍地重复着枯燥的笔画，很后悔当初为什么要学书法。"这里要逆锋起笔，不要忘记了。""中国人要写好中国字！"写不好的时候，耳边总会响起姥爷的教诲声。

是啊，中国人要写好中国字，我接受姥爷的批评，改正错误，把每个字写到最好。每天放学后，执着笔，沉浸在书房中，研一碗墨，蘸一饱墨，书一笔墨，享受着书法带给我的回甘。

一岁一年，又是一年春开始。邻居们同往年一般拿着春联纸来我家，找姥爷帮忙写对联。姥爷却对着旁边的我说："这次就让你来写吧。""我？我不行的，还是姥爷写吧。"我连忙摇手推辞，"没事的，写错了就重写。"应着姥爷的鼓励，我走到书桌前，碾开那柔软的狼毫，墨香逐渐浓厚，铺开一张朱红的对联纸，润饱墨汁的笔尖与宣纸融合的那一刹那，笔下似有花开放。我的手上下起伏着，一个笔锋，一个婉转，勾勒美妙。浓墨在宣纸上渲染开，细腻柔和。笔锋一转，宣纸上湖水粼粼，折射出一片潋滟的光影。一横一竖，一撇一捺在我的笔下都道出了春的喜庆。邻居在一旁小声对姥爷说："老张，你的手艺可算是后继有人了啊。"姥爷则笑着对邻居说："哈哈，老祖宗流传下来的东西，可不能在年轻一辈断掉了，总得有人来传承下去啊。"

听完姥爷说的话，看着春联，我才知道这一撇一捺写的不仅仅是中国汉字，还有对中华文化跨越千年的传承啊。

又是一年元宵时

似乎自有记忆起，故乡的灯节就尤为热闹、十分精彩。每年的正月十五元宵节，脑海里充斥的都是熙熙然的华灯之景，暖融融盈满我心。

小时候每至元夕，父母总拗不过我的请求，带我去赏花灯。夜晚的步行街两旁的树上、路灯上缀得大大小小的灯笼，红成一片，也映红了透我稚嫩的脸庞。小不点儿的我，拽着大人的衣角奔向花灯公园。这里更是比步行街喧嚣：到处是欢声笑语，到处是吆喝叫卖，到处是阵阵惊叹。巨型莲花灯幽幽地浮在水面，照得水面亮晶晶的，好像会漾开波纹，跳出一条大鲤鱼；这不，池边就悬着一只红鳞金边的"锦鲤"灯，金须延至水面，口中闪着铜钱；有的花灯还会动，两个红肚兜大胖娃娃正互相对着"你拍一，我拍一"，神情盎然，娃娃嘴角还勾着甜蜜的微笑。最壮的要数那条巨龙，威武霸气——灯结嵌在灯架中发出全场最耀眼的光芒，龙尾青绿、龙首金亮、龙身鳞蓝、目光炯炯……尚不懂其中含义的我只知其造型之美感、色彩之斑斓，却也为之感到满心欣喜！

长大些，对于花灯节关注的侧重面不同了些，但我仍每每激动地度过——到小贩摊前惊叹无比地看他用长柄铁勺游移着糖浆，在案上娴熟地绘出栩栩如生的糖画。这时我总会再去某个铺前挑一盏手工花灯，嘴里含着蜜、手中拎着光、心中装着愉悦继续向前走。光影婆娑，打到青石砖上斜漫到脸上，玉壶光转溅星如雨，轻影摇曳晚风微凉，一种浓郁而又非单纯欢喜的情感油然而生。恍惚间忆起了唐代的唐宫夜宴，宋代的凤箫声动，元代的金吾不禁……原来从古至今元宵灯节一直如此，热闹无比。

如今，我远离故乡，不见灯节已有许多年，但每至元宵灯节，华灯如昼仍不时浮现在眼前。我也总是在元宵节那天，取红纸流苏灯泡，制一盏花灯，挂至高处随风摇曳，心下几分适然；忽然恰到好处，品得元宵之意蕴也感慨万千。元，既喻万物之始、春天之至，又喻阖家团"圆"、万事圆满；宵，即"元"之夜，夜空正像巨大的黑幕需要人们去泼绘色彩、演绎故事。在这个温暖的节日里，无论是在外的游子、客居的异乡人，还是团聚的亲朋好友，其内心满含着的都是对美好生活的向往、对幸福的不懈追求、对传统文化的坚守和传。

想必元宵灯节也是我从小到大与传统文化之间的"结"缘吧——无论是否身处灯节的热闹之中，始终如一的仍是那份对这种传统的情结、爱与传承。

清明时节雨纷纷

我是一棵古老的松柏。
我是一个小男孩。

一

又到了清明节，墓园内人又多起来。山下停着数不清的汽车，扫墓的人拿着香，带着纸钱，拎着扫帚，涌入墓园，在蒙蒙细雨中久久站在亲人墓前，哀思便在无言中浸润了空气。几篇黄页落下，敲打地面，声音清晰。

"快点，还要叫你多少次！"一阵怒吼猝不及防地打破了肃静。我好奇地望向声音传来的地方，只见一个小男孩被满面怒气的妈妈拽着走。小男孩满脸不情愿，全身上下都在反抗着他的妈妈，嘴倔强地抿成一条线。"快，给太爷爷鞠三个躬。"妈妈将他拉到一块碑前，命令道。小男孩机械地鞠了三个躬后，便又跑开了。"真不让人省心……"他的妈妈摇首叹息道。

今天真是糟透了！清明节为什么要扫墓祭祖啊？不是封建迷信吗？哪有什么神明鬼魂？一群人，站在那里淋雨，还要摆祭品、清扫、鞠躬、烧纸钱……烦不烦啊！太爷爷的死已是遥远的记忆了，关我什么事？我心想。

二

今天，墓园里又多了一尊石碑。

今天，我的曾祖母去世了。

三

一年后的清明节，仍是小雨纷纷，朦胧了远山的轮廓，湿润了这片山头。我还记得去年清明的那个小男孩——今年他会不会也似野牛般桀骜不驯？远远地，我看见他匆匆从雨中走来。

不同的是，这次他手里拿着祭品，走在队伍的最前面。小男孩长高了，也成熟了许多，迈出的每一步都踏实而安稳，似乎曾经如火的性情变得似镜花水月般温柔。

他们走到一尊今年新增的石碑前。小男孩抢过扫帚，埋头起劲地扫起了墓前的落叶。扫干净后，随后跪下叩头。良久，他方才起身，又恭恭敬敬地鞠了三躬。

我注视着墓碑，曾祖母那慈祥含笑的面容仿佛浮现眼前。曾祖母生前极疼爱我，每次我去她那儿，她总会为我烧一顿丰盛的饭菜。菜香从厨房偷偷溜出，钻进我的鼻腔，逗引着我前往厨房。灶台高，而我个子矮，便使劲地踮脚，想看清曾祖母在烧什么菜。曾祖母笑着用布满皱纹的手拍拍我的头，说："别着急，待会儿你就能吃到红烧肉了！"如今，曾祖母已经离开了我，永远永远，都不再回来了。我认识到了死亡的可怕，也认识到清明节并非如我所想的那样烦琐而无意义。当我满怀庄严地去进行那些仪式时，我的哀思得以寄托。曾祖母，你一定能听到我的惦念吧！我想你了！

清明时节雨纷纷。纷纷扬扬的不只是天公之泪，还有中国人对家族的珍重。

一阵风吹来，千树叶摇，万枝鸟鸣，却摇不散这一段我与清明文化的故事。

余生很短，故事很长……

琴棋里的故事

古筝：筝之悠悠，心之怦怦

《文史谈古筝》是在籍名家谢晓滨教授和"国内朱权研究第一人"江西师范大学中文系硕士生导师姚品文教授二人合著，为古筝界提供了翔实的古筝研究资料，其中我最感兴趣的是古筝的来源，即关于瑟由五十弦变成二十五弦的一个传说。

据说，黄帝让仙女素娥弹一种五十弦的瑟。黄帝觉得五十弦瑟弹奏出来的音乐非常悲凉，不让她弹下去，但是禁止不住。于是瑟被一分为二，破成二十五弦筝，再演变成如今的二十一弦筝。

书中记载，古筝的历史可以追溯到春秋战国时期，可即便它历史悠久，也无法逃过没落的命运，一天天淡出人们视野。当我读到此处时，似有一种与古筝历史邂逅的微妙从指尖蔓延至全身，脑海里古筝的旋律悠扬婉转，荡气回肠。那种感觉宛若于仙境一般，我沉醉于书中，更陶醉于曲中。顷刻间，便有一个声音在我心里回响："不，不可以没落，我想让更多人去感受古筝之美！"

自那时起，我便爱上了它，爱它的历史悠久，爱它的温文尔雅，爱它的热情奔放。它忽而萦弦急调，繁音错杂；忽而音断绝弦，寂然无声。"弦音高张断，声随妙指续"用来描写古筝真是贴切。

还记得在初学古筝时，老师带我去听了著名古筝家的独奏会。筝声有时如涓涓细流缓缓淌入我心，有时如暴风骤雨直击心灵之窗。在当今喧嚣的世界下，能有首曲子净化心灵，难道不是件让人怦然心动的事吗？

我爱古筝，因为它不仅音美，意也美。书中提到战国末秦地民间说、蒙恬造筝说、京房造筝说、后夔子野说、古越说等，由此看出，筝的应用范围之广，意象之富，不仅书是这么描写的，有句古诗也是如此"徒闻音绕梁，宁知颜如玉"，我们可以通过其音美来看到弹筝者的心芳洁如玉，才华更是超乎众人。钟子期能从伯牙的曲中看到泰山以及长江，而我似乎也能从袁前辈的曲中看到一位中年男人立于船头，望着远方，高声唱起歌来；我也能从《青花瓷》

中看到一位俏佳人，纤指轻抚，缓缓弹唱，清音悠扬；我还能看到一位身着盔甲的战士，双手弹琴，为即将上战场的战士们加油鼓劲，这是在弹奏《十面埋伏》……在现在多变的环境下，有个"朋友"，知你心意，扬你情感，使你身处向往之处。学习古筝一段时间后，我才发现它不仅乐调、音色、韵律让人心为之怦怦，弹奏它本身就是件怦然心动的事情。

我终于有能力弹奏独立的曲子，一曲《彩云追月》悠扬如天籁之响。我右手弹奏琴弦，左手在琴码左侧起伏按压，松紧弦，使右手所弹的音产生波动，这叫作颤音。我似乎与它产生了某种联系，它将我的感情都用音表现出来了，弹奏它时，一种前所未有的轻松愉悦充盈着我心，这也是它让我怦然心动的一个原因吧。

正如《文史谈古筝》所说，古筝文化的历史如此悠久，我坚信她不会没落！她是一颗星，永远在历史的长河中熠熠生辉。今后我将会以自己为线，牵起古筝的旧时和未来。我要让更多人感受筝之悠悠，心之怦怦的美妙！

箜篌：十二门前融冷光

"十二门前融冷光，二十三丝动紫皇。"每每瞥见月光下伫立着的箜篌，一曲《李凭箜篌引》便悄然浮现。

初见箜篌，还是爷爷让它重新奏响。他那长满老茧的手指在一排排弦上轻轻拨弄，奏出一串优美的乐句。那张布满皱纹的笑脸是因奏响箜篌而欣喜。我也学着他的动作，却只余不绝于耳的杂音。坐在板凳上，震得发疼的虎口、磨破的指尖、压得酸痛的肌肉无一不令我将它放弃。自此，箜篌被弃置在角落，蒙上了尘，不再发出声响。

一次巧合，我在博物馆内遇到了千年前的古箜篌。它的模样在历史间模糊了，重塑了。透过玻璃，我似乎仍能听到在千年前它所奏响的《箜篌引》。

一人影，一箜篌，一双手，我再次将它拾起。琴被架在肩上，手在弦间来回跳动着，拨弄着，却仍旧奏出多年前泛出的刺耳的杂音。爷爷粗糙的手带着我在排排弦上拨弄，一双温暖有力的手带着我让它又重新奏响。低沉而苍老的嗓音和着节拍器的击打，清脆的乐音回荡在耳畔，虽不能演奏出连贯的乐句，仍向往着让它重新响起那千年前的乐音。看着爷爷放慢的手，繁复的节奏也在一点点流淌。摇指、泛音、轮指，复杂的指法在一次次练习间精进、娴熟，直至毫无失误。

春去秋来，光阴在琴声里逐渐消失，天地间惟余一人一琴。弯曲的共鸣箱在为琴音而歌唱，滑、压、颤、揉、指尖划过，带出一串漪音。小小的拨片随着手指，为凄婉的主调而伴奏，复调、琶音、和声、慢板，渐渐涌现，如昆山凰鸣，如碎玉低吟，如芙蓉泣露。我在这张蒙尘多时的琴中弹出了属于自己的《箜篌引》。只是简单的曲子，我却仍为这一点小小的进步而欣喜。

一曲《初见》如空山凝云般沉重。前奏的滑音又将千百年前的空灵声音传到了现在。主歌的重音犹如鲲鸣，诉不尽哀愁。高潮的颤音沉重得令人窒息，恍惚间又重现历史的哀歌。泛音结束，"江娥啼竹素女愁"的场景又一幕幕浮现。今时今日、此时此刻，我竟然真的做到了——我让一架古老的箜篌重新奏响了千年前的声音。

西风残，故人往，箜篌亦如此。在川流不息的人群中，鲜有人奏响它，让它再响起一曲《箜篌引》。我将它重新奏响，虽仍稚拙，但却凝结着我的愿望：箜篌，这古老而优美的乐器，我愿你重回大众视野，重新奏出那如清泉、如雪水般动听的乐曲……

围棋：自缘棋说

故乡的小亭子下不经意间飘落一片树叶，我与棋的故事缓缓晕开……从晨光到昏黄、初春到暮秋、童年到少年，时光的卷轴铺开，细碎的回忆从过往的沙漏流泻而出。

总角·黑白中的斑驳色彩

初识棋艺，是父亲拉着我在故乡的小院里。记忆中，午后的阳光穿林打叶，透过叶隙，漏下几方婆娑的树影，映在黑线网格交错的棋盘上。

林荫之下，温煦的微风拂过，父亲和我正坐棋前。父亲说，这黑白棋子中的道理，是先辈总结传承给后人最珍贵的智慧，是中华上下几千年的传统。那时我年方5岁，不懂什么大道理，却十分爱听父亲讲的小故事：黑骑将军孤身陷阵，落入白旗军营的层层圈套。白军切断了黑骑的退路，正企图吞并黑军。千钧一发之际，黑骑出其不意地选择冲进白营，没有回头，巧妙地来回旋了几转，竟是杀出了条血路，冲破了敌人的封锁……每每讲到精彩之时，我都会兴奋地站起来,手舞足蹈。父亲则是笑着又把我拉回座席,牵着我的小手下棋。如今想来,幸好父亲在我启蒙之时将棋文化与故事融合,赋予棋子生命,一颗炽热的种子才得以在我心底生根发芽……

垂髫·十九纵横中的智慧

"你为什么学围棋?"

他人不经意的疑问却成了我无数遍的扪心自问。

许多个夜晚,林荫之下,昏黄从树缝氤氲而下,陪伴着独坐棋盘前的小小身影。飞、托、退、虎、压、跳、挖,无数遍的复盘练习,我将万分复杂的棋局抽丝剥茧,一层层理出头绪。那段时间,别人都说这小孩着了魔,年纪轻轻就只关心棋。我默默在静心探索中沉淀,静静地等待。我想,棋盘上发生的所有故事,都源于我们内心的思考。我们每走一步,都会有千万种不同的结果。落子无悔,我学会了三思而后行。指腹慢慢描摹着千沟万壑、纵横交错的棋盘,我凝望着最初的凝望,望见了那遥远的时代,就在我浅浅领悟到先人在围棋中的智慧时,为什么学围棋——好像不需要任何理由了。

豆蔻·棋文化之薪火相传

花开叶落,次第又花繁叶茂。

重回故乡,亭下林荫不再只有幼童孤坐。这里多了温暖的阳光、清爽的微风、老人的攀谈、孩子的嬉笑,还有棋子落下的"嗒吧"。旧棋桌旁增添了新的棋桌,孩子们密匝匝地围着,托腮提肘。望着他们的神情,望着那种稚嫩的认真,一股熟悉溢上心头。走在故乡的小路上,过往的照片慢慢地在脑海里一帧帧跳过。突然发觉,棋已经陪我走过了初春、暮秋,童年、少年了。

我又一次轻抚棋盘,棋魂与记忆中的一切渐渐重合。树下悄然而落的叶子,带着我与这传统文化的缘分与故事,深深地重叠在故乡的亭子里。

书法:墨染宣纸,笔下生花

"横如千里阵云,折如百钧弩发,点如高山坠石。"这句话从小就刻在了我的脑海里。正因为从小就与书法有了不解之缘,我更得以了解中华文化以及流淌在国人骨子里属于自己的故事。

野 菊

初识书法，我大概六岁。第一次看见那洁白宣纸上墨色的字时，我感到了血脉的跳动。是怎样的传奇文化可以孕育出如此出彩的华章？是怎样性情的人可以挥起手中之笔写出这气吞山河的篇章？我的脑中萦绕着疑问。在老师的指引下，我提笔书写。稚嫩的笔触像初春的小野菊，在纸上绽放出属于它自己的故事。我也是在那时喜欢上了书法，爱上了传统文化。

海 棠

再识书法，我已是十岁的少年。我对笔下流淌出来的文字有了初步的见解。我开始思考，为什么写字的那个人竖会写得很短，或另一个撇会很长，而横又会稍稍倾斜？在这段日子，我了解了许多书法家的逸闻趣事。有吃墨的王羲之、有在知侄子惨死后悲愤写下天下第二行书的颜真卿，更有家中木门槛被求书者踏破的智永……一个个鲜活的人物在我脑海中久久挥之不去。在他们的文字中，我看到了坚毅、豪放、刚强……我的字也有了改观，变得清秀了些，像是腊月中的海棠，略有姿色。看着那一张张白纸上的墨字，我对传统文化也更加向往。我想去读懂那些字背后的故事，那些流淌在历史洪流中零碎的记忆。

向日葵

如今，书法已成为我生命中的一部分了。有时我会去看一些名家的字帖，去感受他们笔下山河之壮美。我会幻想苏轼就在我的面前，他的笔触似丘壑、似野马；还会想象王羲之端坐我面前，他的笔触中有流水，似春风。我遨游在书法的海洋中，笔下的字有了新的迹象，它们像盛夏的向日葵，绽放于我的心中，传承着中华的灿烂文化。

书法虽然只是中华传统文化的一部分，但它发扬着文化，传承着精神。我愿我的纸上继续有着墨色，落下的笔中还会生出别样芬芳的花朵！

丹青：水墨丹青印我心

一滴墨顺着毛笔滴落，雪白的宣纸晕染墨色。漆黑的墨却将我未来的路照得很明很明。

爷爷十分喜爱水墨，每日都在画房挥毫。他的笔下是活灵活现的鱼儿、娇嫩欲滴的鲜花、醉人心神的山水，一切美好的事物皆被他于纸上栩栩如生地描绘。而小小的我就待在一旁痴痴地望着，望着爷爷身上所散发的古人的儒雅气质，望着那水墨画中无穷水墨意，小小的梦想在心中发芽，未来我要当一名画家！

"这是牡丹花？花都看不出来！"我好像并不那么有天赋。每一幅画都是同学们的笑料。望着自己画出的画歪歪扭扭地一团墨，我也知道自己画得很差，自尊心使我气愤地摔笔跑出画房大喊："我不要再来画画了！"犹记爷爷的神情：生气、惊讶、失望。

爷爷只是过来跟我说了一句：你的未来就是别人这样轻易就能改变的吗？"我的内心久久不能平静，十分羞愧，终于鼓起勇气："爷爷我要继续学！向我的未来进发！"爷爷脸上露出了赞许的微笑："明早六点来画房。"

次日六点，露映晨辉，鸡声鸣啼，我已端坐于画房。一毛笔、一宣纸、一砚台与一古色古香的画房带我向未来。每日首先欣赏名画，今日是一城尽繁荣，一画传千古的《清明上河图》，明日便是远避红尘纷扰、回归自然本心的《富春山居图》。每日此时，我都被水墨的无穷意味所深深吸引。随后爷爷开始教我画画，从如何铺纸、研墨开始，捻笔转笔、粗笔细笔、工笔勾勒、晕染墨色；从最基础首笔，爷爷十分细较地教，而我也认真地学。日复一日，我学到了很多技法，爷爷突然说："该教的我都教了，水墨画还得看你自己悟、自己练，期待你画出的牡丹花。"此后只我一人在画房依旧毫不松懈。起初勾出的牡丹花歪歪扭扭，技法运用十分不熟练，晕染的色是一块浓、一块淡，极不美观，但我就这样毫不放弃，一张又一张地画。清晨的微光透过窗户，洒在所画待放的牡丹上，皎洁的月辉无声漏进画房。窗外的树叶吹起夹杂蝉鸣沙沙声，桌旁一张张摞起小山似的宣纸上流转着金色的阳光。每一笔画下的墨痕漆黑着雪白的宣纸，明亮着我的未来。我时常鼓励自己，加油啊！未来的你要当一名画家！终于点痕勾勒流畅和谐，技法运用熟练自然，墨色晕染浓淡相宜，一朵牡丹于纸上傲然绽放，我知道，我向未来进了一步！一点一痕水墨丹青相映我心。

我们应向着我们的未来坚定不移，向着心中的理想前进，仅视他人之疑目如盏盏鬼火，大胆走自己的追梦路！此时我坚定不移地向未来。

此的我向未来的路很明很明，未来我要当一名画家，未来我要让传统文化之风山高水长、源远流长！永墨丹青印我追梦路，水墨丹青映我追梦心！

篆刻：石头对刀的渴望

我从小就喜爱篆刻这门艺术。我爱它如剔透琉璃般小巧，也爱它"拈笔古心生篆刻，引觞侠气上云空"的豪爽大气；爱它千百年来的历史文化，也爱它"阴阳相生，大道至简"的事物哲理。

可篆刻实在是难学。难在步骤十余种之枯燥，难在刀法二十余种之冗杂，难在要将汉字的千姿百态在这方寸石料中表现出来，刀承字势，更难在要承担住篆刻二千余年的优秀传统和千古文人志士的傲气。

长空引啸深林舞，飞鸿翩然天地宽。青埂峰下从此无青石，丫居室里端然坐印章。石头不再是石头，石头的征程在远方。当一块石头经历了无数的打磨、雕刻，它就不再是当初的那颗顽石，而是被赋予了新的内涵和使命。正如人在社会中摸爬滚打，磨去了年少的棱角，变得沉稳，学得的知识、经验在心中沉淀，更有作为人的使命感。

"篆刻，是刀对石的渴望；印章，钤下石对刀的怀念。"则写出了生活的磨砺是双向的，我们在遭受挫折的同时不能失去生活的希望，要在失败中获取经验。总有一天，我们会对这一段时光报之以感谢和怀念。

"刀对石在训诫，石对刀在承诺。一时，石屑飞溅，剃度前生心向我。留下坚决，剔除脆弱，石对刀细细叮咛：你等我，慢慢自呈现；刀给石轻轻述说：我让你，惊艳恒永远。"石头接受了刀的磨砺与锋芒，棱角细细被磨平，留下的不是伤疤，是内涵的模样。

李岚清在《原来篆刻这么有趣》一书中透露，其实每一方印的背后都有一个动机、一种理念，有一首诗、一幅画，一首歌，甚至是一段有趣的故事。

我手里有块人字印，和它的渊源要从小时候说起。

遥记当年书房里，墨香微醺，炉烟氤氲，梨花芬芳，金石篆刻。

祖父对我说："这学篆章，就像是学做人。一块石头，经历无数次打磨，流经岁月时空，刀在它身上刻出痕迹，才有了深厚的内涵意义。"他将章给我，上面赫然刻着一个"人"字。

每当我手握笔刀，一端雕刻生花，都不会忘记《石头对刀的渴望》一文和那块人字印告诉我的：挫折和磨砺能丰富内涵底蕴，不仅是章，人也如此。

剪纸：裁一寸栩栩如生

文以载道，文以化人。传统文化不仅是一次次对完美的执着追求，也是一辈辈传承的工匠精神，更是一个民族的美好愿望与精神寄托。

红纸碎屑间，满头银发的爷爷戴着老花镜坐在桌前，他手拿一张薄如蝉翼的红纸，右手握着把剪刀，在纸间来回穿梭，剪裁、雕镂，一丝不苟。红纸纷飞，一幅剪纸落下，栩栩如生的动植物跃然纸上。红线与黑点相映成趣，线与点的结合是那么的巧妙；有着蓬勃生命力的动物与静态的红纸形成强烈对比，动与静的交融是那么的和谐。

我正拍手叫好时，爷爷却皱起了眉，又拿起剪刀修剪："人老了，手都抖了，线也不直了。"一条条细得像蚕丝一样的红纸落下，再看时，纸上栩栩如生的动物好像要朝我扑来。

爷爷拿来一把凳子，让我坐在他旁边学习剪纸。我学着爷爷的样子，右手握剪，从空隙中削过去，一条极修狭的纸便落下，可爷爷似乎并不满意。我练了不知多久，不知削了多少红纸，天色一点点变暗，线一点点变窄，心一点点变静，手一点点变稳。我削出来的红线，虽未细若蚕丝却仍能让人赞叹，运用在剪纸画中，动物变得活泼了，植物变得茂盛了，意境变得栩栩如生了……

爷爷用布满褶皱的大手握着我稚嫩的小手放进剪刀柄中，拇指与食指开开合合，剪刀的刀刃切切磋蹉，红纸对折，剪刀横着剪过去，一个镂空呈现在眼前，镂空在纸上排列，形成了老虎道道的花纹，体现老百姓趋吉求福的美好愿望；刀刃在红纸上划一道弧线，一个月牙的形状便映入眼帘，月牙在纸上堆积，形成了鱼儿层层的鳞片，表现老百姓年年有余的幸福期盼。

一片片形状各异的红纸屑落下堆积，一寸寸栩栩如生被裁出，镂空的部分相映成生机盎然的小动物。我看着用剪刀打下的栩栩如生的"城池"，咧开嘴笑了起来，爷爷见状也露出了他那残缺不全的牙齿，开怀地笑了起来。

爷爷不知疲倦地向我传授剪纸的技艺，从清晨剪到黄昏，从绿春剪到寒冬，从牙牙学语剪到亭亭玉立……

时光变迁，岁月更迭，那桌前只剩下了我一个人埋头剪纸，爷爷的手越来越抖，只看不剪了。我用的是那把被爷爷视为宝贝的剪刀：刀柄已泛黄，已被爷爷的执着和岁月的沉淀磨得反光，刀上已有些生锈，呈红棕色，只有刀刃还洁白如玉，闪闪发光，闪耀着那永恒不变的工匠精神。

红纸间纷飞的是布满伤痕的双手，图文间穿梭的是写满岁月的剪刀。拿起一张红纸看去，春天的生机勃勃在黑红间勾勒得让人向往，剪纸人的稚嫩与传承在红纸上照映得清晰可见。剪的若是竹，观者则如入清幽之境；剪的若是虎，赏者便如听震耳之声……

"剪纸这一传统文化啊，不能被遗忘啊，你可要好好学习剪纸，它承载的是我们老百姓的美好愿望和民族精神。这红纸多像咱民族的热火朝天、喜庆的气氛啊……"

剪纸是一条条精细雕琢的镂空，剪纸是一张张浸满心血的红纸，剪纸也是一位位传承传统文化的子子孙孙。

裁一寸栩栩如生，感一辈工匠精神，传一抹传统文化。剪刀划出了匠人额前的皱纹，红丝牵连了时代的脚步，碎屑堆积成了民族的文化，一幅幅栩栩如生的剪纸画作承载着民族追求在传承中不断进步、攀升、发扬光大。

刺绣：针中文化

这块字匾在墙上已挂了十几个年头，这是我太婆的刺绣作品。匾不大，只装了五个字："家和万事兴"。字迹端正，上面绣了几朵牡丹，配上寥寥几簇绿叶，使得它不落庸俗，平添淡雅亲切之感。太婆用了白线打底，如此那字的笔锋醇厚、花的娇艳、叶的青翠舒展，便全都清晰可辨。线与线之间密而不实、疏而不漏，细细看去，线线匀称扎实，顺滑亲切。我站在字匾下，想起父亲说过的话。

太婆的刺绣技艺很高超，家里女孩子的刺绣技艺，都是太婆手把手、不厌其烦地教会的，父亲如此说道。他满怀温情地欣赏着字匾，告诉我太婆为了这幅字匾不停地绣了好久。太婆有一个浅黄色的布袋，里面排了许多各式各样的线团，插了三四根针。每次太婆做刺绣，必定要揣上这个小小的布袋，布袋很旧了，明显的有了岁月消损的痕迹，边边角角有了暗斑，如果它也有年龄，那一定很老很老了。可不要小瞧了这布袋呢，太婆曾用它里面平平淡淡的物什，绣出过初开的荷花、翻飞的蜻蜓、滚滚的露珠，一幅幅新鲜美好的图画，就由了太婆灵巧的手，在针下重新拓现。她说，刺绣比不得别的，走不了捷径，除了踏踏实实地一针一线用心勾勒，否则没别的办法绣出好的作品。刺绣是艺术，艺术是急慢不得的。于是这幅字匾，便磨去了太婆半个多月的时间。

"慢工出细活。"太婆说。不做则已，既然选择了开始，那就要全心全意将它做好。太婆不怕慢，她一丝不苟地捋顺丝线，展平布料，认真地比好底图草稿，眯起眼睛，用针一点一点地比画描摹。她的眼光在布袋里来回徘徊，拣出丝线，整齐地排在一边，手摸到针，捻上丝线，用唾沫抿湿，轻轻搓了搓，极缓地穿过细小的针孔，手稳稳当当，一点哆嗦也没打。绣几针，她就看一看整幅效果，等差不多渐渐有了雏形，她的动作就更加流畅自信。丝线摩擦布料，极顺滑地带出一声"嘶"的响动。太婆的动作流畅沉稳，针针扎实精准，她的手捻着针像蝴蝶一样在布料上上下翻飞，起起伏伏间甚至仿佛有了无声的旋律，针就是琴，针针合拍。她的动作时快时缓，却每次都显得沉稳扎实，丝线微微颤动，无端地让人联想到演奏间歇时微颤的琴弦。针线穿梭之间，新鲜的色彩、新鲜的图文逐渐跃到布上，而那捻着针的、布满皱纹的、饱经岁月磨打却又灵巧无比的手，与充满新意的图文形成了极为强烈的视觉冲击。我望着那双手，仿佛看见以前它们无数次捻着针在布料间来回翻飞的模样。

太婆说她很早就会刺绣了，绣过很多次，绣过很多美丽的作品，也被尖锐的针尖扎过无数次，她没想过放弃："这是老祖先留下的好东西，久了以后已经是血里的一部分，你扔不掉、割舍不掉的。这是根哪。"她顿了顿，又摇摇头轻轻说："不过现在都是机器了，没人再学了，也没人了解了。"她坐了下来，又捻起针，捧起布料，转头看着我，笑了笑，她的手满是皱纹，而每一个皱纹，都藏了她对刺绣坚守的一段岁月。我看着她，恍惚之间她的身影和千百年前江南水乡姑娘的身影重叠，一针一线，流畅自然。我走了过去，坐下来，看着她："我学。"又笑了笑，"你教我吧。"一股暖流从太婆的手流到针柄，再从针柄流到我的心。我知道我接住了刺绣这一文化的呼唤，接住了这文化背后的千千年，接住了这岁月沉淀后独有的醇厚绵延。我拿起了针，太婆看着我，仿佛找到了传承者，笑得欣慰。

历史的滚滚大河奔流不息，时代发展的羽翼有力疾飞。千古年的传统文化，在节奏极快的生活中被一点点埋没，岁月沉淀留下的瑰宝就这样积满尘埃。我们是否应该把脚步放缓一点，捡起这被遗忘的传统文化？事实上，我们应有那"闲看庭前花开花落，慢随天外云卷云舒"的闲适之心，慢一点，把急匆匆的步伐放慢一点，真正地去领悟那祖先智慧的结晶、历史的象征——我们优秀的传统文化。在这里我还想说一句："如果说精神是一个民族的脊梁，那么文化则是一个民族的根。"固然，机器做工快，但在快的过程中，我们似乎遗失了最原始的东西。何不静下来，就像刺绣一样，在丝线穿梭间守一片岁月静好。

针线交梭，觅一片初心、一方坚守、一往岁月、一段文化。

茶艺：悠悠茶香，漫漫人生

温一壶热茶，嗅茶香悠悠。

端一碗馨香，品人生漫漫。

茶，发于神农，兴于李唐，绵延千年。一本《茶经》从记述了茶的起源、习性、品质、制作等详细工艺与礼仪，为中国茶道甚至日本茶道做出理论基础。茶圣陆羽更是将茶人的修养概括为精、行、俭、德，融合儒、道、佛家的思想，将"君子仁人"的正直、廉洁、忠纯与茶的"君子之风"融为一体，使人们在品味茶的色、香、味的过程中，精神与情感得到净化与升华。

"荡昏寐，饮之以茶。"提神醒脑，荡涤困倦，茶水下肚，让人精神振奋，神情愉悦，是茶水的功效。

饮茶以自勉，是白居易崎岖的一生。生不逢时，才子白居易满腹学识，却在人生得意时仕途受挫，可他并不怨天尤人。他不会借酒消愁，无暇寄情山水，便以茶宣泄内心郁闷，用茶浇开胸中的块垒。白居易用茶水清醒头脑，提升自我，不纠于个人得失，发出了"乐人惜日促，忧人厌年赊"的感慨。而在一次次人生挫折后，白居易依然能够"游罢睡一觉，觉来茶一瓯"。看惯人间春花秋月，再抿一口清茶，依然不改的是初心，他依旧心系国家，依旧兼济天下。

"啜苦咽甘，茶也。"先苦后甘，回味无穷，风味独特，此茶所以文人雅士有闲情细品。

饮茶以自乐，是苏轼旷达的一生。苏轼中年时期仕途受挫，接连贬官。迁居于乡下小院，一方草木，一杯清茶，苏轼与友人共品，悟出："名随市人隐，德与佳木长。"苏轼便是早晨起床要喝茶、午后休息要喝茶、处理公务要喝茶、文学创作要喝茶，就连做梦也是与茶相伴。淡雅的茶香造就了一生淡泊的苏轼，使人陶醉的茶味让苏轼牵肠挂肚，也让他看惯了大风大浪。寒来暑往，光阴荏苒，世间一切都会逐渐消逝，而那不变的是茶的本味，是那穿越千古依旧能苦尽甘来的醇香，是那"初见乍惊欢，久处亦怦然"的经久弥香。

"茶香宁静却可以致远，茶人淡泊却可以明志。"淡泊明志，宁静致远，是孔明的思想，亦是饮茶人独特的体会。

饮茶以自省是墨客们淡泊的一生。"以茶立礼仪，以茶可雅志"是刘贞亮的二德，也是他忠实纯正、颇识礼仪的缩影；"平生不平事，尽向毛孔散"是卢仝高洁傲岸、豪放洒脱的写照；"一人得其神，二人得其趣"是陈继儒自然随性、特立独行的展现。饮着不同的茶，品的却是相同的淡泊。茶缘千丝万缕，弯弯绕绕，编织成的是从古至今雅士们的不随流俗、宁静致远。

手执《茶经》，我梦回千古。在烟雨缥缈的江南水乡，撑一把油伞，漫步于粉墙黛瓦之中，沐浴在阵阵清幽的茶香里。转出街角小巷，偶然看见一人身着布袍，在杨柳树的一张石桌下，支着铜壶，摆着几盏瓷碗，口中缓缓念道："不羡黄金罍，不羡白玉杯，不羡朝入省，不羡暮入台，千羡万羡西江水，曾向竟陵城下来。"他邀请我坐下同饮……

我愿饮一杯古树茶，在万籁俱静中览阅白居易跌跌宕宕后的初心未泯；我愿饮一杯白茶，在大江南北中遍观苏轼失意受挫后的乐观豁达；我亦愿饮一杯龙井，在沧海桑田中浏览千古文人们往返市井后的淡泊名利。

茶香悠悠，我心亦悠悠；长路漫漫，人生亦无涯。

陶艺：老槐树下

午后的阳光透过槐树的叶缝斑斑驳驳地洒在庭院上。院中散落的瓷器在斑驳的树影中有些许神秘，一个瘦小的老头穿梭其中，他就是我的祖父，一个与陶瓷融为一体的陶瓷匠。

我的祖父不仅是个陶瓷匠，更是一位老党员。解放战争时期，祖父在前线是一个通信兵。他以陶匠的身份做掩护，将军情藏在陶瓷内，混过检查，传递了许多机密军情。但没想到解放战争结束后，祖父竟真成了一个陶匠。

有一次，我回到祖父家。祖父正在做陶瓷。他一边和泥一边对我说："孙子，你长大了，跟我学着做陶瓷，怎么样？"我一愣，让我学这种东西，一辈子能有什么出息？我撇撇嘴，没有回答。祖父也只是笑笑。然后说："怎么，看样子是看不起我这个陶匠啰。你可不知道，它可帮了我大忙了。"他停下和泥，将手放在转盘上，眯着眼对我说："来，你试试？"我心里不服气，不就是塑形嘛，谁不会？我跑过去，坐在转盘旁，脚踩动转盘，学着祖父塑形的模样，双手在泥巴上上下滑动。刚塑成了半个瓶壁，那泥就如被空气推了一样，不往上走，全往下流。祖父站在一边，默默地看着我。他见我一脸窘迫，便伸出手，说："让我来吧。"只见祖父一揉，一按，一捏，一拉，一推，低头，俯身，侧视，五指时而合拢，时而双手食指轻轻一按，时而小指轻轻拨弄，时而拇指轻轻一捏……祖父好像忘了周围的一切，一个瓶子的雏形出现，虽只是雏形，但美在朴实。祖父停下手中的活，笑着对我说："塑泥时身子要直，力气要均，这时绝不能分心，心不能急，不仅仅是做陶，干任何事情亦应如此。"我只觉得脸颊发烫，那一刻，我才真正认识了我的陶匠祖父。

听父亲说，在改革开放前，祖父为了供养他读书，便放弃了在部队里稳定的生活，回家做了一个陶匠。他每天做陶极为认真，做出的陶瓷不但薄，而且坚固。陶瓷形状该圆则圆，该方则方，线条花纹细致。他将这些陶瓷卖给一些出口商，让其远销国外，让外国人也了解中国文化。祖父的技艺精湛，全镇人都知道了，于是便有人来学。祖父也愿教，但真正学会陶艺的人，只不过一二人罢了。

祖父年纪已大，很少做陶瓷活了，但他唯独把一个他亲手做的青花瓷留给我。如今我把祖父做的青花瓷放在家里的客厅，青花瓷上半身直而细，下半身圆而滚。内部贯通，瓶肚宽大，蓝白相间，朴素而美丽，清新而淡雅，瓶身上用蓝字刻着："中华文化藏于陶。"

午后的阳光、斑驳的树影、古朴的槐树，让我多看几眼祖父和他的陶瓷，我陷入了沉思：陶瓷看似简单，但祖父的陶瓷给予我一种精神、一种力量，它不仅让我读懂了中华传统文化，更让我明白了中华传统文化的内在精神！祖父传承了文化与精神，我也应如他一样，了解中华传统文化，读懂文化之精神，而后传之于后人，让其永驻人心。

何谓稀物？纵价值连城，不抵青花一瓷。

何谓恒久？于祖辈你我，不过文化传承。

旗袍：一袭青衣，两袖月光

人们常说："一袭青衣，染就一树芳华；两袖月光，诉说绝世风雅。"旗袍，是中国女性的传统服饰之一。清朝时，旗袍厚重而宽大，袖子很长，领子很高，显得过于拘谨，体现不出女性的美。到了民国时期，旗袍才终于有了改良，人们的审美逐渐入伍。人们将旗袍的袖口改至肩处，裙底改至膝处，再在侧面开个小衩，完美地呈现了女性的曲线美。

曾在电视上看过江南旗袍，从看第一眼，我就爱上了它，爱上了它的雅致，爱上了它的端庄。可惜我是没有体验过旗袍的，妈妈说最好等上了大学以后。但她说，旗袍是中国传统文化之一，仿佛一支笔，完美勾勒出了女性的线条美。她还说，小孩子一定不能驼背，否则长大以后就不能穿旗袍了。

妈妈虽是四川人，但因出生年代的影响，十分喜欢上海，便带着我跑遍了上海。

上海，可谓旗袍的聚集地。你无论去到哪里，几乎都可看到人手一件旗袍。游客们穿着各式各样的旗袍，有些人盘着头，戴着面纱帽、手套，提着小包，有些人甚至还披着奢华的貂，尽显古典传统之风。

有一次，我和妈妈在逛街时，在一家旗袍店门前，有一件旗袍深深吸引了我。我不由得停下了脚步。这件旗袍从上到下大概1米4左右，白色中晕染了水墨蓝，白得高贵，蓝得优雅，有中国传统器具"青花瓷"之美；几朵莲巧妙地绽放在旗袍上，与白色相衬，竟有"出淤泥而不染"之风；领口设计到脖子的三分之一处，边线为墨蓝，点缀出女性的肤色美。我趴在玻璃上，垂涎千尺，一会儿便跑进店，恳求那个卖衣服的小姐姐说服我妈妈试一下。终于，在我和小姐姐的强烈要求之下，妈妈穿上了这件旗袍。当她从试衣间出来时，我们的眼睛瞪得像铜铃，哇！她如同变了个人，简直焕然一新！气质倍增！路人都止住前进的脚步，连连赞叹。这件旗袍将体型有些肥胖的妈妈打造成了一位身材极佳的女模。厉害了，旗袍！妈妈高兴地在镜子前走来走去，还时不时扭一下腰，随后自豪且满意地买下了这件旗袍。我也明显感觉到，原本对自己身材有些自卑的妈妈瞬间自信了许多。后来她还向她的朋友们显摆呢！

这件旗袍至今还珍藏在妈妈的衣柜中，我时不时会把它翻出来，对比自己，看看是否合适。有一次，我硬是在妈妈面前撒娇，想试试这件旗袍，妈妈无奈地同意了。我穿上后，大气优雅。妈妈说，等我长大后就把它送给我，但她希望我好好珍惜它、爱惜它，好好地把它传承下去，把它的民族精神传承下去。

旗袍，确实配称为国之文化瑰宝。它的设计极其精细巧妙，一针一线都有其作用和意义。它使女性的曲线美完美地展现出来，不仅提升了女性的气质与自信，还提升了中国人的文化自信。这种优良的传统文化值得被一直传承下去，让世界领悟中国传统文化的魅力。

风俗里的烟雨

京剧：观白雪映红衣，赏传统之文化

不到园林，怎知春色如许。

——题记

转瞬之间，精彩纷呈落幕。雪花如席，破旧的戏台发出吱吱呀呀的声音，却映得台上那袭不屈的红衣更加傲雪凌霜。唢呐、锣鼓、擦子的声音相互映照着，充溢着整个胡同，也烙印在我心底。

漫步在京城为数不多的、人迹罕至的街道，只觉雪飘如絮，寒风凛冽。乍然间，身旁的胡同内响起了一声清晰遒劲的锣鼓声，我从胡同口望去，昏暗的巷子里有一个小小的深褐色的戏台，古朴陈旧，已经有些摇摇欲坠。而戏台上的主角身着雍容华贵，朱红中点缀着淡黄的玉带蟒袍，头戴金黄的霞冠，手拿一把折扇，眼神带着些许迷离，让人只觉"云想衣裳花想容，春风拂槛露华浓"。我一看，就知道这是我最爱的京剧《贵妃醉酒》里的扮相。看见戏台前有几个豆丁点大的小孩坐在戏台前的墩子上，我慢慢踏入巷子里，一股温和的檀香味扑面而来，锣、鼓、擦、唢呐的声音震天动地。

我靠在陈旧腐朽的柱子旁，台上刚好演到醉酒之时，水袖起落，翩翩跹跹。兰花指轻捻折扇，面若桃花，似笑非笑。合着锣鼓，折扇一转，翩若惊鸿，满天白雪，我冻得有些僵硬，可台上人的动作不曾有半分懈怠，而是更加铿锵有力，点点雪白落在光彩照人的朱红长袍上，绰约多姿，精妙绝伦，惊鸿一瞥间，我与台上的贵妃相视，一瞬，我深深感受到了她不甘与无奈后的坚定与自信。轻盈的水袖高高扬起，踩着碎步缓缓倒地，将一幅使人生怜的贵妃醉酒图映在眼前，身前的孩童们跳起来欢呼，掌声连连，而我也早已热泪盈眶，"好！"我向台上喊着，这是戏曲表演者最希望得到的赞誉，更是我发自内心的所感之情。

当最后一声底鼓敲响，贵妃如梦初醒，这一曲哀愁落幕了。这时幕后戏班子负责演奏的人员都走出台前歇息，台前的几个小孩竟也走入了戏班子里，只剩我一人沉浸在精美绝伦的戏中。"贵妃"走下戏台，我回过神，小步跑过去。"可以跟您合个照吗？"我忐忑不安地问道，生怕坏了什么我不知道的规矩。与方才戏里高亢的戏腔不同，温润随和的男声应了声："好。""贵妃"轻轻招了招手，让戏班子里的人给我们拍了照片。我连声道谢："您，您的戏演得真好！"我不知怎的吐出了这句夸赞，还没等我反应过来，眼前人愣了神，随即浅浅一笑，"唰"的一声，那把镶满珠宝的折扇被打开，他一挑，一转，在空中转了一圈，又"啪"地合上，起承转合，不紧不慢却又完美无缺。他用细长的指尖勾起扇尾的绳子，晶莹剔透的珠子顺着消瘦白皙的手臂，落入他的衣袖中。我瞪目而视，连声夸妙。"这戏啊……看一次少一次……"他将水袖甩到胸前，端着手，踏着端庄的台步，缓缓走进了戏台后的那间朱红色的屋舍。刚才的那几个小孩在戏台上比画着转水袖的动作，唱着咿咿呀呀的曲。戏班子的老师傅在旁边望着他们。我望着那抹远去的红色，在遍地银霜、破旧静谧的小胡同里他是那么格格不入，却又无比熠熠生辉。我想，那是因为他的坚持，所有戏曲演员的坚持，作为京剧的传承者，他们清楚地知道一台戏开唱了就不能停下。而作为传统文化的传承者，他们选择了这行就要坚定不移地走下去，即使无人问津，即使前路迷茫。

曾被百般宠爱的贵妃如今却在百花亭久候不至，闷闷独饮，尽剩哀愁，无可奈何。思索中，戏曲的发展或也如此，即使曾经在民国时期形成流派纷呈的兴盛场面，而如今却只能在破旧胡同里孤芳自赏。我自幼受家人影响喜爱戏剧，可与同龄人交谈时发现他们一知半解。不只是戏曲文化，越来越多的传统文化也在岁月中消逝，中华文化源远流长，但它不应只存在于过去，更应陪伴在我们的明日。

戏曲《牡丹亭》中曾说："不到园林，怎知春色如许。"如果未曾看过梨园世家，怎能知道戏曲文化有这等姹紫嫣红。如果不去了解独属于华夏的传统文化，怎么能知道我神州文化的博大精深，雅俗共赏。传统文化彰显着温养于中华的百折不挠，于历史中涓涓流淌着的温柔敦厚。而我愿与戏曲为伴，与中华文化同行。文化成就未来，传统不容忘怀。我始终坚信，传统文化能让我们看见礼仪之邦在历史沉淀中的不扶自直，更能成为驱使中华民族不断奋进的不竭动力。

花鼓戏：好一曲《雪梅教子》

台上的角儿身着戏服，甩着袖子，"咿呀呀"地唱着，引得台下的人阵阵喝彩。忽然，锣鼓一声响，角儿一声喝，双目瞪如铜铃，拿枪作势要刺。随即，引来一阵掌声的狂潮……

湖南花鼓戏蕴含着深厚的民族文化，它精彩绝伦，吸引了无数人，启迪了无数人。

堂屋里，阿婆坐在四角磨损的小板凳上。耳畔传来一阵悠悠绵绵的戏曲，钻入我的耳膜，酥酥麻麻的。她轻轻地摇着蒲扇，清风携着楚汉文化徐来……

燥热，是难熬的仲夏的夜。清凉，驱散了我内心的烦闷。

老一辈的湖南人最爱看的就是花鼓戏了，阿婆就是典型。春雨入土，花鼓戏早已融入了她的生活。老家买了新彩电后，阿婆也上了年纪，她不再赶去别地看戏。可每晚她都会按时打开电视，调到戏曲栏目，拿上小板凳，摇着蒲扇，和老姐妹们一起看戏。一旦有人跟她谈起戏，她就像打开了话匣子，说得兴高采烈。在她眼中，花鼓戏总有品不完的味儿。

小时候回老家，我总是喜欢跟阿婆抢电视看，常偷偷拿遥控器调台。那时的我总认为花鼓戏那枯燥无味的腔调没有卡通人物那般有趣、那般吸引人。但阿婆总想拉着我一起看戏，我不忍心让她老人家失望，只好答应。

酷暑，空气都好像在燃烧，我热得直冒汗，衣衫都被打湿。

在铿锵的锣鼓声中，角儿终于登场。咦？怎么只有一个人，还是个妇人的形象，我越发觉得没劲，浑身燥热，怎么也坐不住。阿婆在一旁笑而不语，只是盯着电视。我学着阿婆的模样，仔细端详，才惊奇地发现，那老妇人的服饰和妆容也别有一番讲究。她头戴黑蓝方巾，身穿蓝白戏服，袖子边是一条宽宽的白，显得很端庄，脸上涂的是胭脂水粉，眼睑下的脸颊是粉白，眼上是一道深深的黑。那一黑一白勾勒出她的忧愁。

妇人一边唱，一边撩起袖子遮住脸，掩饰脸上的悲伤。她凄艾地自述着"秦雪梅坐草堂，心思想——"原来她的丈夫去世了，留下她和上老下小，孤苦伶仃。伴着唢呐独特的配乐，幽幽的歌声缓缓从电视中流出。我有些发怔，她唱得慢但极具感情，像流水一般带着一股深深的悲伤流进我的心中。妇人突然收声，又是一阵锣鼓声后，她的音调渐渐转高，一字一句也加大了力度，手把袖子一甩，扬在半空。阿婆摇摇蒲扇笑了笑，原来是到了剧情的转折。妇人克制住心中的悲伤，高声诉说着对儿子的殷殷教诲。句句动人肺腑，悠扬婉转，又锵然有力，带着母亲特有的温柔和坚强，道尽用心良苦。我的心像被击中的锣鼓，颤了颤，不禁想到自己的父母，也是如此这般用心良苦。

好一曲《雪梅教子》！

坐定，细听，才发现原来花鼓戏并不简单。其蕴含之深，是阿婆品了多少年都品不完的经典，实在不是那些新鲜刺激的现代产品能够比的。

花鼓戏的声声入耳，浸润着我，使我胸膛中那颗久久躁动的心，终得以平静。

在沉博绝丽的诗词中，动人的故事娓娓道来；在抑扬顿挫的乐曲中，百年的唱腔曲调丝丝扣入；在汉楚文化的温润下，沉积千古的悠扬传统向我涌来……

一把蒲扇在手，坐听戏曲，品的是经典永流传！

皮影戏：再寻皮影

"三尺生绡做戏台，全凭十指逞诙谐。有时明月灯窗下，一笑还从掌中来。"总会在某个慵懒的午后，忆起儿时的靖港古镇，还有大伯与他的皮影戏。

初遇皮影是在靖港古镇的皮影艺术馆表演厅里。隔着一方白幕，一束白光打在幕布上，巴掌大小的各色人物显现在幕布上，人物外形清晰可见，连其腰间的珠宝配饰都裁剪得极为生动精妙。

自打大伯发觉我对这能在一方白幕上演出千军万马的皮影颇有兴趣后，大伯露出了他的家底——他年轻时是在镇上皮影戏班子里拉二胡配乐的，如今也说得上有两把刷子。很长一段时间，你总能在一座小屋的平地前，看见有一老一少坐在照着灯的白幕后，舞着三三两两的纸皮人儿，时不时还会传来几声嬉笑声。

去年暑假，母亲为我在老家报了个实践活动，正巧是去靖港古镇。再次踏进那皮影艺术馆，我心头多了几分滋味。望着馆内的3D皮影投影仪，墙上的电视循环播放着非手工做皮影戏人物的各种操作流程，我不禁想起大伯当年的话："这皮影戏的细线，只有我们人把它一丝丝理顺了，把每个角儿的细处给它搞好了，才可以舞起真的皮影，做到光与影的结合。"

我走向展馆边一处窄小的表演区，表演者是一位中年男人，他只是漫不经心地随着背景音乐演着《哪吒闹海》，手里的哪吒全无精神气。几番攀谈后，我知道了他是他家皮影戏的传承者，为了生计，才来这接了个表演的活。

"如今的社会，谁还愿意干这不挣钱的活？"那叔叔浅浅地说道。

我操起他手中的哪吒，一边舞一边与他对话："您应该寻些法子，在传承的基础上多做些创新，结合时代潮流，这样才能使皮影戏被更多人所熟知，更好地得到弘扬。"那哪吒踩着风火轮，擎着火金枪。在双手配合下贴着幕布，我将哪吒与三太子对决时的飒爽英姿展现得淋漓尽致。叔叔望着幕上的哪吒定了神。"没有他那样的三头六臂，您也能做得很好的。"我轻声说道。叔叔展开了笑颜，点了点头，接过哪吒，细心地教我如何更好地配上语言对话，把握内容节奏。

夕阳西下，鼓乐飞扬，一引一牵。

一下午的时间转瞬即逝，汗水竟湿透我的衣衫，我顿时也体会到了传承者们的辛苦。那位叔叔教会了我许多皮影的知识，仿佛时光又倒流回了儿时那段惬意的日子里……我也向他提了些传承能怎样融入现代潮流的点子。他承诺会不忘使命，担起传承皮影戏这项传统文化的责任。

再寻皮影戏，我寻得了儿时与大伯戏皮影的乐趣，寻得了皮影戏传承人与皮影相伴的辛苦却有意义的日子的滋味，寻得了皮影戏更深的魅力所在。皮影戏传承人的汗水与暮色相随，浸出希望的轮廓；他们的恒心与努力相依，渲染出传承的底色；他们让皮影戏不只尘封于老照片或时光的角落里，他们用行动让这一非物质文化遗产让世人为之所惊叹……

愿每一项传统文化都能得以传承，生生不息；愿每一代人都能感受其瑰丽，寻得其真意。

秦腔：一声秦腔，一段情

"秦腔光喊！""吵得很！"和友人偶聊戏曲，众人大赞特赞梨园行后，便是一阵阵自以为是对秦腔的"高见"，我却只得沉下了心。

秦腔岂是这寥寥数字表现得了的？秦腔是汉族古老的戏剧之一。对于秦腔，我自幼知之甚少，但《忠保国》一段却是铭记于心的。垂帘听政，太后让权，外戚巧语蒙骗，忠臣上殿阻拦……徐彦昭，李彦妃两人的对戏是令人极叫好的。

徐彦昭苦心苦劝，可李彦妃让位之意已决，徐彦昭便唱道："国太准了臣的本，君是君来臣是臣。国太不准臣的本。"一个高八度的粗犷声音喝道："顺天府里对刀枪！"力度之强劲都震下了小孩手中的糖葫芦。唱罢，徐彦昭把头一甩，一摆，不知怎的就和台下的我对上眼了，一秒，只有一秒！我却分分明明、确确实实看见泪光了！徐彦昭祖祖辈辈皆是忠良将，何有起义造反之心？如今却不得不反，不反就是他人夺权国破家亡。徐的泪光中藏着不甘罢，悔恨罢……唏嘘罢……但内心是忠、是义、是家国，哪怕他的对手是自己曾经的珍宝。

所以，徐彦昭掉了一滴泪，仅仅，掉了一滴泪。

国太仍以命要挟，但徐彦昭大拍桌子，怒斥道："不能不能实不能！"这一嗓子也震下了含在我眶间的泪，流淌不止，流淌在地上、在心底……

这一段实在是好，起先以为只是写得好，便听了京剧、评剧、梆子的《忠保国》，京剧的八度不断往上翻，却听不见徐彦昭七尺男儿的血性；评剧的嗓音既粗又犷，却只有市井间叫卖的粗俗，没有徐彦昭世代臣子的稳重；梆子的音稳，却没有秦腔中定国公的柔弱内心系苍生的轻。

秦腔是吼出来的，它有老秦的血性！武安君，李嗣业……哪个不是拼出来的秦腔汉子。秦腔是吼出来的，它有老秦的实诚！最后一个也要上战场。

秦腔是吼出来的，它有老秦的柔弱！杨虎城兵谏委员长心里有着四万万民众的家园情！

唉，秦腔是只有一声吼，但一个个字冲腔而出，有着西北旷野的雄健悲壮，有着秦腔汉子的率真狂放！

望历史，看今朝。老秦人都以秦腔为纽带，在传统文化中寄托了一份家国情，使我沉寂的心又振奋起来……

醒狮：梅花桩上舞春秋

现场锣鼓喧天，节奏时快时慢，在梅花桩上，两位醒狮表演者正在表演，狮子神情栩栩如生，动作灵活轻快，在间距一到两米，高有两到三米的桩上来回横跳，令人提心吊胆，但表演者们动作娴熟，沉稳冷静，一个狮头起跳的动作惊呆全场，狮尾以一己之力举起狮头跳过了四个桩，间距达五米……

表演结束，现场一片沸腾，南来北往的人们都忍不住喝彩，而在观众席，小小的我充满了对醒狮这项传统文化的向往，希望有朝一日也能够拿起狮头来表演。

一次偶然的机会，我接触到了这项传统文化。那天，在镇上的文化活动中心，我坐在一旁羡慕地看着几个与我年龄相仿的小孩正在学习舞狮，看了一会儿，正在教授动作的教练看见了我眼里的热爱，便询问我是否想学……

从那以后，我就成了镇上醒狮队的一员。在队里，与我年龄相仿的只有两个，可以说寥寥无几，且队里的师兄大多都已出去工作，上次的教练也出去工作了，而我们的师傅则是50快60出头，所以在日后的训练中，师傅对我们这几个年龄小一点的徒弟关爱有加。

每次训练都是从夕阳的余晖到广场的灯开。在一次训练中，在为了元旦会演的表演台前，师傅的手中正比画着拿狮头采青的动作，一边指导我们采青时狮头的神情一定要生动，就像小猫吃鱼一样，并且眼睛要多眨几次，还有在上台和在台上转身再跳上第二层高台时一定要一气呵成。于是，在一遍遍的练习中、一次次失败中，我和狮头终于配合成功了。我们两人纵身一跃，我再抓住狮头的腰带将他拉起并转身，再一拉，狮头双脚轻轻跃起，随即稳稳地落在台上，我再一跃上到台上，狮头便开始采青，可师傅见了却指责我们说："上台一定要稳，不可过快，以免踩空，一定要小心哇！"说罢我们便去休息了，而在广场的灯下，师傅背上的一道道汗渍清晰可见……

不知努力了多少个日夜，终于，在元旦会演的那天，我和师兄配合默契，用努力博得了观众肯定的掌声。在那天，师傅的脸上露出了欣慰的笑容，并且他还拍了拍我的肩膀说道，好样的，有你和你师兄们的这一腔热血，醒狮这项传统文化必将发扬光大……

传统文化与我们不可分割，它博大精深，源远流长，是我们中华民族的精神财富，需要我们年轻一代将其发扬光大，也必将发扬光大。

炮龙：炮震千山醒，龙腾百业兴

我一直祈盼着回乡看一场广西宾阳的炮龙。农历正月十八是宾阳的炮龙节，那是一场"东方狂欢节"！这不？寒假终于可以回去了！

夜幕降临，华灯初上，我迫不及待地催促着伯母带我上街寻找"炮龙"。房屋商铺悬挂的花灯和地上的鞭炮碎屑倒映在旁的水洼上，扑面而来掺杂着喧闹的清风。千万盏花灯汇聚成一条巨龙，飞腾地向我们身后奔去。快要到了，仿佛已经听到鼓吹了，那声音大概是锣鼓，使我的心沸腾然而又自失起来，仿佛要和它一起弥散在月夜中。

当我们到了现场，炮龙节早已开始了。一群雄赳赳气昂昂的后生站在宾阳这块炽热的土地上。看！后生肩负着巨龙，周围的老乡热情在呼喊，随着鼓点节奏一起鼓掌。后生们像闪电一样灵敏而又迅捷；像金蛇一样，灵动而又充满力量；像火花一样，炽诚而又热烈。

他们的手、胳膊、腿及全身都有力地舞动着，惊心动魄地舞动着，热情大方地舞动着……使迷茫的世界充满光亮，使凝固的月月光飞溅起来，使冷冰的空气燥热起来！容不得束缚，容不得羁绊，容不得他人，只是用尽全身的力气飞舞着巨龙。我想，当他们的肩膀扛着巨龙的那一刻，他们的精神世界早已燃烧起来了！

越舞越用劲，越用劲越有力。今天在宾阳这块炽热的土地上爆出了一场多么壮阔、多么豪放、多么热烈的宾阳炮龙啊！人们也看呆了，却依旧不忘鼓掌，眼睛死死地盯着炮龙，不想错过每一秒每一分。我也看呆了，很难想象肚子里消化着粉丝酸笋的后生能爆发出这么磅礴的力量！他们是怎么做到的？仿佛他们要承着一股风直冲云霄。

时间随着月色的朦胧流转，转眼到了结束的时候，人们疯狂地抢龙鳞、龙须。我不明所以赶忙问伯母，才知道，腾龙能给这儿带来福气，腾龙一到百业俱兴！这是有好兆头的呢！我也赶忙上去抢了一把，看着金光闪闪的龙鳞我不由得从心底笑了。

今晚，我终于领略到了宾阳的传统年俗，也只有在炮龙节，才能领会到宾阳的文化底蕴。作为少小离家的年轻人，我大为震撼！又有什么理由，不去传承不去发扬，让这块瑰宝持续闪耀着民族的光芒呢？

晒秋：天凉好个秋

我的故乡江西位于祖国的东南部，是著名的鱼米之乡，也有着丰富的人文历史传承。由地方的风俗、民俗所形成的节庆日，更是可以在一年的时光流转中仿若走马灯似的一个接着一个地撞入你的生活，然后顺理成章地镌刻在你的人生记忆里了。

而在这一年繁多的节庆日里，能参与其中并在单薄的记忆里，予我印象深刻的，除了春节、中秋节等几个大家耳熟能详的节日外，就属晒秋了。

据我的外婆说，晒秋是我们赣西地区特有的民俗节庆。在每年秋收之后，各家各户将一年中自家耕种收获的农作物取出最好的一些在屋顶、连廊、地坪上，或是平铺，或是堆集，或是晾挂甚至可以塑造形状，于此曝晒在太阳下。寓意彰显这一年的辛苦劳作所获得的丰收喜庆，也是为了感谢皇天后土的无私馈赠！

在我孩提时，就经常听妈妈说起晒秋的有趣场景。记忆中的第一次参与晒秋是那年爸爸妈妈带我回外婆家。望着窗外的田野里一垛一垛堆立得高高的稻草和一些零散的还未收割的稻谷，我的心早已奔向常出现在梦境里的外婆家。

从前庭转到后院，不见外公、外婆的身影，我正纳闷，只见妈妈早已捧着一簸箕的红辣椒，说道："快去仓库找外公外婆吧。"说罢，就让表哥们领着我去了粮仓。几分钟后。一簸箕一簸箕的粮食和农作物就被我和表哥们"迎"了出来。

望着整齐摆放在地坪上的一个个簸箕，"这就是晒秋吗？也没有妈妈说的那样有意思嘛。"仿佛是为了回应我的疑惑一样，外公捧起一个最大的圆簸箕，里面装满着刚打下来的新稻谷。来到早就清扫干净的地坪中央，"唰"的一声，把稻谷倾倒在了地坪上，接着用手中的木耙子左一下、右一下，三下五除二地摆弄出来一个造型。我仔细一看，只见地坪上出现了一个有着尖尖的三角形的屋顶，下面有着一个竖长形的屋子，还有两扇门呢。"咦，这不就是咱们家的粮仓吗?""对喽,今年晒个大谷仓!"外公笑呵呵地回答道。妈妈和两个表哥也从簸箕里挑选出东西,开始摆弄和堆砌着他们自己想要做出来的形状来。

我若有所思地似乎明白了些什么。于是,我赶紧上前捡起了几串火红的辣椒,将它们一圈圈地围着,再在他们的中间用黄澄澄的黄豆堆砌出一个太阳的形状,大声地向着外婆说道:"外婆,外婆你看我的太阳,像不像?!""像!像!我妞妞堆的太阳可像啦!就算是天上的太阳公公看了都得抬一抬眼睛、点点头呢!"胖墩墩的三表哥则将黄豆摆出了一头圆滚滚的小猪,小尾巴打着圈翘着呢。二表哥大声地笑着说:"三弟,你怎么把自己给摆出来了啊。"听到这儿我们大家一起开心地笑了起来。

这一下,大家的兴致似乎就更高了。就这样,我们几个孩子在地坪上不断地用收获的农作物摆弄着各种物体形状,比赛着,欢笑着;而大人们则是跟着我们后面,等着我们"遗弃"完成的作品,把农作物归类,摆放着,欢笑着。

日当正午的时候,我们也玩累了,大人们把收获的农作物以稻谷为中心,一圈圈、一层层地画着圆圈摆放着,在地坪的中央形成了一个由农作物组成的硕大的圆。外公双手拄着木耙子,脸上洋溢着满足的笑容,外婆轻拍着双手,低声说道:"晒个好秋,来年更丰收!"而在旁边静静看着的爸爸蹲在旁边,说了一句我当时不懂的话:"这就是生活的图腾啊!"

时间飞快,当太阳快下山的时候,我和爸爸妈妈踏上了归途。我趴在爸爸车子的后座上,车后厢是外婆塞给我们的今天晒秋的"战利品",满满当当的,使车里弥漫着一股混杂着太阳炙烤后暖烘烘的农作物的清香,这是丰收的气息。

围龙屋:岁月激荡,烟雨花萼楼

远山青黛,深林浅涧,岭南的山总是藤多路窄。闭上眼,我仿佛又回到了那年夏天,雨后山林的水汽夹杂着砂砾扑面而来。

记不清已经在车上颠簸了多久,盘旋而崎岖的山路似乎没有尽头。打开一丝车窗,清新的山风滑过脸颊,拂去不适之感。望向车外,在青树翠蔓间,隐隐约约露出花萼楼的一道浅影。

车子忽然停住，我头晕眼花地下了车，抬头，才惊觉眼前古朴庄严的建筑，是客家的传统围龙屋——花萼楼，土黄色的围墙、花岗岩的楼门。沿着一段铺满鹅卵石的长道步入围楼，昏暗的四周豁然明亮，岁月与历史的鼓声近了。无垠天穹，浩荡流云之下，花萼楼愈加宏伟、大气。细石堆砌成铜钱图案，朱红色的三层围廊层层堆叠，上百间阁楼如花瓣向四周散开，金红色的灯笼饱满如硕果，青黛色的方形瓦片，龙鳞般铺满楼顶。抬眼望去，花萼楼似丹色的花，更如伏卧于山巅的巨龙。

沿着粗粗的老木梯上楼，顺着弧形的长廊游走。磨损古拙的廊柱，见证着楼里楼外百年风云变幻。典雅的绮阁窗棂、在微风中摇曳的朱色灯笼，无不诉说着花萼楼的悠久岁月、醉人风韵。我轻轻推开木窗，鸟瞰静谧端庄的花萼楼。一缕顽皮的山风轻快溜过围楼前水井，荡起圈圈涟漪，又跃上青瓦，悄然起舞，我的思绪也随之飘了起来。

耳畔，战鼓与雷雨的轰鸣声凌厉锐进，狂暴激烈的雨骤然扑来。霎时，花萼楼隐入浓浓雨雾中。红灯笼在风雨中疯狂摇动，幽幽红光笼罩着整座楼。那时，客家人为躲避中原的战火，远离烦嚣乱世，结庐于人迹罕至山林，在这里建起了自己的家园——围楼，它是为抵御外敌与土匪的防御工程，也是客家人团结一心、守护民族与文化的智慧结晶。

纷乱的声音渐渐隐去，乌云渐散，落日榴赤，流云梨白，燕舞莺啼，胭脂色的明霞潜伏于深谷。几颗明快的音符似珠落玉盘，清越的汉乐响彻了整个花萼楼。客家姑娘们身着明丽的传统舞衣鱼贯而出，手举五色绸布与竹片制成的鲤鱼，舞起了鲤鱼灯。轻快的步点、曼妙的舞姿，五色锦鲤灵活地游动。姑娘们步步流光溢彩，条条"鲤鱼"跃过龙门。皎洁明亮的圆月从山麓一角跃出，花萼楼内张灯结彩，热闹非凡，人们摩肩接踵，轻歌曼舞，美韵众和。暖黄的灯火、朱红的楼阁，巷陌流光，绮窗溢彩，花萼楼蕴含着无限生机与美好。

在历史的浩荡长河里，在岁月的风云变幻中，花萼楼朝迎绚丽倾城，暮送落日余晖。不管是天外云舒云卷，还是庭前花开花落，它一直静静地闲坐一角，与时光言欢，与岁月握手，波澜不惊，淡定自若，仿佛一位遁世的隐者。

其实，花萼楼便是中国传统文化的一个缩影，"常棣之花，鄂不韡韡。凡今之人，莫如兄弟"是她的名字由来，坚韧、勤劳、圆满、团结是她的品性所在，在漫长岁月里负重前行，不断自我革新，生生不息。几千年的中国传统文化源远流长，在风云变幻中去旧存新，不断汲取外界新鲜养分，自我完善、提升，因而造就了她既有细针密缕的细腻性，也有海纳百川的包容度的独特优势。

中华传统文化不断积淀传承，经久不衰，正如有人说，传统文化如远年琥珀，只有经过一定的打磨、归色，才会焕发出独特光彩。

放焰火：火树银花不夜天

百枝然火龙衔烛，七采络缨凤吐花。

——题记

焰火灿烂了夜空，花儿开得那样绚烂……

长隆晚八点的烟花盛会将我置于一种飘飘然的境地中了。一声声划破空气的爆鸣声响起，绚丽的烟花已在夜空中闪耀着最温暖的柔光。红色、绿色、白色交替辉映在周围游人们的笑靥上。一朵朵烟花在瞳仁中闪烁着，我仿佛瞥见了千百年来它在每一个华夏儿女心中绽放的样子。

小时候在老家玩的摔炮应是比较古老的鞭炮了。摔炮称不上烟花，却也算是烟花的老前辈。印象犹深的是黑夜将至时，哥哥拉上我来到小区，把攒了一周的摔炮玩完。盯着那小小的摔炮与地面摩擦、挤压、碰撞，微弱的火光在地面上放光，原本胆小的我在哥哥的撺掇下加入了摔炮的行列。渐渐地，那微光和"啪"的声响彻底抓住了我的心，我越玩越上瘾。太阳彻底落下地平线，爷爷奶奶喊着我们回家吃饭了。我们赶忙把没摔完的一团砸向地面。"嘭"的一声巨响，我和哥哥在相视一笑中，飞奔回家。

要说摔炮是微弱的烟花，那鞭炮和烟花真可谓熊熊烈焰了。

前年过年，我来到情侣路指定的地点赏烟花。一路上，街边卖烟花的小贩吆喝着，行人们走走停停。这时，一阵浓烟飘来，笼罩了我的视线。一个老人正挑着一根长长的木杆，上面挂着老式的竹排似的鞭炮，末端已经开始炸裂。直到这一刻，我才明白老人口中"噼里啪啦"的鞭炮的模样了。一串大红色在空中飞扬，宛若游龙。火星四溅，焰火开出了一朵花。恍惚间，我看到了：老胡同里、大杂院旁，熙熙攘攘忙碌着的人们筹备着年货。顽皮的孩子偷偷点燃了鞭炮。一那间，鞭炮炸裂起来，孩子裹着厚厚的棉袄，大笑着，注视着灿烂的焰火，路人也驻足观赏。待到最后一节燃尽，火焰照亮了门上倒挂着的"福"。

鞭炮是独属于中国人的信号。这浪漫的传统文化早在我们脑海中挥之不去。中国人最先发明火药,并非战争,而是将其制成鞭炮,寄托人们最美好的祝愿。所以,我们更应传承、发扬先祖们的愿景,让这份传统、这份文化、这份祝福、这份浪漫永永远远流淌在华夏儿女的血液里,深刻在骨子里,烙印在心里。

这一刻,我深深注视着刘绘笔下那"百枝然火龙衔烛,七采络缨凤吐花"的绚烂。

焰,舞动于夜空下。

花,绽放在心河畔。

放纸鸢:儿童放学归来早

红线凌云,青云路通,纸鸢摇满晴空。童年的回忆都被遨游在天空中的纸鸢填满,回想起来,只是游动在地面上的影。

很小的时候我爱哭闹,爷爷就做一架纸风筝,是精致的、小巧的,拿在我眼前摇晃。那时便好像在我心中埋下了一颗种子,我也就不再哭闹,细细地观察起来。

伊始婴儿哭啼时,我有纸鸢的陪伴。

稍大了些,已不满足于只是玩弄小小的纸鸢了,要缠着爷爷另做一个更大一些的,将它放飞在天际。爷爷又裁裁剪剪,为我变出一架纸鸢,又带着我将它放飞。看着它在天空自在地飞翔,心中的小树似乎也开始成长,朦胧中,我感受到一阵泛起的热爱。

儿时学习游戏时,我有纸鸢的陪伴。

又渐渐长大,对于纸鸢的热爱与好奇倍增,我向爷爷讨教如何制作纸鸢。剪纸的嚓嚓声、木架折断的吱吱声,承载着我记忆中的整个童年。我做得越来越好,终于有一天,我将它放上了天空,凭借着我自己。心中的小树也逐渐长成,抽出繁茂的绿叶。那热爱在我心中不断翻涌。

由儿童渐渐长大时,我有纸鸢的陪伴。

可是那股热爱伴随时间不断消逝,由于繁忙的学业,现实中的纸鸢好像都缠绕在了我心中的大树上,树木不再生长,纸鸢不再翱翔。爷爷老了,我想我也该为他放一次纸鸢。好不容易寻到一个空闲的周末，我带爷爷到了附近的公园。我拿出以前做的纸鸢——我第一次放飞的纸鸢，将它升上天空。那时骄阳正好，那几缕金黄淌在了身上。心中的纸鸢也像解开了枷锁，摆脱大树的缠绕，在天空飞舞。对纸鸢的热爱好像被打碎的酒瓶里的酒，在我心中晕开来。不过这次并不似从前那般狂热，它只是像一个支柱，撑起我的热爱。

从小到大，我从未真正离开过纸鸢的陪伴，纵使有过一瞬的迷茫与彷徨，但它终究根植在我心中。纸鸢——中国传统文化的一员，早已成为我的一部分，成为我未知与希冀中的那片光。细细想来，传统文化于我，也确是光吧。在对纸鸢的热爱里，我拾起对中华传统文化的好奇，便也生出了一份渴望。似乎每一个中国人对传统文化都是爱到骨髓里的呢，我亦然。

传统文化的底蕴是深厚的，即使我满怀渴求地探索，却也像无迹可寻。可能一切的传统文化都需要时间的磨砺吧，我能参透的，独独只有飘扬在我内心深处、我目光所及之处的那架纸鸢。

第二节 "敏而好学"：中华文化践行于心

我把美好凝成一首诗

传统文化，那春日流连的风

传统文化是中华上下五千年所凝聚之精华，是代代华夏人一同传承并坚持的信仰。传统文化如春日流连的风，出现在生活的每一处角落。传统文化在我身边，在我心里，充斥在我生活的方方面面。

"千门万户曈曈日，总把新桃换旧符"，古人将春节藏进诗歌带到我身边。一年之初，家家团团圆圆，平时在外工作的游子回到家里，同家人贴春联、剪窗花、逛花市、吃团圆饭。我家也不例外。火红的春联映照的是家人欣慰的笑颜，胶水粘上的不仅是窗花，更是将房里每个人的心严丝合缝。一大家子围成一圈坐在饭桌旁，欢声笑语与身边明艳灿烂的花儿交织成一幅阖家团圆的画卷。传统文化随着春联那抹红、家人脸上那抹笑来到我身边，我与它就像冬日与暖阳，它把世间温暖幸福赠予我。

"清明时节雨纷纷，路上行人欲断魂"，古人把清明写在诗歌带到我身边。淅淅沥沥的小雨点点落在肩头，我与家人带着香烛踏入山中。一座座墓碑庄严肃立在我眼前，人们来到这儿总是抱着伤感，可我并不觉得，这是我与那些逝去的人交汇的地方，看着那一张张黑白照片在烛光的荡漾下隐隐约约，恍然间，照片上的人好像向我走来，伸出手告诉我："别担心，我在那边过得很好……"传统文化伴着那春雨、那烛光来到我身边，我与它就像细绳的两端，它将我拉进回忆的流里，解开我的思念。

"浴兰包粽念忠臣，千古不亡湘水身"，古人将端午烙入诗歌带到我身边。屈原投江自尽,道出的是他那对楚国楚风的无尽眷恋,是他那忧国忧民的悲愤。他浸没在冷冷的河水之中,可他那赤诚的爱国之心仍在熊熊燃烧。粽子包得是世人对他的敬佩,龙舟赛的是对此等爱国之情的追逐。每个星期一的早晨,我站在祖国的大地上,望着迎风飘扬的五星红旗冉冉升起,我戴着红领巾,右手高举过头顶,我无时无刻不为生在中国而感到骄傲自豪,中国人对祖国的忠诚与热爱从古至今从未改变。传统文化藏进粽子,乘着龙舟,来到我身边。我与它就像鱼儿和池塘,我与祖国一刻也不分割,我的爱国之心未曾被割舍。

我与传统文化相互依存、相互促进。我与它如同冬日暖阳,如同细绳的两端,如同鱼儿和池塘,它予我家人的温暖,它是思念的桥梁,它是我对祖国沉重热爱的载物。作为新世纪的青少年,我愿像那古人,将它一直传承,一代又一代,让它流连在每个人的身边、每个人的心里。

一滴水的旅途

我是一滴水,一滴现在正在旅途中的水。

我时而作为云飘于天空,时而作为雨滋润大地,偶尔落入河中川流不息,也曾汇入大海浩浩荡荡。

我曾在一条小溪旁,被一名花白胡子的老者带走,装进碟中,成为一笔水彩,在雪白的宣纸上舒展开自己的身躯。从老人清朗的眼瞳中,我窥见了画的全貌。那是一幅淡雅的山水画啊。远处高耸入云的山峰披上了一件有薄雾织就的轻纱,却拦不住那股子蔚然深秀跃然纸上。近处几枝松枝随风飘荡,青翠欲滴。青箬笠,绿蓑衣,一名渔翁面朝远方,手执鱼竿,宛若雕像一般坐在河畔,静静等候着上天对他耐心的奖励。草地上的老黄牛自顾自地吃着草,感受着春风拂面,享受着这难得的休憩时光。寥寥几笔,却栩栩如生。我在画中也同样被这一派宁静感染,静静地流动着,生怕打破这画中的祥和与温馨。

时光飞逝,我继续向前,日夜不息。经过了重峦叠嶂,隐天蔽日的三峡,顺流而下来到了荆门,在此地就连三峡也被磨去了锋芒,展现出了温和的一面。此时已是深夜,长江白日的嘈杂此刻都悄然融化在夜色中。广阔的天地间仿佛只剩下了这微微的水声以及那江上仅存的一条小船。船上一人此刻正在月光下散步。远眺江流尽头天地相接,一轮皓月当空,宛若明镜。晚风轻动,平滑如琉璃般的江面顿时泛起道道涟漪，镜中的景物都如同江面一般滚动了起来，那光怪陆离的景象好似另外一个世界。远方云潮涌动，缝隙中若隐若现的点点光辉，与那银白月光交相辉映，好似云端有着一座斑斓的彩楼，令人浮想联翩。面对此情此景，船上那人迎风吟咏："渡远荆门外，来从楚国游。山随平野尽，江入大荒流。月下飞天镜，云生结海楼。仍怜故乡水，万里送行舟。"我凝望天边壮丽景象，同样吟咏了一遍，确是一首好诗啊。

"普天下，谁不想，太平安享。读书人，本应当，礼义兴邦。怎奈何，逢乱世，满途荆莽。也只好，羽扇纶巾驱虎狼。盼只盼，长风扫尽烟尘瘴。诸葛亮，再归隐，躬耕南阳……"我作为一滴汗水自一名少年头上洒落在地上。我抬头，那少年身着京剧服装，口中念着京剧唱词。脸上的汗水奔涌而下。纵使动作稍显笨拙，唱词略显生疏，但都掩盖不住他眼中绽放的热爱之光。一招一式，一词一句，尽显认真执着。远方的夕阳投射出最后的金光，将他的影子拉得老长，使他瘦小的身躯却仿佛顶天立地，脸上流转的汗水在晚上熠熠生辉。我在这耀眼光辉中变得越来越轻，腾空而起。我想起了旅行伊始，似乎也是这般情形。我仰望着那横跨时间的名为盘古的巨人，看他为这世界带来的生机与希望，在初升的太阳的照耀下随风而起，踏上我的旅程。此时此刻，记忆中的那名巨人与眼前的少年重合，他尽管瘦弱，但我同样在他的身上看到了希望。我想，我的旅途该结束了。

终于，我作为一滴水，流过了中华传统文化，自盘古开天地起，从琴棋书画到诗词歌赋、中华戏曲。现在我将作为一滴水，汇入文化长河之中。我们的过去源远流长，我们的现在蓬勃发展，那么未来呢？我从那少年脸上的坚毅看到了答案。我们每个人都微小得如一滴水，但只要我们积极传承传统文化，奉献自己的绵薄之力，那么我们的未来也必将生生不息。

文化越千年，传承永不变

中华文化源远流长，博大精深，卓越辉煌。上下五千年，文明圣火千古未绝者，唯我华夏，举世无双。穿越岁月长廊，文化的传承是延续历史的星火，是照亮此时的火把，更是指引前方的灯塔。

在滚滚东逝的历史洪流里，似乎一切的事物都湮没于无闻的浪涛中。但幸运的是，"岁月失语，惟石能言"，总有一些文化遗产能够传承历史的足迹，唤醒深埋于我们内心深处的文化血脉，为我们增添一份由心而发的文化自信，这便是传承的意义。

传承须坚守。茫茫大漠，袅袅孤烟。敦煌，就如荒漠中一颗璀璨的文明瑰宝，让人心驰神往。一本《敦煌图录》，让常书鸿回到祖国，为敦煌而奔走，为敦煌而坚守，哪怕经历着妻离子散的悲怆，也不曾远离莫高窟。他在这里坚守一生，修复壁画，整理画册，让敦煌艺术走向大众。他用坚守重现了敦煌之美，传承千年文化。"求木之长者，必固其根本；欲流之远者，必浚其源泉。"面对物质时代的诱惑、西洋文化的冲击，唯有坚守在传统文化的沃土上，方能续燃历史的火把，点亮前方的征途。

传承须匠心。世界再嘈杂，匠人的内心也须是安静的。在红墙绿瓦的安宁中，匠人们用精湛的技艺重现着故宫文物的辉煌，他们深谙 "技艺里没有捷径"。王津连续调试几天，只为完美隐藏钟表画屏的接缝；屈峰反复打磨，只为木料能刚好放进屏风的裂缝；王有亮一笔笔精细定位，只为完美地复刻一件青铜器。他们抛却浮躁，用沉静的真心让文物重生，让历史流传。

传承须创新。不伴随创新力量的文化到明天将成为灭绝的文化。文化经创新而有新意，有新意而能传承。《中国诗词大会》将诗词玩出了新意，雷海为、陈更、武亦姝……新人让旧诗焕发了别样的美；《上新了故宫》让文物上沉睡的元素复苏，藏在日用品的设计中，用新的形式走进了千家万户；敦煌的女儿樊锦诗临危受命，大胆构思了数字敦煌。她利用数字技术，为每一个洞窟、每一幅壁画，每一尊彩塑建立了数字档案，让莫高窟千载不老，容颜永驻，只有不断发展创新的文化，才能氤氲出文化的绵绵底色。文化传承从不是因循守旧的搬运，而是破而求立的创新。

然而，文化的传承并不必拘泥于形式。成都父亲让儿子骑牛上学遭嘲笑，西安少女夏日穿汉服中暑昏迷，浪掷千金寻国宝却买到赝品。穿得上汉服，装不上古人心；买得了笔墨纸砚，买不来气定神闲；空传承文化的躯壳，却抛弃了最宝贵的灵魂。文化传承的命脉在于其本质而不在于其包装。中华文化能海纳百川，重点就在于其不在于形而重于神。

华夏芬芳自古来，守正出新透酒香。当下，吾辈青少年自当接过文化传承的接力棒，学文化、懂文化，先知其义而后求其博大深远，只有真正了解，才能继续传承。我们的文化跨越千年，而传承之事更应代代相承，久久不变。

国之大美，今人共守

乌墨白宣，点染素雅的国风字卷；唐诗宋词，描撰动人的中国浪漫；缕缕绸带，编织出刚柔并进的大国风范：文化是一个国的血液，不该被淡忘，应该被铭记。

"无名无款，只此一卷；青绿千载，山河无垠。"悠悠青绿，点染脱俗画卷。一抹青绿色雅致清丽，让人眼前一新，2022年春晚上一部《只此青绿》展中国美学。韩真和周莉亚用心血铸此画卷，365天的创作、5个月的排练，用舞者们晶莹汗滴融成的跨越千年的梦境，唤醒了我们内心深处的文化基因。准备百天，只为一绽风采。文化之美，你我共守。

"莲心一片西河柳，又半夏、相思透。"浓浓药香，浸染中华子孙之心。张伯礼院士的大半辈子都被乌黑清香的中药浸泡着。大年初三，张院士临危受命奔赴武汉，成了抗击疫情的顶梁柱，他勇辟新道，制定了中医治疗方案，为人民带来希望。连轴转地紧张工作使他胆囊炎复发，他却说："这回我把胆留在了武汉，更加与武汉市民肝胆相照了。"这带着笑意的回答是华夏子孙的责任与担当、无私与奉献，丝丝缕缕的药香化为他接受荣誉时动人的泪水，正应了那句短诗："为什么我的眼里常含泪水？因为我对这土地爱得深沉。"这是张院士对国家无私奉献的爱恋。文化之任，你我共守。

"绿笋尚含粉，圆荷始散芳。"句句诗词，传遍了冬奥会场。开幕式倒计时随着二十四节气开始推进，厚重的文化底蕴是他气吞山河、无与伦比的智慧的基石，张艺谋导演用他的"苦、土、笨"功夫铸造了世界第一的中国式浪漫，在那闪耀着光芒的成功背后，是张导演用漫长的、不为人知的准备铸造的。他热烈而深沉的内心饱含着对祖国的热爱，是他用雪花的梦境展现了泱泱大国文化魅力。文化之深，你我共守。

"驼铃古道丝绸路，胡马犹闻唐汉风。"缕缕丝绸，维系世界之宽阔。这条震撼人心的大路连接古今，越拓越宽，越拓越广，古时，我国为"邻居"们带去香茗与绸缎。浸染着檀香的我国传统文化与世界相连。精致的丝绸、淡雅的瓷器、古色古香的中国文化贯穿亚欧的大道，让世界了解中国之强、中国之友善。如今，这条大路越拓越宽，世界也愈发敬佩中国，明白了中国人刻在骨子里的友善。文化之广，你我共守。

我回望着一件件瑰丽的文化宝藏，胸膛盈满了沸腾的热血。当金钱万能的言论日益喧嚣，是文化淡雅的抚平欲物之念，使人心清静。国家不断进步与发展，与世界接轨，从前那个不自信的、不断否定自己的时代真的过去了，我们终于能够重新审视，抚摸祖先们留下的珍贵遗产了。诗词、曲艺、服饰、经典，没有一件不瑰丽、不惊艳、不让人沉醉，文化是民族的血液、是骨骼，不该被淡忘。要一次次、要千千万万次地呼喊，因为传统文化永远值得。

一撇一捺总关情

墨香氤氲，白宣飘影。记忆中小学漫茫六年，一半都消磨在书法里。

才上小学，便闻"书法"是学校的专设课程。我因个子矮，要腰板挺才够上大书桌，第一次走进书法教室，第一次握紧铅笔，彼时秋高气爽，桂花香缥缈时恰与书法碰面，在大木桌前相识。铅笔在家里都削得齐整锋利，五六支一排摆开，任选一支心仪。听老师在台上讲要如何一横头起中行而尾复收，一竖又要如何悬针、如何垂露。食指、拇指再一夹紧，屏息、凝神，重重落笔又提笔缓行至尾而一匀一收。一横间，我写、我思，也欲落笔中有山川有河海，有柔以圆润也有钢以锋棱，不料，也在意料之中，却成粗滚肠粉成一陡而再陡似田中虫。

铅笔长，铅笔短，一写便是三年，一写也积千百天。静下心，更似再竹林清涧会书法，无须相谈而自心有灵犀。

三年如箭如梭，米字格边的三星渐成五星，脚也终可踏实于瓷砖地。三年，与书法相知相识相熟，将成功，又遇挫。米字格本不再，绿皮尖头铅笔不再，转而换了战场阵地，也换长矛。握铅笔的手握起了钢笔，仍是在桌前看老师笔笔利落，只是字成句句更作一文。条框纵列无间格，心有分寸笔自明。写褚遂良摹《黄庭经》，写"日月盈仄""寒来暑往"，或字字拘谨或掺许豪放，或清瘦或浑然，渐也有其神有其韵。

一写又一年许，以作品堆叠以墨迹渲染，我与书法竟好似成了知己，同举觞同叙怀，从魏晋到宋唐，滔滔竟论了上下五千年中华文明。

又是一年春。于是，也循其新迹，泡开狼毫浸匀浓墨。悬笔、轻斜，又写起横竖点缀顿折撇捺。此时身已高木桌大半，才真切与"书法"相识，共赴一场中国式邂逅。室中墨香氤氲，耳畔筝弦典雅轻吟，心紧了又舒，气凝了又吐，下笔，一点饱满一捺丰盈，"永"才真正有模有了样。

毛毡纯白晕上灰黑，砚也一洗又洗。空白一片心终在此有了归处，居宿为"书法"。

从铅芯到钢头再至狼毫，六载春秋，我与书法相知相识、相熟相伴，更相合为一，心系于宣、血融于墨，作又一代中华子女，方正字仍风华正茂，五千年仍熠熠生辉。

茉莉花又开，不远处的风绕遍小城，许我笔触一隅香墨。于是，在春光明媚里忆起了彼秋愁思，忆起我，忆起书法，忆起我与书法……

弦下有花盛开

高山之巅，云海之间，我轻弹手中古琴。琴声悠悠，随风声渐渐远去，似落英缤纷，让我暂时忘却了世俗的喧嚣。这模样便是我年少时的梦想，美丽却可望而不可即。

立志容易圆梦难。少年的我拾起古琴，一触，琴发出嘶哑的呜咽。以松香抹弦，以为强忍住手的痛楚，就不会有困难了。可，音韵干枯，腰酸背痛，不协调的手指，加之几乎为零的音乐天赋，宛如一座座大山，挡在追梦路上。终于，束之高阁的古琴，发出无声的嘲笑：这就是少年的模样吗？

越数载，偶山行几里，唯寂寞笼山林，也笼着我的心。突然，一阵悠扬的琴声传来，如清风般，是流水，是鸟鸣，是花香。它仿佛在说：少年，你可以的！是啊，我的指尖下就不能有花开？

夕阳下，一把琴，一张椅，几根琴弦，一人影。双臂僵硬，手指笨拙，因用力不当，"铮铮"弦断，手指渗血。包扎完毕，余晖洒满一地，我的指尖在过度练习中略有倦色，腰肩尽力支撑也力不从心。可低头见琴边暗淡的身影，仿佛在说：少年，就这？我咬着牙开始狠心练习。一缕缕斜阳下，我端坐在三尺琴台上，试着让音韵流动而不干枯，试着让臂膀放松，试着让右手柔和而不失力度，试着让左手跟上拍子而不落节奏。一次次苦难与不悦都诉诸指尖，凭弦音消去心中浮躁，让技巧在痛楚中升华。琴声悠悠，仿佛在说：这才是我少年！

流光一瞬又数载，我渐渐参悟控制节奏的要领，轻拢慢捻的手法。手指猛地扫过，响起一阵音的旋风，指尖流出峨峨兮的高山、洋洋兮的流水。原来，耐住含苞的寂寞与痛苦，风雨之后，弦下自然有花开。

数载间，我领会到，古琴不只有外表的高雅，还有精神美。它用风雨洗去了我内心的浮躁，用磨难削去我的棱角，让弦下有花盛开。少年，正当如此，甘于寂寞，不怕苦难，用一颗执着而坚定的心，让弦下犹能有花开。这，才是吾辈少年！

醉美金石

拿起刻刀，我细品金石之气……

小时候常见书上印有红红的印章，方寸之间的线条波碟交错，深深吸引了我。后来有机会拿起母亲的工作印章，冷冰冰的石头却让我觉得迷人与暖和。每次盖章的时候我都觉得不可思议，明明看上去不像文字，印出来却是相当板正的一个姓名，白纹的浑圆劲辣，朱纹的酣畅挺拔……我爱上了这门我看不懂却无限向往的艺术。

后来得以机会学习篆刻，我很是高兴，冲刀是势如破竹，涵虚古朴，是古今壮士尖锐的刀锋，是他们不屈的脊柱；切刀是痛快淋漓，峭析自由，是江湖侠士的潇洒不羁。朱白相契、虚实相生，刀痕间是崩解与融合，是独立又统一，篆刻就是矛盾却不违和、契合却不单一的艺术。

我抱着极大的热忱与耐心投入了篆刻学习中，老师看见了，对我说了一句话："丫头，记住你今天拿刀的这份诚心，这篆刻呀，是'方寸之间自有金戈铁马，刀笔微茫如同剑胆琴心'啊！"小小的我似懂非懂，却一发不可收拾地沉醉在刀与石碰撞交锋时的温度与火花中，沉醉在"刻"这个有温度的动作中。

两年后，我兴致盎然地迎来第一次比赛，却泛泛得了个入围奖，我深受打击。祸不单行，我发现自己进入了瓶颈期：篆刻，看时易，学时难，精更难。握刀持石，运刀走势，刻板单一的基本功练习不仅让我觉得枯燥，还让我饱受皮肉之苦，手指变形、刻刀划伤不必说，单是凝神低头、全神贯注，一连就是好几个小时一动不动的姿势就是锤炼毅力和考验恒心的"试金石"。

"啊！"石屑迸溅的瞬间，手上又添了一道刀锋切口形状的疤，朱砂般的鲜红隐没在玄色羊毛毡上。我负气地将刻刀重重搁置在一旁，泪水不受控制地模糊眼眶，我颓丧地喊着："老师，我真的不想学了……"

老师没有安慰我，他沉默地帮我包扎伤口，拿起那块被我置于桌面的石头，轻轻拭去印石上面的石屑，看了许久以后，说："丫头哇，有较真的劲儿是好事，但是不忘初心，方得始终啊……"

我醍醐灌顶：难道我不是因为热爱而有所坚持吗？那方寸之间展现出的万千气象本就是对我的一个挑战，是对渺小和广阔的挑战，也是对荣辱和淡泊的挑战，而这些挑战，是决心，是勇气，更是毅力。正如苏轼说的那样"古之成大事者，不惟有超世之才，亦必有坚忍不拔之志。"

此后我越发珍惜在校时间，只为腾出更多的课余时间来练习篆刻。我愈发平和地对待每一次临摹，持刀耕石间我沉醉于聆听刀与石的对话，每落一刀我都斟酌思考，如何给手中的印石注入生命的轨迹。

努力终有回报，在后一次的同项比赛中，我终于拥有与我曾经追逐的目标选手肩并肩的机会——省一等奖。

颁奖那天，我坐窗边，阳光洒在烫金的奖状上，撒在我刀痕累累、指节突出的手上，我只觉得一切都值得，也庆幸没有辜负老师的栽培、开导与包容关爱。我也意识到："学道须当猛烈，始终确守初心。纤毫物欲不相侵。"

轻搁刻刀，我的心愈发坚定，我唯有带着热爱，将这无限的金石之路坚持下去。

品京剧之韵，扬中华文化

"你穿上凤冠霞衣，我将眉目掩去，大红的幔布扯开了一出折子戏……"浓妆艳彩，一曲京调，唱尽离合悲欢。诙谐喜乐，酸甜苦辣，只在方寸舞台。千年传统历史文化，于这一刻，化作声色流出……

我握着爷爷宽大而粗糙的手，望向台上身着华丽戏服的演员们，渐渐地，醉心其间。

儿时，每到下午放学回家，当我坐在沙发上兴奋地看动画片时，爷爷总会抱着一个红色外壳的、宽大的视频播放器，戴上老花镜，调大声音，播放他最喜欢的京剧频道。"蓝脸的窦尔敦盗御马，红脸的关公战长沙……"爷爷用他沙哑的嗓音唱和着。而那时的收音机音质也不大好,我便只被那断断续续的声音扰得聒噪,捂住耳朵,拿小手推着爷爷,赶他进卧室。

再长大一些之后,我从课堂上、电视中,接触到了一些中华文化的知识,而当再次面对京剧,听那一句接一句的唱词,看到一步又一步的换位,我忽然开始好奇起来,这精心编排的背后,到底想表达什么呢?于是一天,我开口问道:"爷爷,这些人在台上咿咿呀呀的,在唱些什么呀?你为什么会喜欢看京剧呢?"爷爷故作神秘地摇摇头,指了指屏幕:"你来看看就知道啦。"

音乐响起,台上,灯光聚焦,一位女演员梳着"大头",腰系巾子,脚踏彩鞋,揣着手,于幕后徐徐走来。"未曾开言我心内惨,过往的君子听我言,哪一位去往南京转,与我那三郎把信传。"演员在茅屋跟前踱着步,眼含泪水,捏着兰花指,哭唱道。她的声腔细细的,又脆又软,情到深处之时,还带着三两颤音。耳畔边,真假声自如道地转换,荡漾出一抹悲戚之情。她玉白纤细的手从云袖中伸出,在空中轻轻划弧,拨动着我的心弦。我聚精会神地盯着屏幕,听看那一段段悠扬的唱词,随演员翩翩的肢体动作流淌而出,不禁入了迷。"这段唱词讲的是苏三蒙难,逢夫遇救的故事。京剧有四大行当,分别是生旦净丑,现在出来的这个是小旦",爷爷慈爱地摸着我的头,解释道。我似懂非懂地点了点头。

"走,我们去看戏。"那天之后,我就渐渐变成了一个小小的"京迷"。虽然没有对京剧做特意的研究,但我也总会在周末拉上爷爷的手,去到附近的小戏台,看上一场京剧。村中大榕树下,几根石柱撑起一个小小的木台。木台不过几十平方米,青砖砌成的台阶,缀有点点苔痕,台阶表面附有一层细薄的灰,显出演员们错落的脚印。随着乐器的伴奏声响起,木台两旁,几分陈旧的红色幔布拉开,演出开始。我与爷爷拉上两把嘎吱作响的凳子坐下,吃着水煮豆,就这样看起戏来。方寸台上,演员们的身姿步调依然灵活,二黄、西皮,文场、武场……,几分陈朴的演出服着于身上,气质清秀的小生、镜花水月的小旦、浓墨重彩的红净、黑眼白脸的丑角……他们各饰各角,将中华历史转化为一曲唱腔,余音绕梁,婉转悠扬。跟随着爷爷,于《霸王别姬》里,看楚汉相争,我品出了英雄的豪迈;于《贵妃醉酒》中,观玉环赴宴,我随之潸然泪下……几束灯光,两三场名段,中华民族的传统文化精神不仅可以于大殿中演绎,更可以凝聚于小小的乡下戏台之上。华丽的戏服、水墨的粉彩脸谱,配合着诗与曲,更交融了形与声……

"一腔京剧如花艳，欣赏栽培方保险。国粹毋忧兴与否，戏迷增减定坤乾。"弹指一挥间，十载恍然而过，如今的世界正变得越发多元、缤纷。而闲暇之时，我仍会把玩着京剧脸谱，听上一曲京腔小调——

但，反观现在的新一代，我们便会发现，不少人只沉溺于网络流行歌曲的海洋中，甚至对我们中华的传统国粹一无所知，这，值得我们深思。京戏，它没有动感的旋律，但满含浓浓的情味。它，亦实亦虚，酝酿出中华文化的浓香；它，在世界文化的舞台上，闪耀着独特的光芒。京剧，永远的国粹；京剧，才更应被我们传承，发扬。

"挥毫浸墨，那人执笔向上，镜中的脸一半明净，一半靛蓝"……

一角香囊，一脉"香"承

"果园新雨后，香台照日初。"我不由得加快了脚步……

这个时节，正是做香角的时候！每年端午前夕做香角是我们家乡的传统，香角能辟邪驱瘴。但是从前小小的我怎么能理解呢？对于那些浓郁的草药味，直呼："难闻！"甚至有些厌恶。直到那一次——

仲夏艳阳无情，我郁闷、烦躁，在房间中踱来踱去，也不知冲谁大发雷霆。不知何时，妈妈一步接两步进来，她快乐、悠闲，竟然想让我和她一起做香角。我一口回绝："我才不去，这有什么好玩的？"她的脸上好似显出一丝丝涟漪，她又缓缓道来："每一件东西并不是单凭眼睛看的，你没体验怎么知道？"我犹豫了一阵儿，瞧见妈妈的脸上似乎露出了渴望的神色。我随即点了点头，这个结果自然让她很开心。

她开始搬出各种各样我没见过的工具，光是针就有好几个型号的，线也五颜六色，至于花布，就更不用说了，让人应接不暇。我才发现呢，那些曾经让我不喜的香角里，藏着这么多神奇的东西，我本以为，里面尽是些不足为道的野草。母亲像看出我的心思似的，得意地向我一一介绍："艾草、藿香、薄荷、菖蒲……"母亲交代说："还得讲究配方比例呢！以艾草为主，辅以其他香草。"

母亲边说边开始穿线。左手里拿着一块闪闪发亮的布，右手拿着针，行云流水般缝了起来。没多久，香角就做好了。而我，学着样子，穿针、选布、捡料、配比、缝制。宜人的香气缓缓地将我包裹住，渐渐地，我慢了下来，不觉地感到了愉悦。窗外的热浪不见踪影了，氤氲着的是丝丝凉意，相伴着香草的清爽。

从那时起，做香角成为我每年端午期待的事情。

你听见香气里爽朗的笑声了吗？这是我和小伙伴们一起做香角的快活！你看他笨拙的胖手小心翼翼地捏起针来，一只眼睛半眯着，另一只眼睛眼皮微抖，他粗略一穿，不但没有让线穿过去，还把线打成了结。他急了，急得像热锅上不知所措的蚂蚁，忍不住放声求助。我们不禁笑了。我抢过他的针线，重新给他穿好，宽慰着："你看，轻轻地就好。"他似懂非懂地尝试了一下，原来就那么的简单！他露出了笑靥，咯咯咯地笑出声来。我们手里变出了一个个小小的香角。

端午的香角呀，这生生不息的传统文化散发着独特宜人的味道。我相信，它会伴随着我的一生，赋予我慢下来享受快乐时光、体味生活的能力……

我在经典中寻觅不屈的中国精神

我打《诗经》中走过

叩开《诗经》的门，踮起脚尖，静静地凝望着《诗经》，轻轻地呼吸着贯穿两千五百年的空气。一幅幅质朴的，真诚又那么真实的画面，就那么悠悠地浮现在眼前。很模糊，甚至有些混乱，但它又确实犹抱琵琶半遮面地款款而来，幽幽地走进我的梦……

我打《诗经》中走过，那等在季节里的容颜如莲花的开落，那份无瑕的爱如傲雪的梅，那纯真的诉愿像春日的杨柳，直叫人忆起那缱绻千年、氤氲万世的旧时光。

《诗经》留下来的每一个字都是经过了兜兜转转的岁月和细细密密的时光的推敲，都是人们心灵深处的、最能认可的、最能回味的感情。那些缕缕含蓄而又纯真的情愫，就是隔着千年也从来不输半分。原来这就是《诗经》的芳华。就这样，我读着《诗经》，路过着她的芳华。

昔我往矣

"岂曰无衣，与子同袍。"让我感受到战争中的赤诚；"投我以木桃，报之以琼瑶。"带我走进礼仪之邦;"日就月将,学有缉熙于光明。"启迪与激励我前行;"执子之手,与子偕老。"见证了岁月,见证了感情。读完《诗经》,就像走进了桃花源。

最好是在暖意与花香交织的清风中的夜晚,流水般澄澈透亮的月光轻轻柔柔地洒落下来,当我们不在用一部诗集的眼光而是从后来者的角度,我们就看到了我们自己。

在遇到道德抉择时,我默念"高山仰止,景行行止",立大志,明大德,成大才,担大任,坚持党的领导,为中华民族伟大复兴而奋斗到底。在生活受困、艰难前行时,我勉励自己"千里之行,始于足下",韧者笃行,韧则行远。只要我们驰而不息地前行,就能成就更有意义的人生。当短暂的捷径出现在我面前,我告诫自己"天网恢恢,疏而不漏",踏踏实实走好每一步,兢兢业业才能厚积薄发。古老的《诗经》中的每一个字,都是在细细揣摩后方现韵味,在深深体会中方现风骨。我想,"思无邪"也不过是在重筑上次未完成的梦。我打《诗经》中走过,心有猛虎而细嗅蔷薇。

幽幽南山

"七月流火,九月授衣。"2022年决战脱贫攻坚取得全面胜利,脱贫攻坚成果得到了巩固拓展,粮食等重要农产品供给稳定,乡村产业加快发展,乡村建设稳步推进。"秩秩斯干,幽幽南山"的大同社会向我们跃进。今天,新能源技术快速发展,汽油、柴油价格不断飙升,新能源在社会生活中逐步显现,为未来中国的可持续发展打下了坚实的基础。

《诗经》融在我们的生活里,像是在老地方有个新故事。时间一次次精简又精简它们,岁月一回回流传着又流传着它们。但蕴含在《诗经》本色中的人情世故却不遗失半分。我打《诗经》中走过,那袅袅余韵千古悠悠。

普天之下

"知我者谓我心忧,不知我者谓我何求?"在中华民族伟大复兴的新征程上,青年是实现中华民族伟大复兴的先锋力量。在两千多年前,孔子就说:"后生可畏,焉知来者之不如今也?"一百多年来,在中国共产党的旗帜下,一代代中国青年把青春奋斗融入党和人民事业,开启了波澜壮阔的奋斗征程,用青春和热血书写了彪炳史册的壮丽篇章。每一代人有每一代人的长征路,青年要用青春的能动力和创造力激荡起民族复兴的澎湃春潮,确保红色江山永不变色。

"称彼兕觥,万寿无疆。"《诗经》的芳华丰富而立体,不只有小家情怀，更有大国风范；不只牵连思绪，更砥砺前行。于是，我便常常在失意时分，在《诗经》中找到自己，在几千年的轮回中，与时光握手，以岁月为名，以《诗经》中的小我，成就现实的人生。

"春日载阳，有鸣仓庚。"我惬意地斜倚阑干，翻动早已熟记于心的书页，让那早已作古的诗歌伴着一缕缕柔柔的茶香，和着一段浅浅的歌声，穿过时间和空间的限制，在眼前重新汇成一出动人心弦、辗转反侧的好戏。我细细琢磨着，丝丝品味着。时间仿佛停止，又仿佛是不愿打扰这样美好的时光，所以故意轻着脚步、秉着呼吸悄悄溜走。我打《诗经》中走过，不妨吟啸且徐行。

岁月漫漫，意与日去。走过《诗经》，岁月前川，满目清朗。

《诗经》，与我偕行

我，回溯礼乐西周，邂逅在远古的我。

隙中窥月

儿时，小学里的琅琅书声，弥散着我与《诗经》最初的记忆。

清晨，日出东方，其道大光，天边泛起鱼肚白。我踏进书声琅琅的教室，放下书包，在书包里"颠之倒之"，急匆匆地翻出了一本诵读的册子，在稚嫩的童声诵读里，和着窗前的清风，吟诵着华夏以文载道的缱绻千年，邂逅着风雅与颂的西周春秋。

少年不识愁滋味，诗歌却是哀愁的国度。每当吟诵到"我心伤悲，莫知我哀"时，虽不识军旅战士归乡的哀伤踌躇，但也感到几分悲凉萧索。小学毕业之时，我随着蜿蜒的队伍，一脚一步，离开校园，走出童年。蓦然回首，树影婆娑的斑驳流年里到处是阳光正好，诗词曲韵。看着朝夕共处数载的同窗，挥手自兹去时，我想吟唱"燕燕于飞，差池其羽，之子于归，远送于野。"

倏忽之间，我朦胧地从《诗经》窥见了，那个悲伤的我。

庭中望月

日就月将，我与诗歌在两个端点，走到了灵魂的交点。

我在千年后的这端，逐渐走近古老《诗经》的那端。手捧书卷，在时间华彩的千年里，在古老先民的喜怒哀伤里，在那些抒情与言志之中，我在触摸着《诗经》的温度。

长夜，挑灯，执卷。月华倾泻过窗棂，散落在如蝴蝶般鼓动翅膀的书页，我乐此不疲地翻动着《诗经》，如雨打芭蕉般清脆的书页声，与我偕行，伴着我走向趣意盎然的世界。"高山仰止，景行行止。"虽不能至，然心向往之，便是我对美好品质与学识的无限追求。高山巍峨，道阻且长，我独前行，便是我以奋斗致广大、致精微的青春求索。

"早点休息。"母亲将一杯清茶放在桌前。我拿起杯子，小啜，茶的清香涌上心间，《诗经》激励着我笃行不怠，是我求学道远的弘毅信念。

在茶的氤氲之中，我悄然地从《诗经》中望见，那个奋斗的我。

台上玩月

时光与时代，无数的你和无数的我，与《诗经》偕行共振。

《大雅·民劳》中"民亦劳止，汔可小康。惠此中国，以绥四方"的理想如今早已实现，但"小康"一词，辗转千年，在新时代中又被赋予了新的意义，那就是精准扶贫、脱贫攻坚的全面胜利。

改革开放四十多年来，中国共产党领导中国人民全面建设小康社会，砥砺前行，从井冈山的农村走来，又向脱贫攻坚的乡村振兴走去。功不唐捐，玉汝于成。2020年，脱贫攻坚战取得全面胜利。回望乡村，低矮平房挺立成高楼，农田生产推进机械化，乡村发展旅游业。斗门的接霞山庄，青砖黛瓦，阡陌交通；十里莲江，青山绿水，曲韵悠悠。风景如画、熙熙攘攘的乡村，到处是人民幸福生活的景象。"小康"惠及华夏，当古老文字从古代诸子百家的理解，到被新时代褪去泛黄的外衣，焕发出新的生命之时，它已不仅仅是文字上的载道，而是融入了每一个后来人的砥砺前行中。

从了解到理解，从理解到赋予，《诗经》，一直与我偕行，与我们偕行。

《诗经》，穿过历史云烟，奔赴于今朝盛世的我们。

笑看浊浪排空，凝眸春和景明

——读《岳阳楼记》

他，曾满怀抱负，兴修水利、执教兴学；他，曾奔赴战场，抵御西夏，心怀天下；他，亦在官场赫赫有名，却也不断被贬；但他，无论身在何处，都不忘"先天下之忧而忧，后天下之乐而乐"的誓言。

初次邂逅这篇美文，什么也没有读懂，只是为它篇幅长、有气势所吓倒。不了解作者背景，只知文章骈句排列恢宏，却是浅薄矣。

再次捧起这幅动人画卷，细读那字字箴言，终领悟其间智慧。范仲淹为人所托，记述岳阳楼之盛况，胜赞那"政通人和，百废具兴"。洞庭湖衔远方山脉，揽长江流水，无边无际，气象万千。

雨，连绵不断；风，咆哮怒吼；浪，直冲天空。倘若遇上阴雨绵绵，岳阳楼便显出几分凄楚悲戚与萧条。风，和煦温暖；光，明媚恬适；水，跃动轻盈。岳阳楼在晴朗的天空下愈发壮美，一笔勾去阴云密布的惆怅，只觉身心愉悦，精神爽朗。

赏岳阳楼之美景，是真正的目的吗？哦，不是。这阴雨绵绵也好，晴空万里也好，正表现范仲淹的内心。表面上写重修岳阳楼、它的传奇美景，实则表现了范文公内心恒定、旷达积极，借此表达自己与古代文人雅士截然不同的情怀和价值理念：既能够笑看浊浪，也不忘凝眸春景，即便屡遭贬谪，仍初心未改。"不以物喜，不以己悲"，外物之变对他又有什么影响呢？"居庙堂之高则忧其民，处江湖之远则忧其君"，无论做什么官，无论生活如何，他"先忧后乐"的价值观始终不变。"是进亦忧退亦忧"，心怀国家和人民，展示伟大政治抱负成为他的名片，建立起那个时代士大夫的精神坐标，载入史册。"先忧后乐"被一代代人传唱。

非但古人，"先忧后乐"的精神在伟大的科学家身上显得尤为强烈。钱学森，尽管遭受美国的软禁，仍毅然决然返回自己的根——祖国。心忧祖国，让钱老放弃美国的优渥待遇，历经波折，没有带回一份资料，全凭记忆，白手起家。在他的召唤下，邓稼先、郭永怀等一批优秀知识分子也冲破层层阻挠，回到祖国，投身伟大事业。心忧祖国，让他们忘记条件艰苦，凭借坚定的信念向同一个目标进发；心怀祖国，让他们废寝忘食，"做隐姓埋名人，干惊天动地事"的忘我奉献……巨响声里，蘑菇云升上天空，骄傲地向世人宣告："中国人民挺直腰杆了！"赤子之心，热忱，脑海里镌刻着高尚的忧乐观："为有牺牲多壮志，敢教日月换新天"，掷地有声。

细细品味《岳阳楼记》，它不仅是对友人的赞许，对自己的勉励，更是对后人的规劝。它建立了一代人的精神坐标，让描点的人知道正轴是前进的方向；它树立了一代人的价值观，让后来的人不会偏离航道；它点亮了我们奔跑的希望，让我们的脚下充满力量。

当我怀着一颗少年的心，踌躇满志，准备再次收获成功的喜悦时，一模考前却身体不适，考场失利，让我一败涂地。在一番排山倒海般的发泄之后，我渐渐平静了下来，内心有个声音在呼唤，"见过生命监护仪吗？当仪器上显示是一条直线时，意味着生命的终结。只有波浪起伏，才是生命的精彩跳动。多大的事哟……"眼前又浮现起范文公"不以物喜，不以己悲"，我重新捡起扔在角落里的试卷，坐回书桌旁，认真分析着，发现平时没有给自己足够的"忧"，自然不会收获应有的"乐"。只有永葆恒定而赤诚之心，不改变对知识的渴求，才会有越走越宽的路。一模考试，也不过是一次阶段性训练，只有努力增长才干，才会有服务社会、报效祖国的能力。内心恒定、初心不改不正是驱使着钱学森一辈克服重重困难、走向胜利的动力吗？笑看浊浪，不负春朝。

我拿起笔，范文公藏在隽永文字里的力量将我面前的小灯点亮。我只有刻苦，才能勾勒出春朝的和煦美妙，用自己的点点足迹，谱写青春奋进之歌。莫大的动力让我重拾信心：

让心灵自由地伸展，记录花样年华！

让青春无拘地盛开，收获诗意人生！

让美好肆意地凝眸，驻足芬芳世界！

笑看浊浪排空，凝眸春和景明，谨记"先忧后乐"，我们这代人，更加自强不息！

秉持灯火，逐光前行

——读吴伯箫先生的《灯笼》

屋檐下充盈着红彤彤的光，在乌黑的羊肠小道中显得格外耀眼。不同于一盏盏的圣诞小灯，这朱红的砂纸内包裹着的是我们一代又一代的欢喜与憧憬，更是前行路上不可或缺的恬适美景。

拜读了吴伯箫先生的《灯笼》后，久久不能散去的思念于我心中油然而生。吴伯箫先生对灯笼和故乡深沉的爱，那"愿就是那灯笼下的马前卒"的感慨，深深地震撼了我的内心。

我怀念起了自己故乡的灯笼，孩提时自己提着灯笼跑遍大街小巷的欢愉。每逢过年时，回到自己的家乡，望见家门前的大灯笼，心中就会有种别样的温暖。

"卖汤圆，卖汤圆，小二哥的汤圆是圆又圆……"轻快的曲调在尘封的记忆中流淌。从前，家家户户灯火通明，不同于现在，先前的灯火是暖洋洋的，是红红火火的。满街的灯火中充斥着汤圆的香气，芝麻馅的，花生馅的，孩子们都喜爱极了！我曾包揽了一大碗的汤圆。吃完后肚子鼓鼓囊囊的，长辈们止不住笑我，说我像个小皮球。

先前我还学着外婆做灯笼，外婆做出来的灯笼又大又圆，我做的灯笼则奇形怪状。点着后，我兴奋地提着它在黑漆漆的巷子里蹦蹦跳跳。霎时间，大概是体积太小的缘故——灯笼灭了，红彤彤的光芒消散后就只剩一片黑夜。怕黑的我吓得大哭起来，外婆听到后赶忙提着明晃晃的大灯笼跑出来安抚我。那个夜晚，我久久地凝视着屋檐下的灯笼，生怕它在什么时候突然灭了，只留下一个黑色而迷茫的世界。

然而那红彤彤的灯火却离我们愈来愈远了。如吴伯箫先生所言，于今灯笼又不够了。在繁忙的大城市里，新年喜气洋洋的气氛依旧浓烈，而那红色的灯火呢？它被亮堂的白炽灯、都市五彩斑斓的霓虹灯替代了。这些灯光是冰冷的，它们没有赤诚的爱，它们仅有亮得晃眼的光。只有年逾古稀的老人才会轻抚着朱红的砂纸，点起品红色的烛火，铭记我们伴随红光一步步走来的漫漫长路。

当忙碌的人们终于能短暂地从灯红酒绿、车水马龙中抽出身来，他们是否会回想起自己最初的方向呢？他们会回想起红彤彤的光芒和亲人对自己温暖的期盼与愿景吗？岁至耄耋的老人们深爱的不仅是灯笼，更是在外奔波的亲人啊！如果人们真的将他们的根遗忘了，那该是多么可悲的事情！

屋檐下的灯火啊，请你不要熄灭！你是我们的光明，是我们的希冀，更是我们在漂泊千万里后回家的方向。你是我们千千万万中华民族流淌的血液，是我们的根，是我们继续前行的依靠！支撑我们一步步走来的正是你温暖的灯火！秉持灯火，逐光前行，这是我们万千代中国人永远都要遵循的方向。

怀念那熙熙然庭院的静穆，凤箫声动，玉壶光转，一夜鱼龙舞。如今，我也愿做那灯笼下的马前卒，秉持灯火，继续逐光前行。

南风知我意

——读《傅雷家书》

一直以来，我们有着"乡书何处达？归雁洛阳边"的莼鲈之思，也有着"烽火连三月，家书抵万金"的深厚情谊，家书往往便是连通家人的感情桥梁，若有南风知我意，给予我教导和远方。

"先为人，次为艺术家，再为音乐家，终为钢琴家"，在《傅雷家书》里，傅雷常在生活与艺术方面给予自己的儿子傅聪教导和建议，在他迷茫时化作南风指引他前进的方向。

在艺术上，他常与儿子谈论对于钢琴的感悟，字里行间都流露对艺术的追求，鞭策他在艺术的道路上不断前行，成为一个不待扬鞭自奋蹄的钢琴家，在日常生活中，傅雷则希望在儿子身上看出"冷静，客观，谦虚"，遇到困难不气馁，遇到大奖不骄傲，做事细心，在舞台上时刻注意礼仪。他也时刻感受着儿子的心意，时刻给予他关心与鼓励，所以南风不仅吹向艺术，也吹向似水流年的生活。

读完整本书，我不禁感慨，"南风"似乎也存在在我的身边。前不久，一模成绩下来，我的心情如同晴天霹雳，纵使我刚放飞的心绪立刻乌云密布，被披上了一层薄薄的灰纱。回到家中，母亲察觉到我闷闷不乐的心情，便上前询问，我低着头，把手上已经揉得不成样子的成绩单展开，鲜红的字迹让我不忍直视，我无法面对她。母亲拿起成绩单仔细端详了一会儿，喃喃地说：我相信你一定希望自己有斐然的成绩，在面对失败时也会有沮丧不甘的情绪，但调整心态，做出总结，继续拼搏，才是你现在所要追求的啊！母亲的话语宛如南风吹拂在我的脸上，使我顿时潸然泪下，在面对失败的成绩里，母亲是我的南风。

在学习中，我常对古诗和作文抱有极大的兴趣，但在我手中，两者往往不能很好地融合在一起，以至于在写作的路上不能一帆风顺。

我开始在诗中寻找答案，面对挫折，难道我只能束手无策、袖手旁观吗？我想并不是这样的。"山重水复疑无路，柳暗花明又一村"是方向的指引，

"长风破浪会有时，直挂云帆济沧海"是前进的鼓励，"野火烧不尽，春风吹又生"是信念的坚定，"千磨万击还坚劲，任尔东西南北风"，我想这些便是诗给予我的答案。一帆风顺的事真的太少了，但只要重新振作起来，奋力向前，也会收获"忽如一夜春风来，千树万树梨花开"的美好。南风起，知我意，诗便是我的南风。

我们或许没有像傅聪那样有着"日暮乡关何处是，烟波江上使人愁"的心境，也没有像傅雷那样"夕阳西下，断肠人在天涯"的念子之情，但却往往有着知意的南风陪在身边，时刻给予我们方向与力量。南风何处起，总有南风知我意。

道听途说，德之弃也

——读《穿井得一人》

子曰："道听而途说，德之弃也。"读完《穿井得一人》这篇课文后，我哂笑之余，对这句话有了更深的理解。文中人们不弄清实情就随意传播谣言的行为，不正是一种道听途说吗？而道听途说，不就是一种对"德"的摒弃吗？

何谓"德"？曾子避席是"德"，孔融让梨是"德"，缅伯千里送鹅毛是"德"……人常说：做人要讲"道德"。那么"道德"有多重要呢？如《史记·商君列传》中所说："恃德者昌，恃力者亡。"；《春秋繁露·威德所生》道："行天德者为之圣人。"；《菜根谭》曰："德者事业之基。"；司马迁也认为："君子盛德，容貌若愚。"自古以来，"道德"就是人们共同生活及行为的准绳，更是我国传统文化的核心。

可课文中的宋人不但轻信了传闻，而且盲目传播给其他人，导致传闻越传越广。从路边听到的小道消息，未证实消息的正确性，就深信不疑，再不负责任地把小道消息传播出去，误己误人，就是不道德的行为。所幸结果只是落下笑柄，没有带来严重的影响。可并不是每次造成的后果都是微不足道的，"道听途说"有时甚至可以伤害无辜者的生命。

春秋时期，在齐国都城的大街上，一个人对另一个人说，叔孙辄要谋反，亲眼看见他在城外暗自练兵！齐宫中的一个大夫和两个差役正好路过，听到了这话。当天，其中一个差役就把话向齐景公报告了，景公不相信。第二天，另一差役也报告了，引起了景公的注意。第三天，那位大夫也向景公禀报了。齐景公听后说，众口一词，必有其事。就下令把叔孙辄将军斩首。事过不久，从鲁国传来费邑宰叔孙辄叛乱被平定的消息，景公才知道自己错杀了齐国将军叔孙辄，后悔不已。

"道听途说"的现象不仅存在于古代。在现实生活中，有些人道听途说误导群众造成社会恐慌；还有些人不仅道听途说，还四处打听别人的隐私，然后到处传说，中伤他人，以此作为生活的乐趣……而能做到不轻信、不传播谣言的人却少之又少。

2011年3月，日本东北部发生里氏9级大地震，大地震引起的海啸、核辐射等危机层层推进。这时，一条"吃碘盐可以防辐射"的谣言忽然传遍大江南北，从而引起了大面积抢购市场碘盐的行为。"抢盐帝"郭先生甚至花高价购入食盐13000斤。而实际上，吃盐并不可以防辐射，而且我国食盐中海盐的占比不超过20%，不会影响广大民众的食盐需求。

17岁男孩刘学州寻亲成功后却遭生父母拉黑，被一些不了解实情的网民网暴，最后结束了自己的一生。看到这个消息时，我感到无比愤怒与痛心。他还是个孩子，正处于人生的美好年华，他只是想要一个家啊，难道这也是错吗？而造成这一悲剧的，除了刘学州亲生父母，无疑还有网上那些人云亦云、没搞清楚状况就恶语相向、对刘学州指手画脚的人。

舆论的影响是巨大的。众口铄金，谎言重复一千遍，有的人就会以为是真理。有时候，不真实的"道听途说"，如果听信了，其造成的后果也是十分严重的。所以我们对待传言应采取调查研究的审慎态度，应有去伪存真的求实精神，守好"道德"的底线，不轻信、不盲从，更不能以讹传讹。

新冠疫情防控期间，"道听途说"的事例也是屡见不鲜。有人说："全身喷洒酒精能杀死新冠病毒。"；有人说："饮酒能预防感染新冠病毒。"；还有人说："5G移动网络会传播新冠病毒。"……抛开这些令人啼笑皆非的传言不提，连有些干部也会糊涂犯"道听途说"的错误，如海南省陵水黎族自治县人民法院一级警长，就因听信新冠传言并将其在多个微信群发布、传播，导致该信息被大范围传播扩散，严重干扰疫情防控工作，造成了恶劣社会影响。

世界卫生组织曾警告：错误信息会加大医卫人员的工作难度，并向公众传播恐惧、引起混乱。疫情当下，我们除了要积极配合有关部门的防疫工作，当我们听到没有事实根据的新冠传言时，还应做到"不信谣不传谣"，一切数据应以官方消息为准。

荀子曰："流丸止于瓯臾，流言止于智者。"不信谣不传谣，是一个民族成熟先进的标志；不信谣不传谣，是一个社会稳定祥和的保障；不信谣不传谣的智者，必须具备优良的综合素质和高尚的道德品行。随着互联网的发展，越来越多的信息必定接踵而来。面对五花八门、亦真亦假的信息，我们更需要随时保持一颗清醒的头脑，秉承"不信谣不传谣"的道德准则——抵制"道听途说"，弘扬我国传统美德，不犯"穿井得一人"的错误，让谣言止于智者！

一眼万年，只此青绿

——读《中国传统色》

2022冬奥会国家速滑馆"冰丝带"场馆颜色设置令我印象深刻，观众席和周围背景墙是雨过天晴之时的天霁蓝。比赛光滑的冰面是冬季白雪皑皑的瑞雪白。四周围栏是万里长城般的长城灰。我已被冬奥会完美的色彩系统深深地吸引住了。中国传统文化，一眼万年。

我了解到，这是中国传统色，是中国人流传千年的东方审美和古老智慧。

一眼万年。翻阅郭浩、李分健明的《中国传统色》这本书，它让我知道颜色早已根植沉淀于中华上下五千年，也带着我透过颜色在历史长河中漫游。在故宫博物院中，雍正款葱绿釉菊瓣盘是诗人"碧玉妆成一树高"中的碧绿，绿得清新而生机。雍正款天蓝釉莲子罐是诗人"青出于蓝而胜于蓝"中的青蓝，蓝得庄重而优雅。

一眼万年。翻阅唐诗宋词，它带着我领略古人诗词里蕴含的美的色彩感受。"梅子金黄杏子肥，麦花雪白菜花稀。"杏黄，于秋季杏子丰收之际，个个饱满而黄里透着红，是熟透了的黄。"潦水尽而寒潭清，烟光凝而暮山紫"。暮山紫，于日落之际，高山在夕阳下雾气缭绕显现出的芋紫色，美好似梦。"云归雨亦止，鸦起窗既白""相与枕藉乎舟中，不知东方之既白"。东方既白，天色蓝蒙蒙却没有完全白透，雾气弥漫，似裹着一层薄薄的面纱，神秘朦胧。

　　一眼万年。《西游记》中说道，王母娘娘种的蟠桃熟了，一颗颗"酡颜醉脸"，便出现朱颜酡这般白里透红。《大唐西域记》中玄奘在古印度时见到殑伽河便现"水色沧浪，波涛浩汗"，沧浪——青苍色，秋香色——黄加绿的浅橄榄色。清代小说《红楼梦》中，低调内敛的秋香色更是构成本书回目的重要颜色。比如，第三回中"秋香色金钱蟒大条褙"。再如，第一百零九回中"秋香色的丝绦"。

　　中国传统色令我一眼万年，成为我探寻传统文化的另一种语言。它让我了解古代人们的匠心精神，身处当时时代中对美的细微观察与不懈追求。它使我陶冶情操，也同样引起我的共鸣，让我获得美的感受。它让我不禁赞叹这传统文化的深厚意蕴与无限价值，更让我产生极大的文化自信，因为我生在中国。

第三节 "学以致用": 中华文化发扬光大

文学社社徽设计

珠海市斗门区实验中学

【设计解说】

本次设计（图3-3-1）的为文学社Logo。Logo的底面背景是我国优秀传统文化纹样 "龙凤" 组成，象征着吉祥如意，国泰民安，有着一派祥和之气。背景上的文字为我国中文\藏语以及其他几个国家语言所翻译成的 "文学社"，这样设计的目的是让更多国家的学生都能知道这是文学社的，都能来了解中国的文学，学习中国的文学，更好地传承中国的文学。"龙凤" 纹祥配上文字，让logo富有中国风文化。

图3-3-1

班徽设计

珠海市第十一中学2020级伍班

【设计解说】

"雄鹰展翅，翱翔于紫云之巅"，这是伍班班徽（图3-3-2）的象征意义。

在中国传统文化中，紫色是尊贵的颜色，是吉祥的征兆，正如杜甫《秋兴·之五》中所写的"西望瑶池降王母，东来紫气满函关"。伍班班徽以紫色为主色调，意在希望每一个伍班人自尊自爱、平安幸福，这与珠海市第十一中学秉承的"让走进十一中学的人都平安和幸福"的办学理念相呼应。

汉字"伍"是会意字，从人从五，表示五人为一个集体。"伍"字凸显出伍班的集体意识，在初中三年，伍班将成长为一个团结向上、互尊互爱的集体。

"鹰"以磅礴气势、博大胸襟、无畏气概的形象出现在中国神话传说、诗词歌赋中，如李白的"一击九千仞，相期凌紫氛"；柳宗元的"云披雾裂虹蜺断，霹雳掣电捎平冈"；苏轼的"左牵黄，右擎苍，锦帽貂裘，千骑卷平冈"；毛泽东的"鹰击长空"；等等。在伍班班徽中，紫色云雾上雄鹰展翅翱翔，象征着伍班人脚踏祥云笃实好学、志存高远无所畏惧、勇往直前积极向上，在广阔的天地间一展风采！

图3-3-2

北辰班班旗介绍

珠海市第十六中学初一（5）班

【设计解说】

这是珠海市第十六中学初一（5）班班旗（图3-3-3）。

从设计理念上，我们学校位居拱北，因此我班取班名为"北辰班"，出自"为政以德，譬如北辰，居其所而众星共之"（《论语·为政》），北辰指是北极星。2021年9月我们升入了初中，这一年中国航天业也硕果累累，发射了"神舟十三号"，"天宫"空间站在轨组建工作全面展开，圆梦"太空家园"。从古至今，中国人对宇宙的追问和探索就不曾停止，李白说"危楼高百尺，手可摘星辰"；苏轼说"不知天上宫阙，今夕是何年"；毛主席说"可上九天揽月，可下五洋捉鳖"，敦煌壁画的飞天侍女图就是古人的美好想象。中国航天的梦想就是"星辰大海"，珠海是美丽海滨城市。因此，我们想把航天历史文化和"乘风破浪"的信念融入班旗中。

从颜色上看，班旗主要有黄、蓝、红三色。蓝色代表宽阔与博大，黄色代表温暖与辉煌，红色代表热情与奔放，寓意着（5）班生活的丰富多彩和对美好未来的憧憬。同时红、蓝、黄又是组成各种颜色的三原色，寓意着（5）班莘莘学子在老师和班级的培养下充满着无限可能和各种惊艳的表现。

从构成上看，班旗主要由阿拉伯数字5、时钟、北极星、飞天仕女和浪花五部分组成。

位于班旗正中间的就是阿拉伯数字5，以黄色为主基调，代表我们（5）班。5的横变形为一个火箭，象征着我们班定会一飞冲天，扶摇直上。

火箭指向的正是北极星，也谓之北辰，而北辰也是我们班的班名。北辰代表恒定和坚持，代表目标的明确和清晰，北辰所在之地有我们的追求和梦想，也能够指引（5）班这艘飞速航行的火箭沿着正确的方向到达成功的彼岸。

数字5环抱着一个时钟，与（5）班密切相连，提醒我们（5）班所有同学，人生天地之间，如白驹过隙，忽然而已，必须珍惜时间，不留遗憾。时钟的时针指向8，这个8代表着我们全班8个学习小组，也意味着我们全班8个小组如百舸争流奋勇争先，像时钟永不停歇。

数字5的左下方是一个飞天仕女，为整个班的班级增添了文化氛围，同时表达了我们（5）班对美好生活的向往和追求。

最后，环绕在周围的是浪花，象征着我们"乘风破浪"的信念，也象征着中国航天"星辰大海"的梦想对我们的感召，我们会在拱北、珠海甚至更广阔的天地中奋勇拼搏、勇立潮头！

综上所述，我们（5）班的班旗既有浪漫主义的色彩，又有现实主义的追求；既有传统文化的传承，又有现代文明的彰显，表达了（5）班全体同学对美好未来的向往和追求，也必将激励五班所有同学在知识的海洋中汲取力量，在广阔的天空中展翅翱翔，在星辰大海中留下浓墨重彩的一笔！

图3-3-3

体艺节会徽设计

珠海市第十三中学807班　黄礼悦

【设计解说】

　　会徽（图3-3-4）主体采用红蓝黄等鲜艳明亮的基础颜色，以体现体育运动的积极向上。红蓝两种颜色的对比映衬则象征"体育"与"艺术"的有机结合。图案中央展现了一个奔跑的人的形象，下方的三条红线勾勒出跑道，表现运动员在田径场上驰骋的场景，同时在小人中间有红色的"5"和跑道上标注的2021，点明这是2021年举办的第五届体育艺术节。小人手握的火炬则是"十三"的变形转换，而小人手握火炬先前奔跑象征着拼搏、竞技的体育精神将在珠海市第十三中学一届届体育艺术节中延续下去。

图3-3-4

文创作品

——书签设计

广东实验中学珠海金湾学校附属初中

知我者谓我心忧

【设计解说】

此诗的意思是理解我的人知我有忧愁，不了解我的当我有所求，这是一首经典有感于家国兴亡的诗歌。

"知我者谓我心忧，不知我者谓我何求"似是众人皆醉我独醒之感。作者似是看清了这世间浑浊，却不知何人能解答。因此，我用楼台与这自然的湖水相配，以楼台比作看清世事的途径，用湖水衬作者不知找何人诉说的迷茫。这独立于湖水之上的楼台也表示着作者的孤独；作者亲眼看见曾经繁盛荣华的都市，现在却只有一片郁茂的黍苗尽情地生长，令作者不禁悲从中来，涕泪满衫。（图3-3-5）

图3-3-5

241

南有乔木

【设计解说】

书签（图3-3-6）的主体物是一棵树，它开得很繁盛，而树又是在夏天开得很繁盛，所以它象征着我们朝气蓬勃、富有热情、意气风发的青春。树下有一只即将启程的飞机，它象征着我们对未来的无限憧憬与希望。诗句"南有乔木"，说的是南山的乔木，又高又大，象征着豆蔻年华的我们，而下句诗"不可休思"，说的是树下不可歇阴凉，意指正值豆蔻年华的我们不能停泄脚步，应努力向前。

图3-3-6

桃之夭夭，灼灼其华

【设计解说】

"桃之夭夭，灼灼其华"引自《诗经》，意为"桃花怒发千万朵，色彩艳红似火"。书签是根据春分的景象而绘制的。春分之后，春和景明，万物复苏，乳燕呢喃。燕子，是春天的象征。桃花，是春天的开始。底下的房子，代表了春回江南，人们在春天的引领下，开始新的一年，因为"春生美好，万事可期"。（图3-3-7）

图3-3-7

243

青青子衿，悠悠我心

【设计解说】

《郑风·子衿》里有这么一句诗："青青子衿，悠悠我心。"原写姑娘思念情人，"青青的是你的衣领，悠悠的是我的心境。"唱出"一日不见，如三月兮"的无限情思。

而曹操在短歌行中引用过这两句诗，用来比喻渴望得到有才学的人，"有学识的才子们啊，你们令我朝夕思慕。"

"抬头看，天上就是光"，我又何尝不向往着他们呢？有人说："当你在夜晚孤军奋战时，漫天星光为你闪烁。"我要向月亮出发，即使不能到达，也要站在群星之中。

身上的绿色校服也让我心悠悠。我将心愿寄托于这一叶书签（3-3-8），追逐自己的光，跨过星河，迈过月亮，去迎接更好的自己。

图3-3-8